应用型院校图解会计系列

企业会计基础

王 巍 贾 娜／主编
杨艳俊 冯 燕 郑伦卉／副主编

图书在版编目(CIP)数据

企业会计基础/王巍,贾娜主编. —上海:立信会计出版社,2018.8

应用型院校图解会计系列
ISBN 978-7-5429-5933-1

Ⅰ.①企… Ⅱ.①王…②贾… Ⅲ.①企业管理—会计—图解 Ⅳ.①F275.2-64

中国版本图书馆CIP数据核字(2018)第182037号

策划编辑　蔡伟莉
责任编辑　何颖颖
封面设计　南房间

企业会计基础

出版发行	立信会计出版社		
地　　址	上海市中山西路2230号	邮政编码	200235
电　　话	(021)64411389	传　　真	(021)64411325
网　　址	www.lixinaph.com	电子邮箱	lxaph@sh163.net
网上书店	www.shlx.net	电　　话	(021)64411071
经　　销	各地新华书店		
印　　刷	上海天地海设计印刷有限公司		
开　　本	787毫米×1092毫米　1/16		
印　　张	16.5		
字　　数	375千字		
版　　次	2018年8月第1版		
印　　次	2018年8月第1次		
印　　数	1—3100		
书　　号	ISBN 978-7-5429-5933-1/F		
定　　价	39.00元		

如有印订差错,请与本社联系调换

前　　言

　　基础会计学是会计初学者的必修课程,也是所有其他会计课程的基础。本教材既有严谨的法律法规讲解,同时也最大程度地改变了传统教科书式的纯理论罗列。本书在理论知识方面,力求将知识点进行解构,对枯燥的财务知识、会计准则、操作技巧等内容进行逻辑梳理,将各知识点中最为精髓的部分进行图解,取其精华,萃取对实际操作具有重要指导意义的知识点。

　　本书通过漫画人物的亲身经历,由浅至深,层层递进地讲解基础会计的各项内容。本书共分为八章,主要包括会计总论、会计科目与账户、会计的借贷记账法、会计凭证、会计账簿、会计核算程序、会计档案管理、会计报表。

　　本书从会计人员所需的会计基本知识、基本技能和基本方法出发,结合创新应用型经济管理人才培养的目标,遵循由浅入深、从形象到抽象、从感性到理性、从激发兴趣到自主学习的原则,以创新、应用为目标对该课程的教学内容进行取舍,重组教学模块,构建了以知识、能力和素质教育为核心的理论教学内容体系。

　　本书注重对学生综合素质、职业能力的培养,注重对工作任务和典型业务的设计,以仿真的账、证、表、票和工作流程来模拟真实的会计岗位工作,使学生学着有兴趣,教师用着得心应手。

　　本书开篇第一章主要讲解会计总体的概念,让学生对会计有一个大体的认知,包括会计学所涵盖的内容,会计工作包括的方向。该部分内容由任教于北京劳动保障职业学院的王巍老师编写。

　　第二章和第三章将会对会计基础理论进行细致讲解,包括会计科目的设置、会计账户的管理以及借贷记账法。该部分内容由任教于山东淄博职业学院的贾娜老师编写。

　　第四章和第五章所讲述的内容将与实操相结合,会计凭证及会计账簿的内容由任教于北京劳动保障职业学院的杨艳俊老师编写。第六章会计核算程序的内容将会计工作流程做一个梳理,结合一些实务,让学生对会计核算流程有全面认知。该部分内容由任教于上海工商信息学校的冯燕老师编写。

　　第七章会计档案和第八章会计报表的内容由任教于湖北生态工程职业技术学院的郑伦卉老师编写。

　　由于编者水平有限,书中难免有错漏之处,恳请广大读者提出宝贵意见。

编　者
2018 年 6 月

目　　录

第一章　会计总论 ……………………………………………………………… 1
　第一节　会计的含义 …………………………………………………………… 1
　第二节　会计核算基本前提和会计信息质量要求 …………………………… 9
　第三节　会计核算方法 ………………………………………………………… 17

第二章　会计科目与账户 ……………………………………………………… 22
　第一节　会计要素及其确认计量原则 ………………………………………… 22
　第二节　会计等式 ……………………………………………………………… 34
　第三节　会计科目与会计账户 ………………………………………………… 38

第三章　借贷记账法 …………………………………………………………… 49
　第一节　记账方法 ……………………………………………………………… 49
　第二节　借贷记账法 …………………………………………………………… 52
　第三节　试算平衡 ……………………………………………………………… 59

第四章　会计凭证 ……………………………………………………………… 64
　第一节　原始凭证的填制 ……………………………………………………… 64
　第二节　原始凭证的审核 ……………………………………………………… 79
　第三节　记账凭证的填制 ……………………………………………………… 87
　第四节　记账凭证的审核 ……………………………………………………… 118
　第五节　会计凭证的传递、装订与保管 ……………………………………… 126

第五章　会计账簿 ……………………………………………………………… 139
　第一节　会计账簿概述 ………………………………………………………… 139
　第二节　账簿的登记 …………………………………………………………… 145
　第三节　错账更正 ……………………………………………………………… 150
　第四节　对账、结账及账簿的保管 …………………………………………… 154

第六章　会计核算程序 ………………………………………………………… 163
　第一节　会计核算程序概述 …………………………………………………… 163

第二节　记账凭证会计核算程序 …………………………………… 166
  第三节　科目汇总表会计核算程序 ………………………………… 198
  第四节　汇总记账凭证会计核算程序 ……………………………… 205

第七章　会计档案管理 …………………………………………………… 223
  第一节　会计档案的归档 …………………………………………… 223
  第二节　会计档案的保管 …………………………………………… 228
  第三节　会计档案的销毁 …………………………………………… 233

第八章　会计报表 ………………………………………………………… 239
  第一节　财务报表概述 ……………………………………………… 239
  第二节　编制资产负债表 …………………………………………… 242
  第三节　利润表 ……………………………………………………… 248
  第四节　认识现金流量表 …………………………………………… 252

> 会计，当而已矣。
>
> ——孔子

第一章 会计总论

【本章要点】
- 会计的概念
- 会计的对象
- 会计假设
- 会计信息质量要求
- 会计的方法
- 会计等式

> 会计(Accounting)是以货币作为主要计量单位，以凭证为依据，用一系列专门的技术方法，对一定主体的经济活动进行全面、综合、连续、系统地核算和监督，并向有关方面提供会计信息的一种经济管理活动。

第一节 会计的含义

多数人对于会计的理解很简单,无非是管管钱,记记账。可实际上,随着经济的发展,会计的职责也在悄然发生着变化。除了记账,会计更是一种管理。漫画中小白说得很正确。

一、企业会计岗位设置及发展

会计工作不同于出纳,笼统地说,会计是管账的。如果想对会计有个初步的了解,你就要对会计岗位有所了解。通常情况下,现代企业的会计岗位有以下几种,见图1-1。

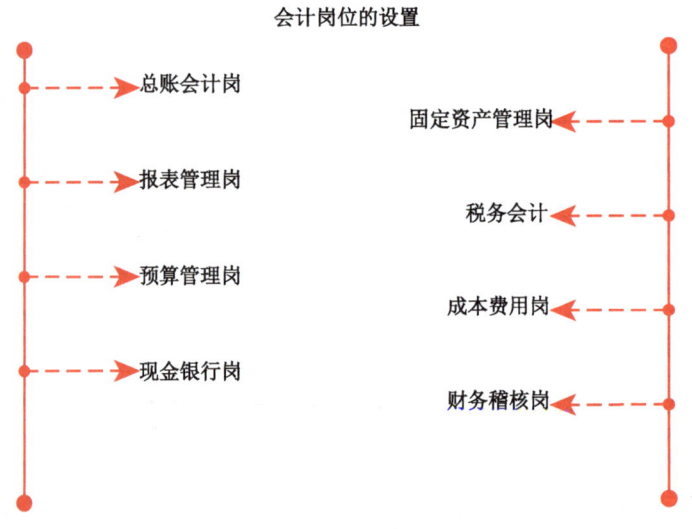

图1-1 会计岗位的设置

每个公司根据自己公司的业务特点对会计岗位的设置会有相应调整,在具体工作中,会计职责需要明确,不能有权责混淆的情况。会计工作最核心的地方并不是工作内容,而是一份责任。所以会计工作者最需要责任心。

会计产生于经济管理的需要,并随着经济管理的发展不断地发展和完善。人类要生存,社会要发展,就必须进行物质资料的生产。生产活动一方面会有劳动耗费,另一方面也会有产出,即形成劳动成果。人们进行生产活动时,总是力求在尽量少的劳动时间里创造出尽可能多的物质财富。为了达到节约劳动耗费、提高经济效益的目的,人们就需要对劳动耗费和劳动成果进行计量、记录和计算,并将耗费与成果加以比较和分析,以便掌握生产活动的过

第一章 会计总论

程和结果,并想办法提高生产效率。因此,会计是随着社会生产和经济管理的需要而产生并不断地发展和完善的。

无论是在中国还是在外国,会计都有着悠久的历史。在原始社会,人们为了计算生产成果和生活需要,逐步产生了计数和计算的要求。在文字产生以前,这种计算是用"结绳记事""刻木记事"或凭人们的记忆来进行的。在文字产生以后,人们对物质资料生产与消耗开始进行文字记载,于是就产生了会计。奴隶社会和封建社会的会计主要是用来核算和监督政府开支,为官方服务的。随着商品货币经济的发展,特别是在欧洲产业革命以后,由于资本主义生产的发展,生产日益社会化,生产规模日趋扩大,人们更需要由会计从价值量上来全面、完整、系统地反映和监督生产经营的全过程。人类发展到现在,全球信息化、经济全球化使作为"国际商业公共语言"的会计内涵及外延不断丰富发展。

总体来说,会计的发展大体可以分为古代会计、近代会计和现代会计三个阶段,见图1-2。

会计发展简史

| 古代会计 | → | 早期会计多数以实物,少数以货币作为计量单位,计量单位尚未完全固定为货币;需要会计的单位以官厅会计为主;会计是生产职能的附属部分;会计方法主要是单式记账法,核算方法比较简单 |

| 近代会计 | → | 该时期从1494年意大利数学家卢卡·帕乔利(Loca Pacioli)的著作《算术、几何及比例概要》的出版开始,至20世纪40年代末为止。复式记账法应运而生,大多数的会计单位开始以货币作为主要计量单位,会计作为独立的管理职能从生产职能中分离了出来,需要会计的单位逐渐以企业会计为主,会计核算方法大多数采用复式记账法,开始形成一套完整的财务会计核算方法 |

| 现代会计 | → | 20世纪50年代以后,为满足内部管理者对会计信息的要求,管理会计逐渐与传统会计相分离,并形成了一个与财务会计相对独立的领域。现代管理会计的出现,是近代会计发展成为现代会计的重要标志,会计成为一门应用性学科,形成财务会计和管理会计两大分支 |

图1-2 会计发展简史

二、什么是会计

（一）会计的概念

会计的概念见图1-3。

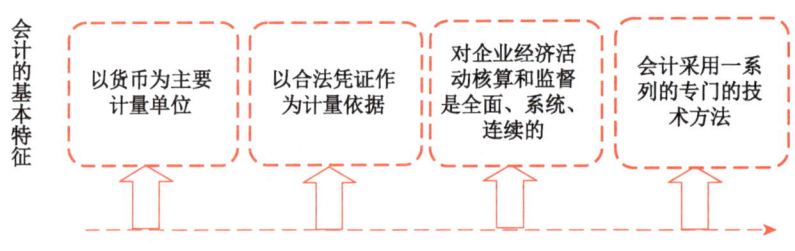

图1-3 会计的概念

（二）会计的基本特征

从会计的定义中可以看出，会计具有以下特点，见图1-4：

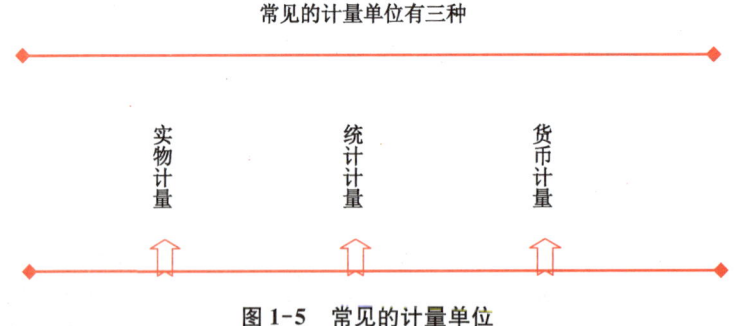

图1-4 会计的基本特征

常见的计量单位有如下三种，见图1-5。

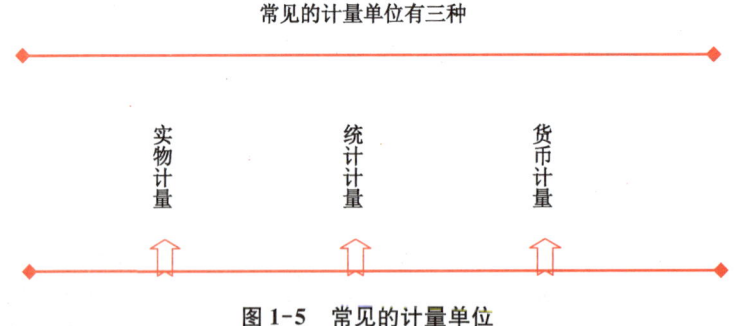

图1-5 常见的计量单位

1. 以货币作为主要计量单位

不同企业的经济业务千差万别，每一会计主体的经济活动都各不相同，为了实现会计的功能，有必要统一会计计量单位。在实际工作中，计量单位主要有实物计量（如煤的计量单位是"吨"，电脑是"台"）、统计计量（如时间度量、劳动度量）、货币计量等。实践中，商品经济条件下,货币作为一般等价物最适合充当统一的计量尺度。在会计日常核算工作中,一般在货币之外,企业可辅以其他计量单位进行数量核算,如原材料,除需知道原材料的收、发、存的金额外,还需要知道相应的数量。

2. 须以合法的凭证作为核算依据

按照会计核算原则,在对会计主体的经济事项进行会计核算时,我们必须取得和填制合法的原始凭证,并及时送交会计机构;有了原始凭证还要编制记账凭证,从而能够对反映的经济业务进行分类、整理,并分门别类登记到账簿中去。

3. 会计对企业经济活动的核算和监督是全面、系统、连续的

会计核算和监督采用一套科学的方法,对会计主体的经济活动进行全面、连续、系统的反映和监督。所谓全面,是指会计工作对经济活动的核算和监督必须是具有完事性,不能遗漏或进行取舍;所谓系统是指采用科学的方法对会计信息进行加工,保证提供的会计信息科学可信;所谓连续是指会计确认、计量、记录、报告应连续进行,不能有中断。

4. 会计采用一系列的专门的技术方法(见图1-6)

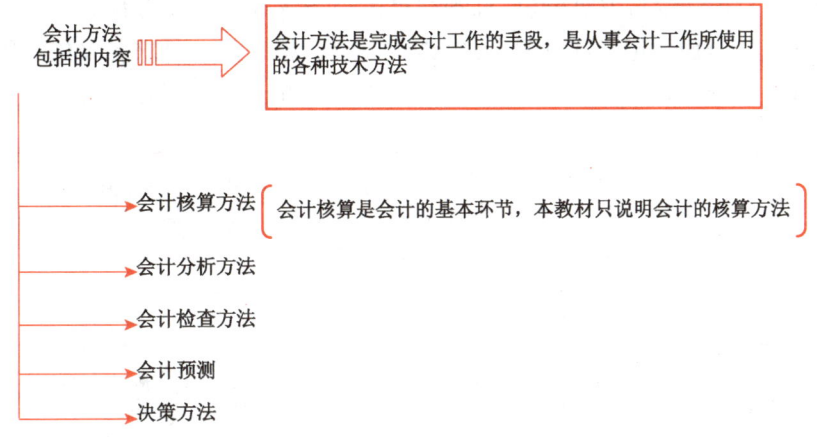

图 1-6　会计的专门技术方法

会计核算的方法是对各单位已发生的经济活动进行完整、连续、系统的核算和监督所应用的方法,主要包括以下几种专门的方法:设置账户、复式记账、填制和审核会计凭证、登记账簿、成本计算、财产清查和编制会计报表。

三、会计的基本职能

从会计定义中,我们可以看出会计是随着生产的发展,逐步从企业各项经营活动中分离出来的一项提高经济效益的管理活动。会计在经济管理工作所具有的功能或能够发挥的作用,即会计的职能,包括核算、预测、参与决策、实行监督等。随着经济的发展和管理要求的提高,会计职能是不断变化并且彼此联系的。《会计法》对会计的基本职能的界定为:会计核算与会计监督,见图1-7。

(一) 会计核算职能

会计核算是会计的首要职能,是指会计以货币为主要计量单位,通过确认、计量、记录、

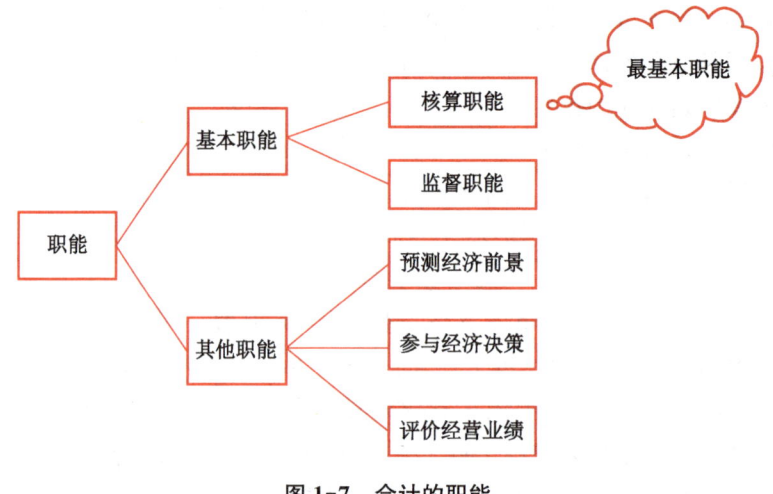

图 1-7 会计的职能

报告,从价值上反映各会计主体经济活动的发生及完成情况,为经济管理提供信息的功能,见图 1-8。它以货币计量为主要单位,对各种单位经济业务活动或者预算执行情况及其结果进行连续、系统、全面的记录和计量,并据以编制会计报表。它要求各单位必须根据实际发生的经济业务事项进行会计核算。其特点表现在如下的三个方面:

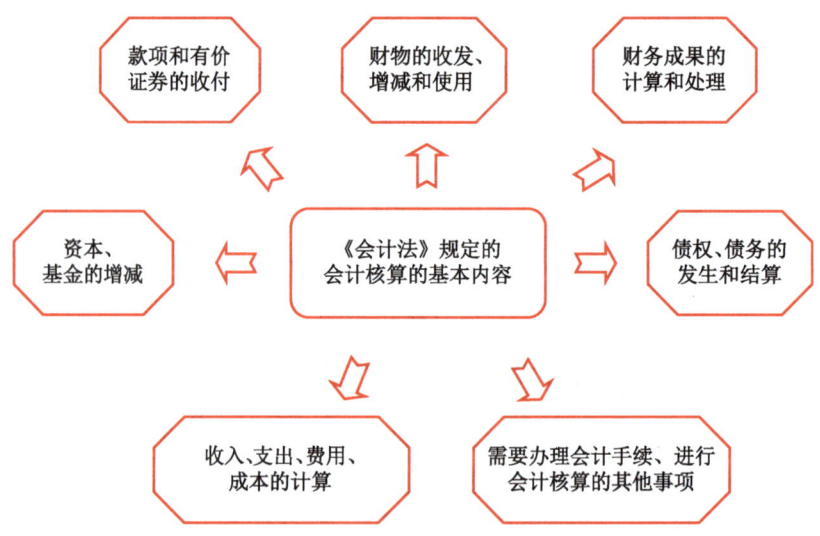

图 1-8 《会计法》规定的会计核算的基本内容

(1) 会计核算需以货币作为主要计量单位,从数量上核算各单位经济活动情况,主要利用货币计价,从数量方面综合反映各单位经济活动情况,是现代会计的一个重要特点。

(2) 会计主要核算已经发生或已经完成的经济业务,对未发生的经济业务及事项不予核算。

(3) 会计核算在反映经济活动时具有连续性、系统性、全面性和综合性的特点。所谓连续性,是指对各种经济业务应当按照其发生的时间顺序依次进行登记,而不能有所中断。所谓系统性,是指会计提供的数据资料必须相互联系,并要进行科学的分类,而不能杂乱无章。所谓全面性,是指凡属会计核算的内容都必须加以记录,不能遗漏。所谓综合性,是指会计核算内容,是企业经济活动中能用货币计量的那些经济活动,只有这些经济活动才能进行综合。所以,只有依据连续的、系统的、全面的和综合的资料,才能系统地掌握各单位的经济活动情况,考核其经济效益。

(二) 会计监督职能

会计监督职能也称控制职能,是指会计人员在进行会计核算的同时,对特定主体经济业务的真实性、合法性、合理性和完整性进行审查的功能。合法性的依据是国家的各项法令及法规,合理性的依据是经济活动的客观规律及企业自身在经营管理方面的要求。

会计监督是会计的基本职能之一,是我国经济监督体系的重要组成部分。会计的监督职能的主要特点见图1-9。

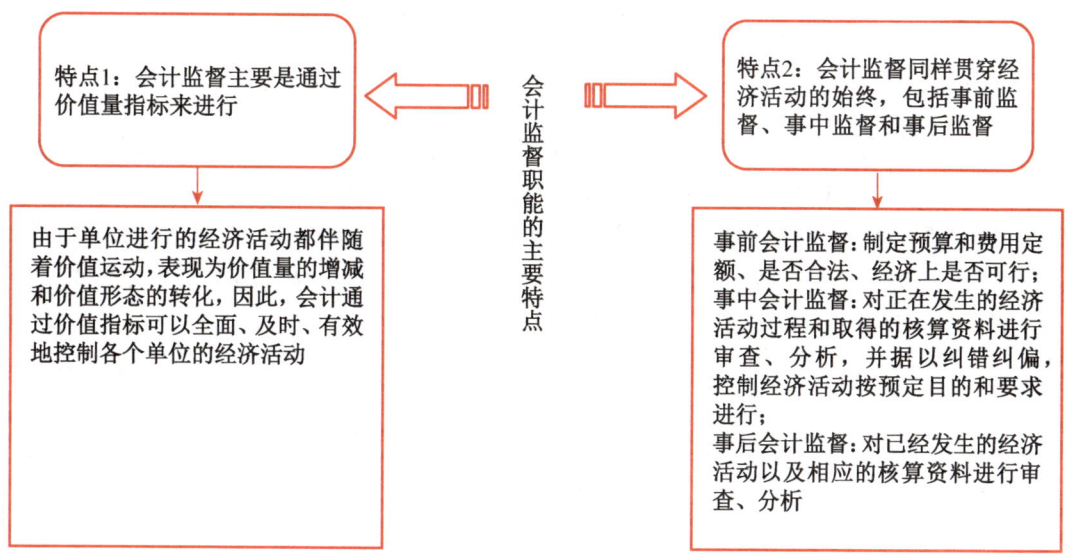

图1-9 会计监督职能的主要特点

(三) 会计核算与会计监督两大职能的关系

会计核算与会计监督两大职能的关系见图1-10、图1-11。

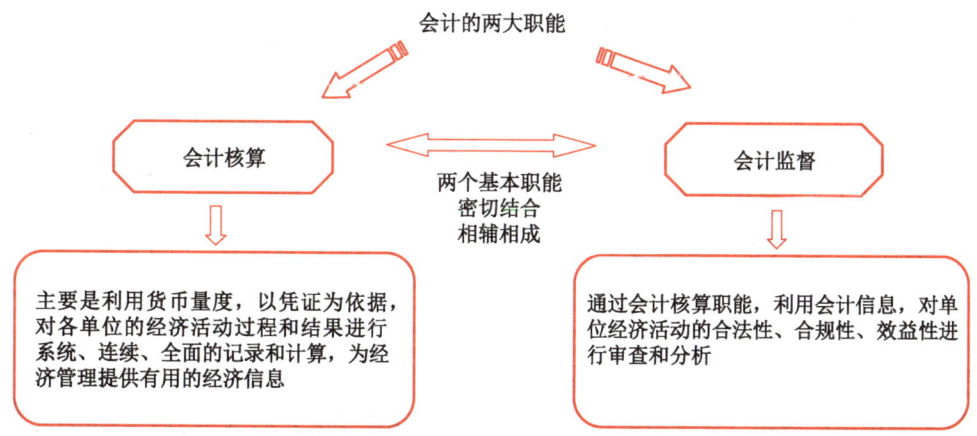

图1-10 会计的两大职能

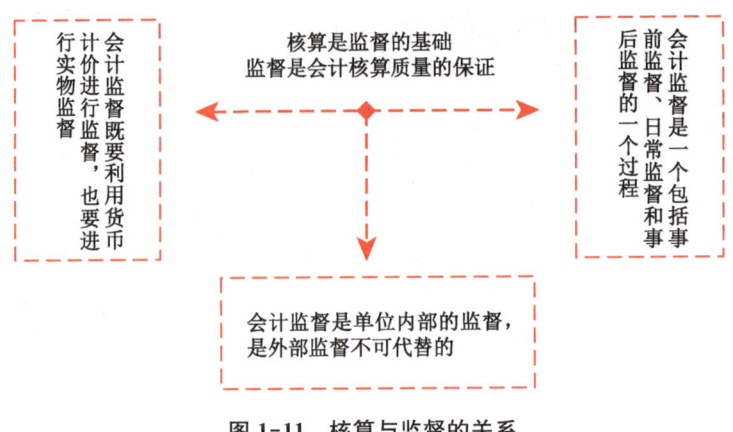

图 1-11 核算与监督的关系

四、会计对象

会计对象即会计核算和监督的内容。凡是能够以货币表现的经济活动的特定对象,都是会计所核算和监督的内容。而以货币表现的经济活动,通常又称为价值运动或资金运动。从任一时点上看,资金运动总是处于相对静止的状态,即企业的资金在任一时点上均表现为资金占用和资金来源两个方面,而这两个方面的关系对于理解会计等式、账户结构等都十分重要。

资金运动包括特定对象的资金的投入、资金的运用、资金的退出等过程(见图1-12),而具体到企业、事业、行政单位又有较大的差异。下面以工业企业为例说明资金运用的过程。

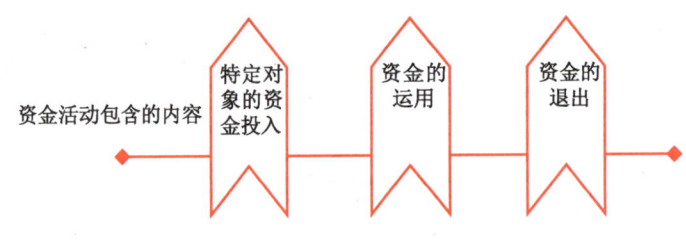

图 1-12 资金活动包含的内容

(一) 资金的投入

企业要进行生产经营,必须拥有一定的资金,这些资金的来源包括所有者投入的资金和债权人投入的资金两部分,前者属于企业所有者权益,后者属于企业债权人权益——企业负债。投入的资金一部分构成企业的流动资产,一部分构成非流动资产。

(二) 资金的运用(资金的循环和周转)

资金的循环运用见图1-13。

综上所述,资金的循环就是从货币资金开始依次转化为储备资金、生产资金、产品资金、最后通过销售又回到货币资金的过程,完成了资金的一次循环运动。产品生产过程是不间断进行的,资金周而复始的循环形成了资金的周转。

(三) 资金的退出

资金的退出包括偿还各种债务、上缴税金、向所有者分配利润等,这些行为使得这部分资金离开本企业,退出企业的资金循环与周转。

资金循环运用解析图

1. 供应。供应过程中企业要以货币资金购、建固定资产、采购原材料等，这时货币资金表现为固定资金、材料储备资金等资金占用形态

2. 生产。原材料消耗、固定资产磨损的折旧费、生产工人劳动耗费的人工费，最终形成产品。而资金也从生产资金占用形态转为产成品资金占用形态

3. 销售。将生产的产品销售出去，发生支付销售费用、收回货款等业务活动，并同购货发生货款结算关系、同税务机关发生税务计算关系，最后企业将产品销售后按售价取得货款，实现销售收入

企业投入的资金用于生产经营过程，就形成了资金的运用

图 1-13 资金的循环运用解析图

第二节 会计核算基本前提和会计信息质量要求

会计作为一门学科,其有自身的理论体系和实施法则。掌握这些理论基础和规则是学好会计学的前提。正如会计中"借"与"贷",贯穿会计理论与实践的始终,如果单纯从字面上理解,那就大错特错了。

一、会计核算基本前提

会计核算的基本前提是对会计核算所处的时间、空间环境所作的合理设定(见图 1-14)。财务会计要在一定的假设条件下才能进行确认、计量、记录、报告会计信息,所以会计假设是会计核算的基本前提,是为了保证会计工作的正常进行和会计信息的质量,对会计核算的范围、内容、基本程序和方法所作的假定,并在此基础上建立会计原则。《企业会计准则——基本准则》明确了四个会计基本假设:会计主体、持续经营、会计分期和货币计量。

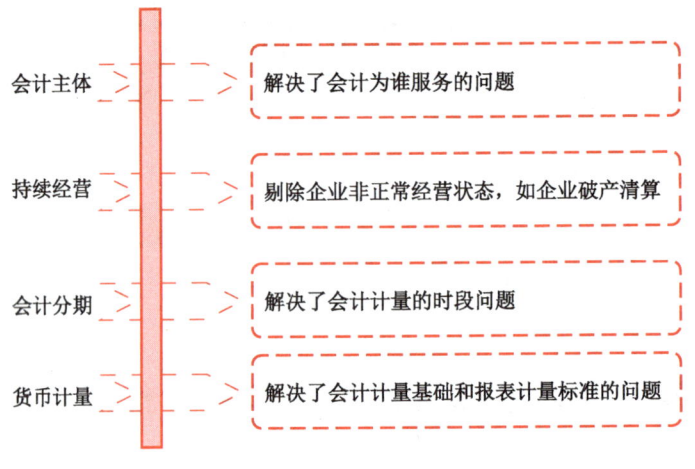

图 1-14 会计核算的基本前提

(一)会计主体

会计主体是指会计信息所反映的特定单位,也称为会计实体、会计个体,它规定了会计核算的空间范围。《企业会计准则——基本准则》第五条规定:企业应当对其本身发生的交易或事项进行会计确认、计量和报告。

思考:假设甲公司销售一批原材料给乙公司,甲公司已经发货,乙公司尚未支付货款。请问,财务人员如何反映这笔经济业务?应该反映应收账款,还是应付账款?

会计主体作为会计工作的基本前提之一,为日常的会计处理确立了空间范围。只有明确会计主体,才能划定会计所要处理的经济业务事项的范围和立场。在上述思考题中,如果是甲公司的财务人员,则把甲公司作为会计主体,只有那些影响甲公司经济利益的经济业务事项才能加以确认和计量,反之如果是乙公司的财务人员,则只需从乙作为会计主体的角度进行相关会计处理。因此甲公司对该业务一方面应确认一笔收入,同时增加一笔应收账款;对于乙公司来说,该业务导致乙公司原材料资产增加,同时乙公司要确认一项应付账款,即负债的增加。

有时,为了内部管理需要,人们也对企业内部的部门单独加以核算,并编制出内部会计

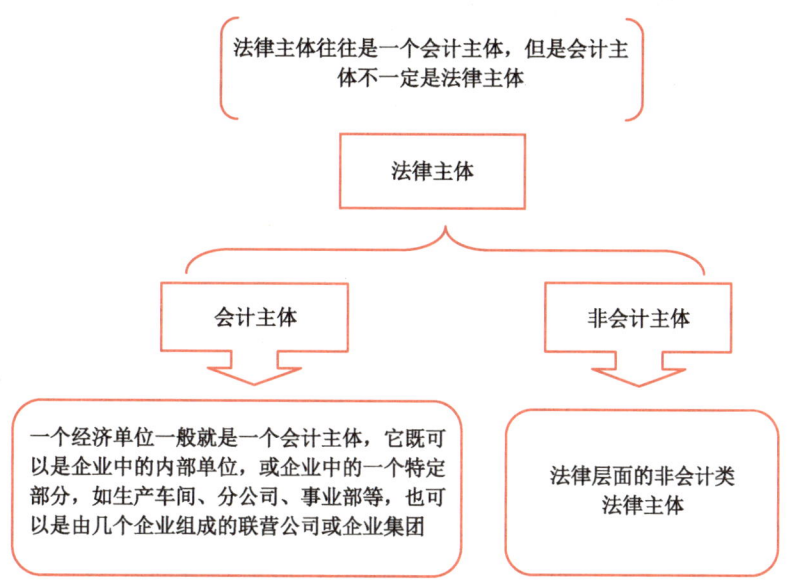

图 1-15 法律主体与会计主体

报表,企业内部划出的核算单位也可以视为一个会计主体,但它不是一个法律主体。所以,法律主体往往是会计主体,会计主体不一定是法律主体,见图 1-15。

(二) 持续经营

持续经营是指在可以预见的未来,会计主体的生产经营活动将无限期地延续下去,不会面临清算、解散、倒闭。持续经营是对会计活动的时间延续的假定。《企业会计准则——基本准则》第六条规定:企业会计确认、计量、报告应当以持续经营为前提。

在持续经营的前提下,企业在会计信息的收集和处理上所使用的会计处理方法才能保持稳定,企业的会计记录和会计报表才能真实可靠。会计核算上所使用的一系列的会计处理方法都是建立在持续经营前提的基础上,如果没有持续经营的前提条件,一些公认的会计处理方法将缺乏存在的基础。

由于持续经营是根据企业发展的一般情况所作的设定,企业在生产经营过程中缩减经营规模乃至停业的可能性总是存在的。为此,往往要求定期对企业持续经营这一前提作出分析和判断。一旦判定企业不符合持续经营前提,就应当改变会计核算的方法。

思考:如果你是 A 企业的相关利益人,你想了解企业的财务状况和经营成果,那你希望 A 企业在整个持续经营期间,是关门营业前提供一次相关会计信息给你,还是每年一次,或每月一次,或每旬,或每日?哪一种方式,更容易满足你及时做出相关决策的需求?

(三) 会计分期

会计分期是指将一个企业持续经营的生产经营活动划分为连续、相等的期间,又称为会计期间。

会计分期的目的是将持续经营的生产活动划分为连续、相等的期间,据以结算盈亏,按期编报财务报告,从而及时地向各方面提供有关企业财务状况、经营成果和现金流量的信息。

根据持续经营前提,一个企业将要按当前的规模和状况继续经营下去。要最终确定企业的经营成果,只能等到一个企业在若干年后歇业的时候核算一次盈亏。但是,经营活动和财务经营决策要求及时得到有关信息,不能等到歇业时一次性地核算盈亏。为此,企业就要将持续不断的经营活动划分为一个个相等的期间,分期核算和反映。会计分期对会计原则和会计政策的选择有着重要影响。由于会计分期的存在,产生了本期与非本期的差别,从而出现权责发生制和收付实现制,使不同的会计主体有了记账的基准,并出现了应收、应付、递延等会计处理方法。

会计期间一般可以按照日历时间划分,分为年、季、月。在我国,会计准则明确规定,以公历年度为一个会计年度,即自每年1月1日至12月31日止。此外,国际上会计期间可以按实际的经济活动周期来划分,其周期或长、或短于公历年度。

(四) 货币计量

货币计量是指采用货币作为计量单位,记录和反映企业的生产经营活动。

企业的生产经营活动具体表现为材料采购、产品生产、销售等实物运动,由于商品和各种原材料的耗费在量上无法比较,为了全面反映企业的生产经营活动,会计核算需要采用货币这样一个统一的量度。当然,统一采用货币尺度,也有不利之处,许多影响企业财务状况和经营成果的一些因素,并不是都能用货币计量的,比如,企业经营战略、在消费者当中的信誉度、企业的地理位置、企业的技术开发能力等。为了弥补货币量度的局限性,企业也采用一些非货币指标作为会计报表的补充。

在我国,要求采用人民币作为记账本位币,是对货币计量这一会计前提的具体化。考虑到一些企业的经营活动更多地涉及外币,因此规定业务收支以人民币以外的货币为主的单位,可以选定其中一种货币为记账本位币。当然,提供给境内的财务会计报告使用者的应当折算为人民币。

应当指出,采用货币计量假设,需要假设货币本身价值稳定不变,而不考虑货币本身的购买力的波动。

二、会计核算基础

思考:A企业2月20日销售商品25万元,货款在3月10日收到,请问应确认为2月收入,还是3月份收入?哪种更能准确反映企业当月的经营成果?

(一) 权责发生制

权责发生制的概念见图1-16。

我们可以举个例子,小超市老板和顾客王大壮关系很好,王大壮买东西总会赊账。本月31日,王大壮到店里拿走1瓶白酒,价格为10元,承诺次日给酒钱。那么如果按照权责发生制理解,该超市本月销售收入中需要有该笔业务,也就是需要将这10元列入销售收入。虽然10元没有真正给到店里,但该瓶白酒已经属于顾客王大壮,并且王大壮承诺会次月给酒钱。销售行为已经发生,商品使用权已经在王大壮那里。

如果采用收付实现制的话,本月只看实际收到现金情况确定收入,不考虑商品的权责。

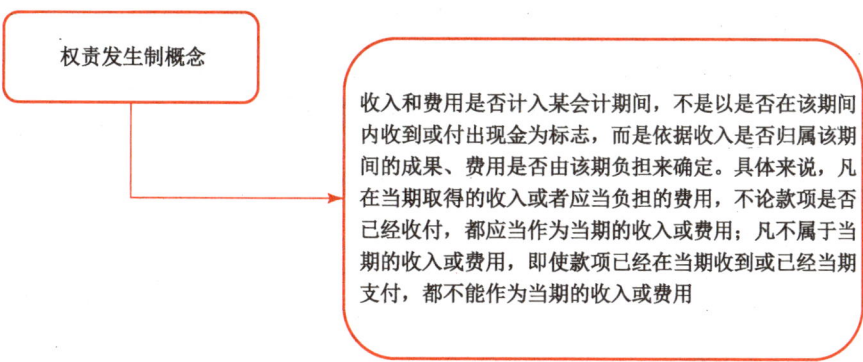

图1-16 权责发生制

（二）收付实现制

收付实现制的概念见图1-17。

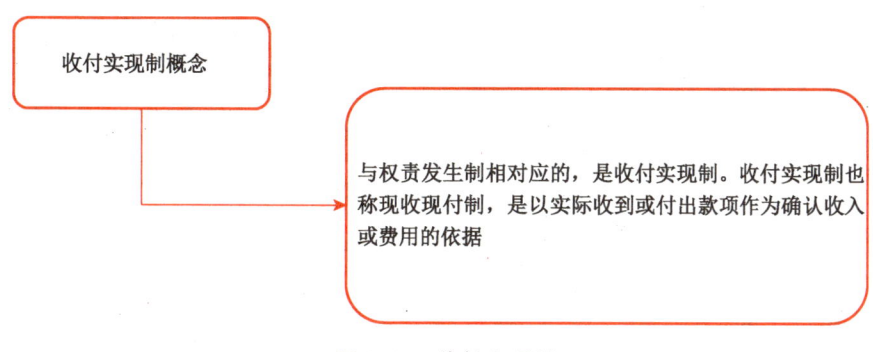

图1-17 收付实现制

在该原则下，上述问题中，小超市本月因为没有收到王大壮的10元现金，所以不能确认收入。

（三）权责发生制与收付实现制

权责发生制与收付实现制都是会计核算的记账基础。由于会计分期前提的存在，产生了本期与非本期的区别，因此在确认收入或费用时，就产生了上述两种不同的记账基础（见图1-18），而采用不同的记账基础会影响各期的损益。建立在权责发生制基础之上的会计处理可以正确地将收入与费用相配合，正确计算损益。因此，企业即营利组织一般采用这种记账基础，而预算单位等常采用收付实现制。

三、会计核算信息质量要求

2006年2月财政部颁布的《企业会计准则——基本准则》中对会计信息质量的要求的准则，包括可靠性、相关性、可理解性、可比性、实质重于形式、重要性、谨慎性、及时性，这些准则都是为了保证会计信息的质量而提出的，是会计确认、计量和报告质量的保证，见图1-19。

（一）可靠性原则

可靠性原则也称真实性。会计信息要有用，必须以可靠为基础，可靠性要求企业应当以实际发生的交易或者事项为依据进行确认、计量和报告，以证明经济业务发生的合法凭证为

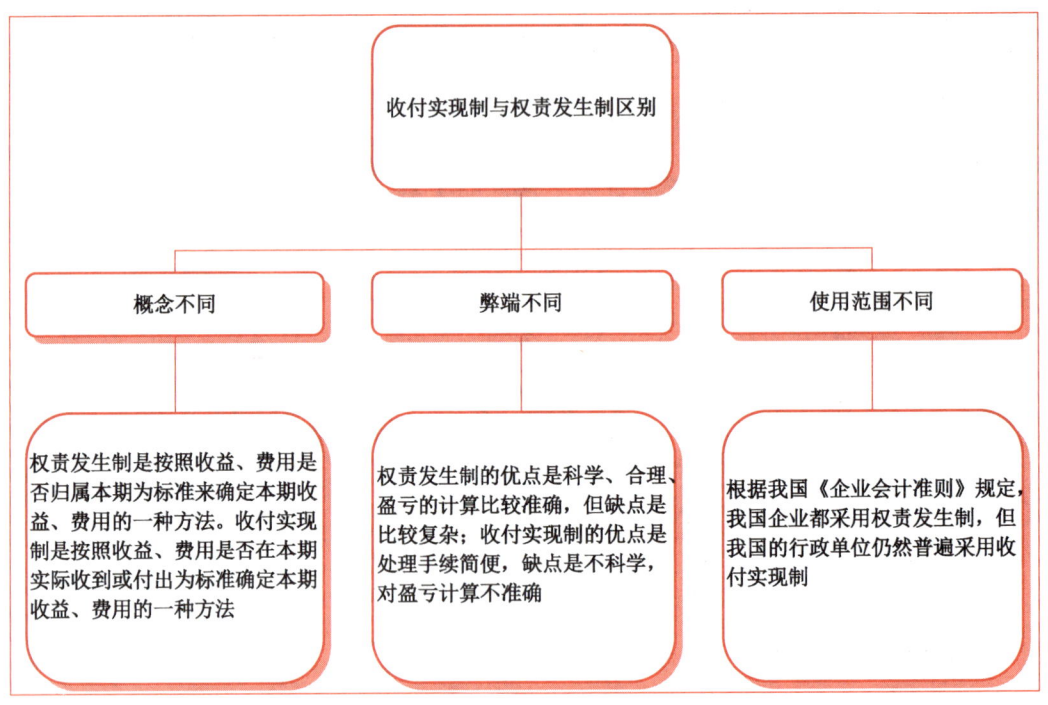

图 1-18　收付实现制与权责发生制的区别

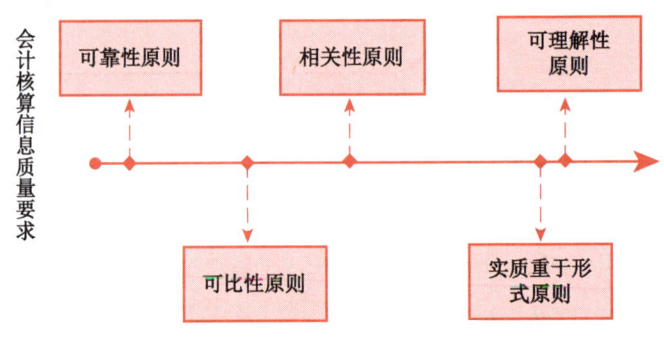

图 1-19　会计核算信息质量要求

依据,如实反映财务状况、经营成果的需要,做到内容真实,数字准确,资料可靠。这一原则是对会计工作的基本要求。

(二)相关性原则

相关性原则是指企业所提供的会计信息应与财务会计报告使用者的经济决策相关,有助于财务会计报告使用者对企业过去、现在或者未来的情况作出评价或预测。会计信息必须满足宏观经济管理的需要,满足有关方面了解企业财务状况和经营成果的需要,满足企业加强内部经济管理的需要。

会计信息是否有用,是否具有价值,关键是看其与使用者的决策需要是否相关,是否证实或者修正过去的有关预测,因而具有反馈价值。相关的会计信息还应当具有预测现金流量的作用。例如区分收入和利得、费用和损失,区分流动资产和非流动资产、流动负债用者的决策模式和信息需要。但是,相关性是以可靠性为基础的,两者之间并不矛盾。

(三) 可理解性原则

可理解性原则是指企业提供的会计信息应当清晰明了,便于财务会计报告使用者理解和使用。可理解性原则要求会计信息简明、易懂,能够简单明了地反映企业的财务状况、经营成果和现金流量,从而有助于会计信息使用者正确理解、掌握企业的情况。

根据可理解性原则,会计记录应当准确、清晰,填制会计凭证、登记会计账簿必须做到依据合法、账户对应关系清楚、文字摘要完整;在编制会计报表时,项目要勾稽关系清楚、项目要完整、数字要准确。

(四) 可比性原则

可比性原则是指企业提供的会计信息应当具有可比性。这包括两个方面的质量要求:

1. 同一企业不同时期可比

同一企业不同时期可比即信息纵向可比。同一企业不同时期发生的相同或相似的交易或事项,应当采用一致的会计政策,不得随意改变,便于对不同时期的各项指标进行纵向比较。在此准则要求下,企业不得随意改变目前所使用的会计方法和程序。即使变更,企业也要在会计报告附注中作出说明。如:存货的实际成本计算方法有先进先出法、加权平均法等。如果确有必要变更,应当将变更情况、变更原因及其对企业财务状况和经营成果的影响在财务会计报告附注中说明。

根据可比性原则的要求,企业不得随意改变会计政策,但并不意味着对所选择的会计程序和方法不能作任何变更。一般来说,在两种情况下,企业可以变更会计政策,一是有关法规发生变化,要求企业改变会计政策;二是改变会计政策后能够更恰当地反映企业的财务状况和经营成果。

2. 不同企业相同会计期间可比

为了便于投资者等财务报告使用者评价不同企业的财务状况、经营成果和现金流量及其变动情况,会计信息质量的可比性原则要求不同企业同一会计期间发生的相同或者相似的交易或者事项,应当采用相同或相似的会计政策,确保会计信息口径一致、相互可比,以使同企业按照一致的确认、计量和报告要求提供有关会计信息。不同企业尤其是同一行业的不同企业之间,发生相同的或者相似的交易或事项,应当采用国家统一规定的相关会计方法和程序,即企业之间的会计信息口径一致,相互可比。

(五) 实质重于形式原则

实质重于形式原则是指企业应当按照以交易或事项的经济实质进行会计确认、计量和报告,而不应仅以交易或事项的法律形式作为依据。这里所讲的形式是指法律形式,实质指经济实质。

一般情况下,企业发生的交易和事项其经济实质与法律形式是一致的,但在特殊业务中,经济业务的外在法律形式并不能真实反映其实质内容。要真实反映企业的财务状况和经营成果,就不能仅仅根据经济业务的外在表现形式来进行核算,而要反映其经济实质。例如,针对融资租赁方式租入固定资产,虽然从法律形式上看,企业并不拥有这项固定资产的所有权,但从经济实质上来看,由于租赁合同中规定的租赁期相当长,接近于该资产的使用寿命;租赁期结束时承租企业有优先购买该资产的选择权;在租赁期内承租企业有权支配资产并从中受益等,因此,从其经济实质上来看,企业能够控制融资租入资产所创造的未来经济利益,在会计确认、计量和报告上就应当将以融资租赁方式租入的资产视为企业的资产,列入企业的资产负债表,在会计核算上将融资租赁固定资产视为企业自己的资产进行处理。

(六)重要性原则

重要性原则是指企业提供的会计信息应当反映与企业财务状况、经营成果和现金流量等有关的所有重要交易或事项。在此原则下,企业在选择会计方法和程序时,要考虑经济业务本身的性质和规模,根据特定的经济业务决策影响的大小,来选择合适的会计方法和程序。也就是说,凡主要的经济业务或会计事项,应分别详尽处理,次要项目则可适当简化合并,进行灵活处理。通常,如果一笔经济业务的性质比较特殊,不单独反映就有可能遗漏重要事实,并影响到财务信息使用者对企业状况的了解,就应当详尽反映;如果一项经济业务的金额在收入、费用或资产总额中所占的比重较大,就应当严格按照规定的会计方法和程序进行。反之,该业务就不需要单独反映和提示,或采用较为简单的方法和程序进行核算。

评价某些项目重要性很大程度上取决于会计人员的职业判断。一般来说,应当从质和量两个方面来进行分析。从性质来说,当某一事项有可能对决策产生一定影响时,就属于重要项目;从数量方面来说,当某一项目的数量达到一定规模时,就可能对决策产生影响。

(七)谨慎性原则

谨慎性原则又称稳健性原则,是指企业对交易或事项进行确认、计量和报告应当保持应有的谨慎,不应高估资产或者收益,低估负债或者费用。企业在经营过程中,会面临风险和不确定性,按照谨慎性原则,企业应对存在的风险加以合理估计,保持谨慎。根据谨慎性原则,企业可以计提坏账准备,可以采用加速折旧的方法对固定资产计提折旧等。当然,谨慎性原则并不意味着可以任意提取各种准备,否则就属于对谨慎性原则的滥用。

(八)及时性原则

及时性原则是指企业对于已经发生的交易或事项,应当及时进行会计确认、计量和报告,不得提前或延后。会计信息具有时效性,对于会计信息使用者而言,迟到的信息很有可能就丧失了使用价值,甚至可能误导信息使用者。

及时性原则要求及时收集会计数据,在经济业务发生后,应及时取得有关凭证;对会计数据及时进行处理,及时编制财务报告;将会计信息及时传递,按规定的时限提供给有关方面。

在实务中,为了及时提供会计信息,可能需要在有关交易或者事项的信息全部获得之前即进行会计处理,这样虽然满足了会计信息的及时性要求,但可能会影响会计信息的可靠性;反之,如企业等到与交易或者事项有关的全部信息获得之后再进行会计处理,这样的信息披露虽然提高了信息的可靠性,但可能会由于时效性问题,对于投资者等财务报告使用者决策的有用性将大大降低。这就需要企业在及时性和可靠性之间作相应权衡,以投资者等财务报告使用者的经济决策需要为判断标准。

第三节 会计核算方法

会计工作就是周而复始,填凭证、登记账簿、编制报表,然后再报税。当然,报完税之后又开始新的周期。小白跟她的男朋友开的玩笑不无道理哦!

会计方法是用来核算和监督会计对象、完成会计任务的手段。会计方法是从会计实践中总结出来的,随着会计核算和监督的内容日趋复杂以及经济管理工作对会计不断提出新的要求,会计的方法也在不断改进和发展,见图1-20、图1-21。

一、设置账户

设置会计科目及账户,是对会计对象具体内容进行的分类反映和监督的方法。会计对象包含的内容纷繁复杂,设置会计科目及账户就是根据会计对象具体内容的不同特点和经济管理的不同要求,选择一定的标准进行分类,并事先规定分类核算项目,在账簿中开设相应的账户,以取得所需要的核算指标。

正确、科学地设置会计科目及账户,对于正确填制会计凭证、登记账簿和编制报表等都具有重要意义。

二、复式记账

复式记账是指对每一项经济业务都要在两个或两个以上的相互联系的账户中进行记录

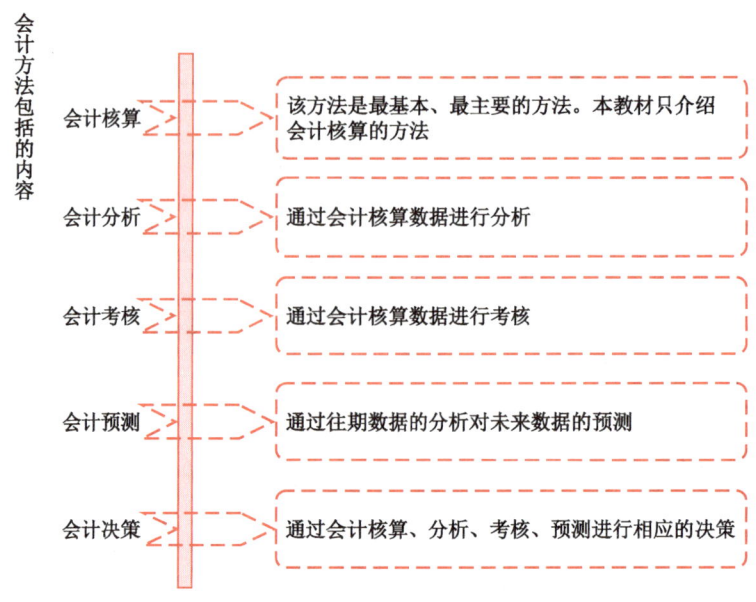

图 1-20　会计方法包括的内容

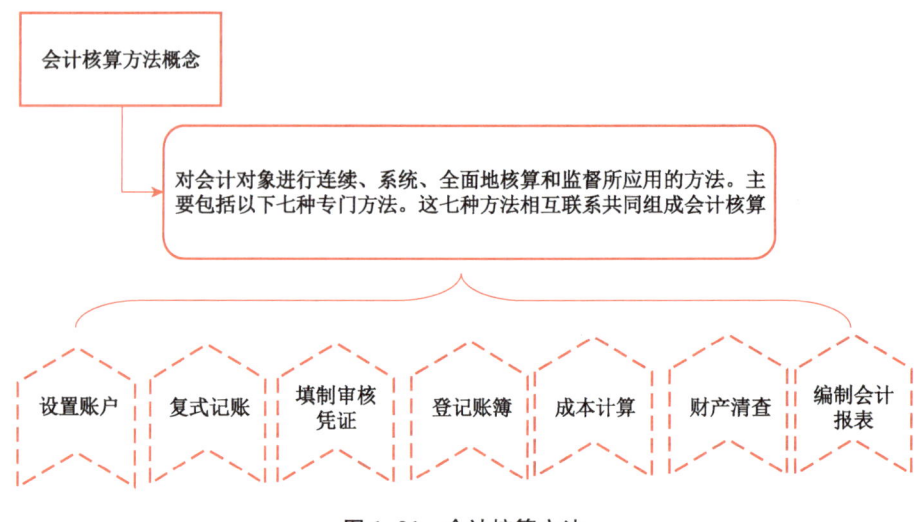

图 1-21　会计核算方法

的一种方法。任何一项经济业务的发生都会引起资金的双重变化。例如,用银行存款 8 000 元购买材料,采用复式记账法就要同时在"原材料"账户和"银行存款"账户分别反映,其中原材料增加了 8 000 元,银行存款减少了 8 000 元。这种对应关系不仅发生在资产方面,对于权益同样适用。采用复式记账,就是要对资产和权益的增减变动分别在相关的两个及以上账户中反映,从而能够全面、系统地反映经济业务引起资金运动增减变化的来龙去脉。同时通过账户之间的一种平衡关系,也能够检查会计记录的正确性。

三、填制和审核凭证

凭证是表明经济业务已经发生或完成,可以作为记账依据的书面证明。所有的会计凭证都必须经过审核无误后方可作为记账的依据。各单位发生的任何会计事项都必须首先取得原始凭证,对原始凭证进行审核无误后,才能编制记账凭证。记账凭证是记账的依据,原始凭证和记账凭证统称为会计凭证。所以填制和审核凭证是会计核算工作的第一步,填制并审核凭证才使记账有了真实可靠的依据,通过审核凭证还可以监督各项纪律、制度是否被严格遵守。

四、登记账簿

账簿是具有一定格式、用来记账的簿籍。登记账簿就是根据会计凭证,采用复式记账法,把经济业务分门别类、内容连续地在有关账簿中进行会计记录的过程。设置必要的账簿,按一定的方法和程序进行登记,并定期进行对账和结账,能够将分散的经济业务进行分类汇总,系统地提供具有完事性和条理性的会计资料。账簿实质上是会计资料的载体。账簿记录的各种数据资料,也是编制财务报表的重要依据。

五、成本计算

成本计算是按照一定对象归集和分配生产经营过程中发生的各种费用,以便确定各该对象的总成本和单位成本的一种专门方法。成本计算不仅是会计的一种专门方法,也是成本管理中一项重要的基础工作。进行成本计算,可以了解有关的成本水平和构成,考核成本计划的完成情况,便于在保证质量的前提下,为企业进行经营决策。提供重要数据产品成本是综合反映企业生产经营活动的一项重要指标。正确地进行成本计算,可以考核生产经营过程的费用支出水平,同时又是确定企业盈亏和制定产品价格的基础。

六、财产清查

财产清查就是通过对各项财产物质、货币资金进行实物盘点,对往来款项进行核对,以查明实存数同账存数是否相符的一种专门方法。财产清查是核实会计资料、保证账实相符从而实现会计核算和监督职能的重要工作,同时也是财产物资管理工作和债权债务管理工作中的一项必要措施。财产清查中发现财产、资金账面数与实存数不符的情况,应及时调整账簿记录,使账存数与实存数一致,并查明账实不符的原因,明确责任。财产清查对明确财产物资的保管责任、挖掘财产物资的利用潜力以及清查债权债务的真实性具有重要意义。

七、编制会计报表

编制会计报表是以账簿记录为主要依据,采用一定的形式,概括、综合地反映会计主体在一定时期内经济活动的财务成果以及总结特定时点的财务状况等信息的一种方法。编制会计报表是对日常核算工作的总结,是在账簿记录基础上对会计核算资料的进一步加工整理,能够反映会计主体达到的成本水平以及计划或预算的执行情况等。报表提供的会计信息是进行会计分析、会计检查的重要依据。

上述会计核算的各种专门方法是一个完事的方法体系,它们之间彼此联系,互为补充,并按照一定的程序来进行。一般来讲,经济业务发生后,其首先要反映在会计凭证上,企业对凭证进行审核后,按会计科目对经济业务进行分类核算,并运用复式记账法在有关会计账簿中进行登记。生产经营过程中,企业要对各种费用进行成本计算并通过财产清查保证账实相符,期末,要根据核对后的账簿记录资料和其他资料编制会计报表。在以上程序中,填制会计凭证是起点,编制会计报表是终点,应用账户、账簿进行复式记账、成本计算和财产清查是各个中间点,而货币计量贯穿全过程。各个程序之间的联系见图1-22:

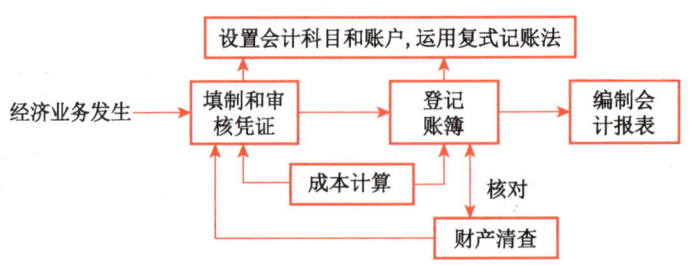

图1-22 会计核算的方法体系

会 计 职 称

会计职称是衡量一个人会计业务水平高低的标准,会计职称越高,表明会计业务水平越高。我们国家现有会计职称有初级、中级和高级,初级会计职称亦称为助理会计师,中级职称又称为会计师,高级职称又称为高级会计师,其中高级会计师又分为副高级会计师和正高级会计师,副高级会计师相当于副研究员或副教授,正高级会计师相当于研究员或教授。

人员要获取上述相应职称,必须参加相应的全国会计专业技术资格统一考试(初中级资格实行考试授予制度,高级资格实行考评结合的授予制度),包括:

初级:助理会计师

要获得初级会计职称(助理会计师)需要在一年内同时通过《经济法基础》和《初级会计实务》这两门课程考试;人员通过考试才予评发初级专业技术职称证书。

中级:会计师

中级会计师考试的课程包括《中级会计实务》《经济法》《财务管理》三门。三门课程需当年一次性通过,或连续两年内全部通过,才可以获得中级会计师职称。

高级:副高级会计师

需要通过《高级会计实务》一门课程的笔试。同时三年内向具有高级会计师评审资格的机构进行申请,通过评审后方可获得高级会计师职称。

本 章 小 结

● 本章介绍了会计基本概念、会计的产生与发展、会计的职能及会计对象,详细阐述了会计核算的基本前提和会计信息质量要求,给出了会计核算的基本方法。要求通过学习,了解会计对象和会计核算方法,理解会计的基本职能,掌握会计核算基本前提和会计信息质量要求。

本章复习题

一、单项选择题

1. 资金的循环与周转过程不包括（　　）。
   A. 供应过程　　　B. 生产过程　　　C. 销售过程　　　D. 分配过程
2. 在会计核算的基本前提中,界定会计工作和会计信息的空间范围的是（　　）。
   A. 会计主体　　　B. 持续经营　　　C. 会计分期　　　D. 货币计量
3. 持续经营是建立在（　　）基础上的。
   A. 会计主体　　　B. 权责发生制　　C. 会计分期　　　D. 货币计量
4. 会计分期是建立在（　　）基础上的。
   A. 会计主体　　　B. 持续经营　　　C. 权责发生制　　D. 货币计量
5. 下列方法中,不属于会计核算方法的是（　　）。
   A. 填制会计凭证　　　　　　　　　B. 登记会计账簿
   C. 编制财务预算　　　　　　　　　D. 编制会计报表

二、多项选择题

1. 我国《企业会计准则》规定,会计期间分为（　　）。
   A. 年度　　　　　B. 半年度　　　　C. 季度　　　　　D. 月度
2. 在下列组织中,可以作为会计主体的是（　　）。
   A. 事业单位　　　B. 分公司　　　　C. 生产车间　　　D. 销售部门
3. 会计的职能包括（　　）。
   A. 进行会计核算　B. 实施会计监督　C. 预测经济前景　D. 参与经济决策
4. 下列各项关于会计核算和会计监督之间的关系说法正确的是（　　）。
   A. 两者之间存在着相辅相成、辩证统一的关系
   B. 会计核算是会计监督的基础
   C. 会计监督是会计核算的保障
   D. 会计核算和会计监督没有什么必然的联系

> 过程越是按照社会的规模进行，越是失去纯粹个人的性质，作为对过程的控制和观念总结的簿记就越是必要。
>
> ——马克思

第二章 会计科目与账户

【本章要点】

通过对本章内容的学习，你应了解和掌握如下问题：
- 六大会计要素的含义与特征
- 掌握会计要素的确认条件与构成
- 掌握常用的会计计量属性
- 掌握会计等式的表现形式
- 掌握基本经济业务的类型及其对会计等式的影响

会计要素（Accounting Elements）是会计对象的具体化。会计要素是反映企业经营过程、经营状况和经营成果的重要信息元素，是财务报告的基本框架，也是账户的归并和概括。

第一节 会计要素及其确认计量原则

会计的一般对象是资金运动,我们还要进一步研究会计的具体对象,也就是会计所有核算和监督的具体内容,它是对会计对象的基本分类。会计要素是会计对象的具体化。会计要素是反映企业经营过程、经营状况和经营成果的重要信息元素(见图2-1)。资产、负债和所有者权益要素侧重于反映企业的财务状况,收入、费用和利润要素侧重于反映企业的经营成果。会计要素的界定和分类可以使财务会计系统更加科学严密,为投资者等财务报告使用者提供更加有用的信息。

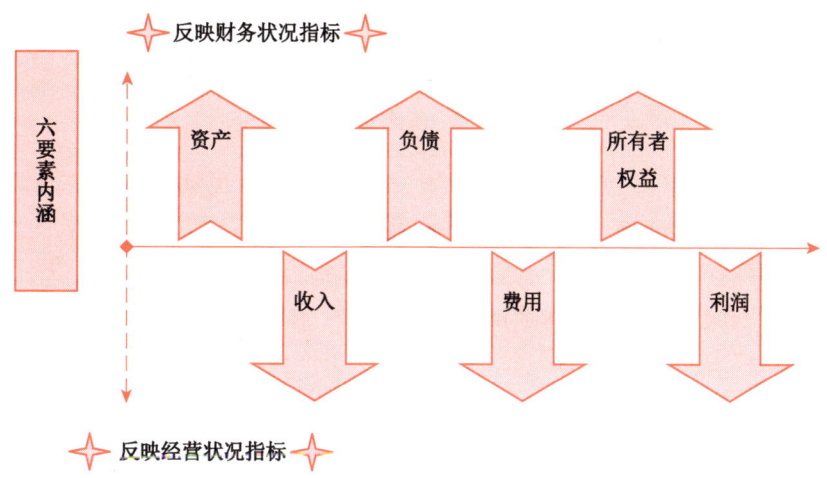

图 2-1 会计六要素

一、资产

(一) 资产的定义及特征

1. 资产的定义

资产是指企业过去的交易或事项形成的、由企业拥有或控制的、预期会给企业带来经济利益的资源。

一个企业从事生产经营活动,必须具备一定的资源。这些资源经过企业在经营活动中的不断运用,就都从货币形态转化为其他各种形态的具有未来经济效益的经济资源。这些资源表现为货币资金、厂房场地、机器设备、原料、材料等,统称为资产,它们是企业从事生产经营活动的物质基础。除以上具有物质形态的资产以外,资产还包括那些不具备物质形态,但能够给企业提供未来经济利益的专利、商标等无形资产,也包括对其他单位的投资。这些企业拥有或控制的能以货币计量的经济资源,包括各种财产、债权和其他权利在会计上称为资产。

2. 资产的特征

资产的特征见图2-2。

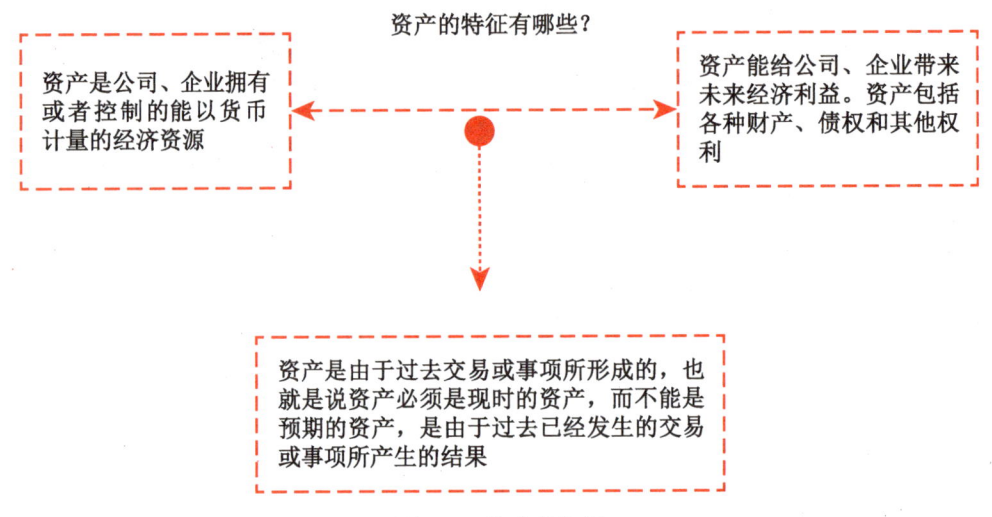

图2-2 资产的特征

(1) 资产是能够给企业带来经济利益的经济资源。资产的实质是经济资源,服务于企业的特定需要,能够为企业提供未来的经济利益。如原材料,可以用于企业的生产,为企业提供新产品;库存的产成品,可用于销售,给企业带来销售收入;货币资金可以用于购买所需要的商品或用于利润分配。作为企业的资产,其取得可能是有偿的,也可能是无偿的,不能以是否有偿取得作为资产的判断标准。如企业接受了一台捐赠的设备,虽未花费任何代价,但该设备仍属于企业的资产。

(2) 资产是过去的交易或事项形成的。企业资产必须是现时的而不是预期的资产,它是企业过去已经发生的交易或事项所产生的结果,包括购置、生产、建造等行为或其他交易或事项。预期在未来发生的交易或事项不形成资产,如计划购入的机器设备等。

(3) 资产是由企业拥有或控制的。会计上并不计量所有的经济资源,而只计量由某一企业所拥有或控制的经济资源。拥有和控制,表现为企业拥有所有权或虽然不具有法律上的所有权但能够实施控制。企业拥有资产,从而就能够从资源中获得经济利益;有些资产虽然不为企业所拥有,但在某些条件下能够被企业所控制,而且企业同样能够从资产中获取经济利益,那么这些资产也可以作为企业资产(如融资性租入固定资产)。

(二) 资产的确认条件

资产的确认条件见图2-3。

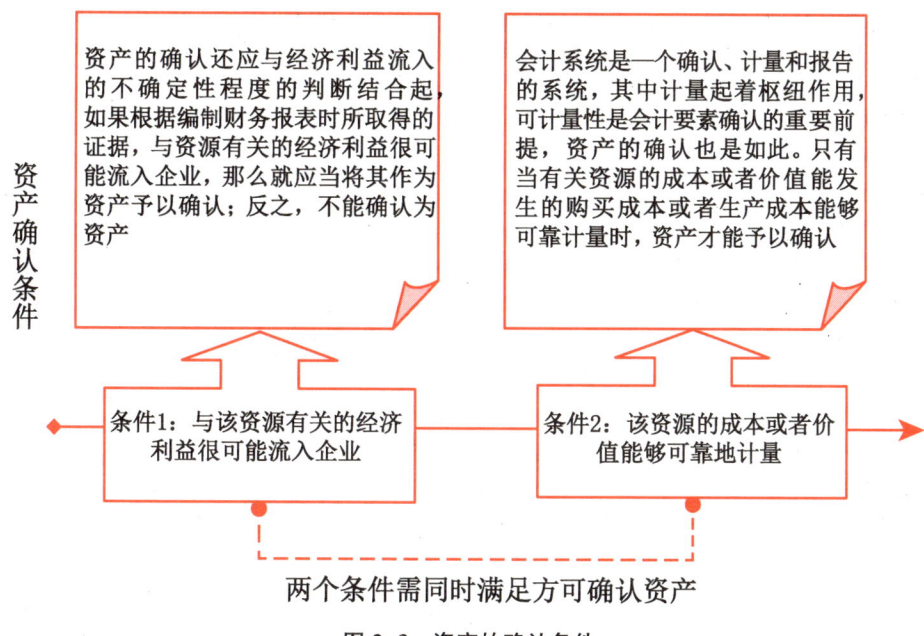

图 2-3 资产的确认条件

（三）资产的分类

按流动性对资产进行分类（见图 2-4），在会计上具有重要的意义，它有助于向企业财务信息使用者提供企业资产的变现能力的信息（见图 2-5），以便信息使用者进行投资决策分析，同时也可以全面提示企业的经营活动，反映企业由不同期间的经营活动及其经营成果所决定的财务状况。

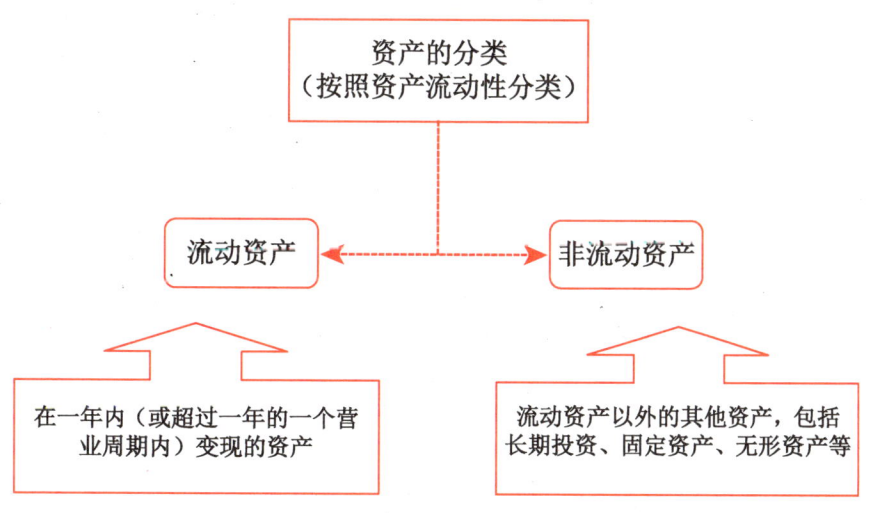

图 2-4 资产的分类

资产要素的内容见图 2-6。

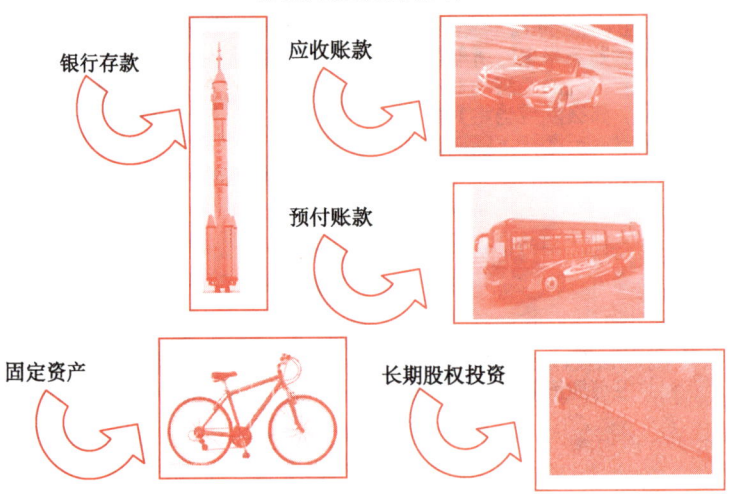

图 2-5　不同资产的变现能力

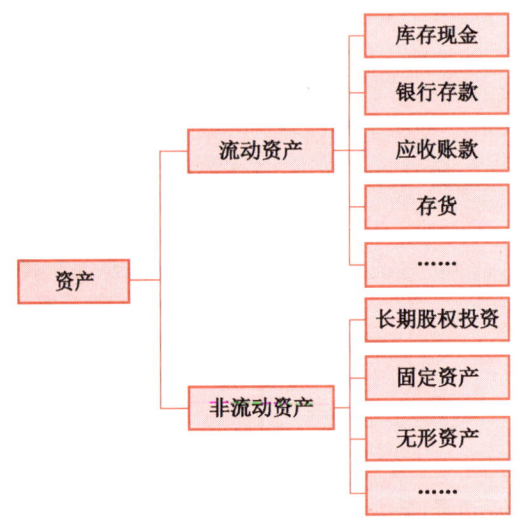

图 2-6　资产要素的内容

二、负债

(一) 负债的定义及特征

1. 负债的定义

负债是指过去的交易、事项形成的,预期会导致经济利益流出企业的现时义务。

2. 负债的特征

负债的特征见图 2-7。

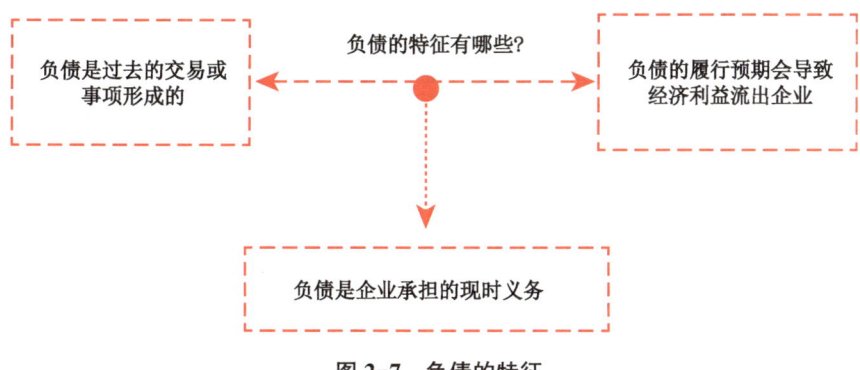

图 2-7 负债的特征

(1) 负债是由于过去的交易或事项形成的现时义务,即导致负债的交易或者事项必须已经发生,如企业赊购原材料形成的未支付的款项,企业应付未付的现金股利等;未发生的事项不会形成企业的负债,如企业三个月后可能借入的款项。

(2) 负债是现时义务,而不是潜在的义务。负债是企业目前实实在在的需要偿还的义务,其金额可以可靠计量,要由企业在未来某个时日加以偿还。

(3) 负债的清偿预期会导致经济利益很可能流出企业。负债通常是在未来某一时日通过交付资产(包括货币和其他资产)或提供劳务来清偿,无论如何,企业履行偿还义务时,企业会有经济利益的流出。同时,未来流出的经济利益的金额应能够可靠计量。

(二) 负债的确认条件

负债确认条件见图 2-8。

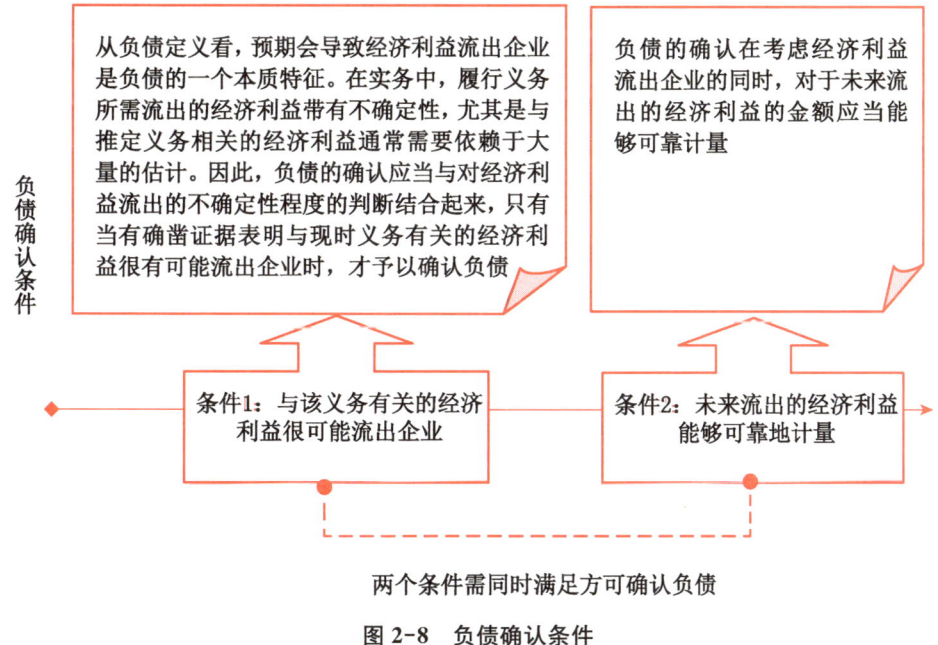

图 2-8 负债确认条件

(三) 负债的分类

负债按其流动性不同,分为流动负债和非流动负债。流动负债是预期在一年或一个经营周期内清偿的债务,非流动负债则是其以外的债务。同流动负债相比,非流动负债一般具有金额大、偿还期长的特点。负债的分类见图2-9。

三、所有者权益

(一) 所有者权益的定义及特征

1. 所有者权益的定义

所有者权益是指企业资产扣除负债后,由所有者享有的剩余权益,是资产减去负债后的余额,又称为净资产。

2. 所有者权益的特征

所有者和负债都是企业资金的来源,相对于负债,所有者权益的特点见图2-10。

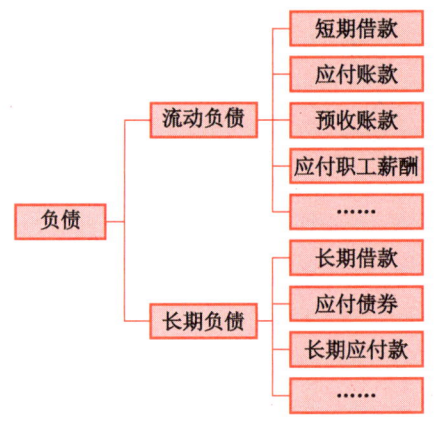

图 2-9 负债的分类

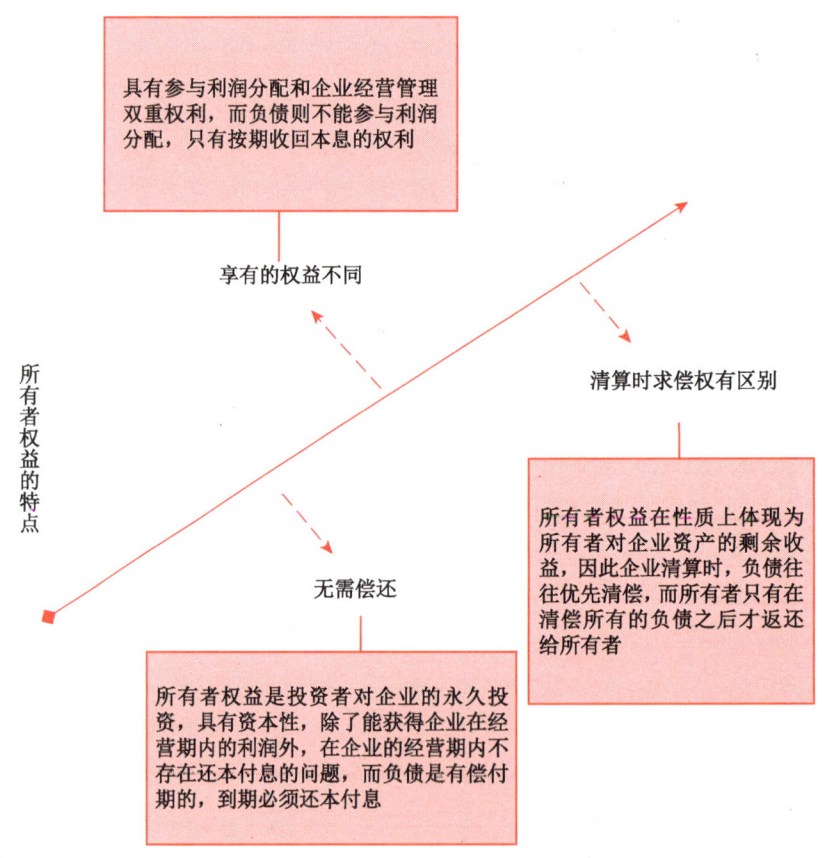

图 2-10 所有者权益的特点

(二) 所有者权益的确认

所有者权益体现的是所有者在企业中的剩余权益,因此,所有者权益的确认主要依赖于其他会计要素,尤其是资产和负债的确认;所有者权益金额的确定也主要取决于资产和负债的计量。例如,企业接受投资者投入的资产,在该资产符合企业资产确认条件时,就相应地符合了所有者权益的确认条件;当该资产的价值能够可靠计量时,所有者权益的金额也就可以确定。

(三) 所有者权益的来源

所有者权益的来源包括所有者投入的资本、直接计入所有者权益的利得和损失(其他综合收益)、留存收益等。具体包括四种(见图2-11):实收资本、资本公积、盈余公积及未分配利润。其中,盈余公积和未分配利润共同构成了企业的留存收益。

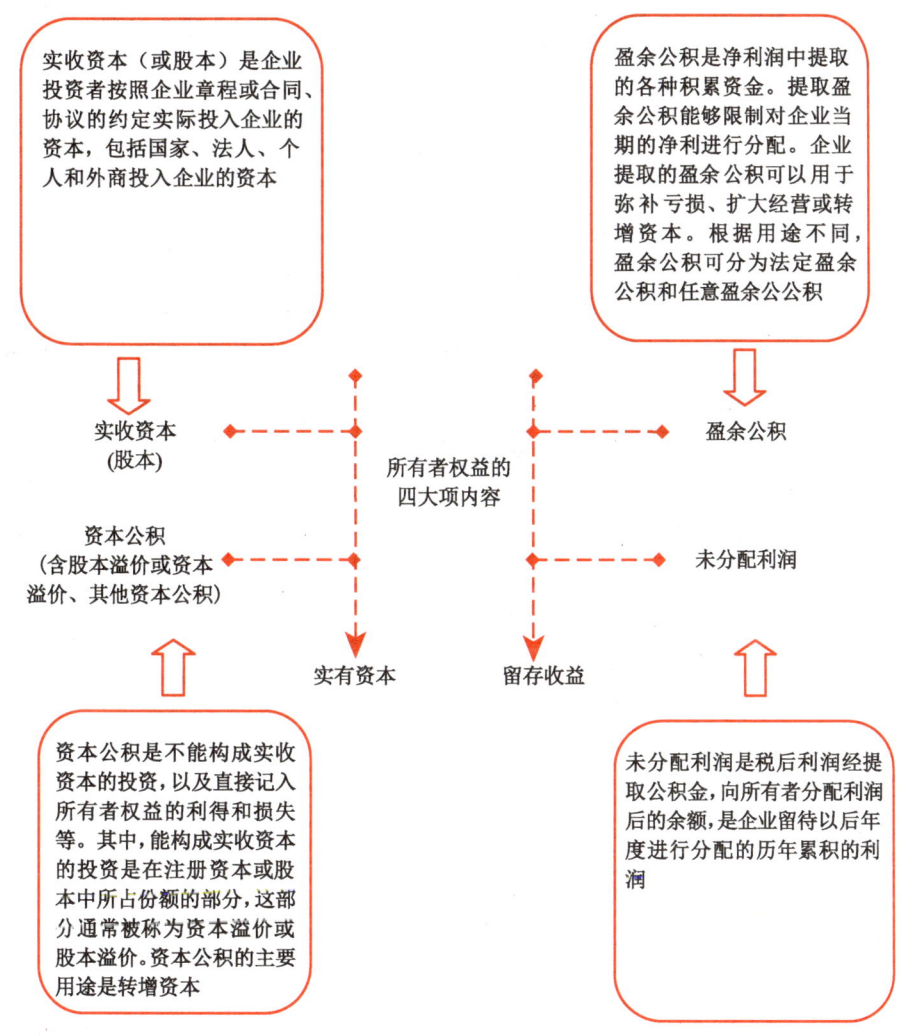

图 2-11 所有者权益的四大项目内容

四、收入

(一) 收入的定义及特征

1. 收入的定义

收入是指企业在日常活动中形成的、会导致所有者权益增加的、与所有者投入资本无关的经济利益的总流入,包括主营业务收入与其他业务收入。

2. 收入的基本特征

收入有三个基本特征,见图2-12。

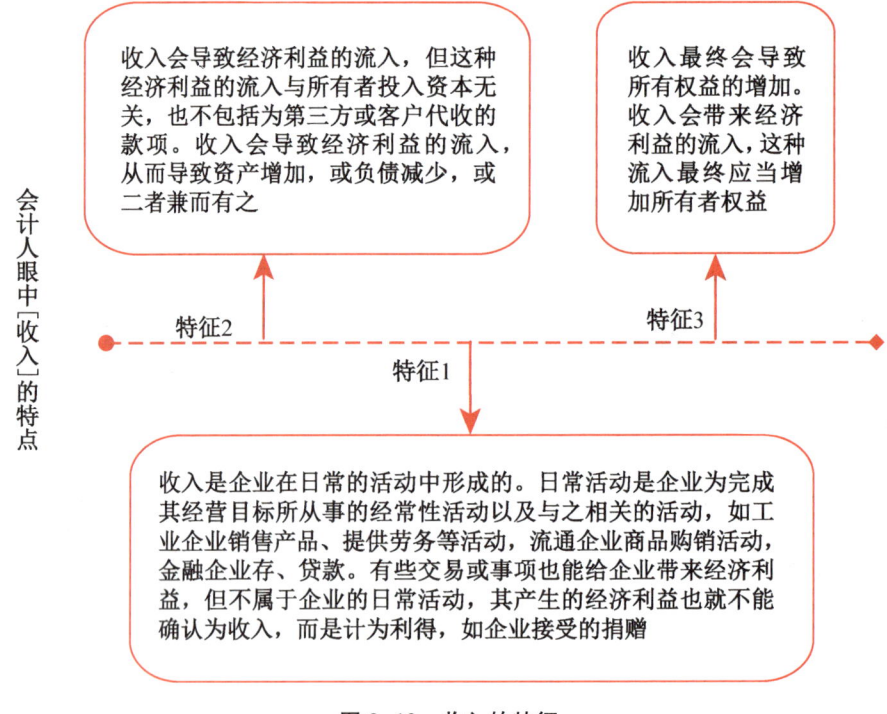

图 2-12 收入的特征

(二) 收入的分类

根据企业日常活动的内容,企业的收入一般分为销售商品、提供劳务、让渡资产使用权的收入几种,见图2-13。

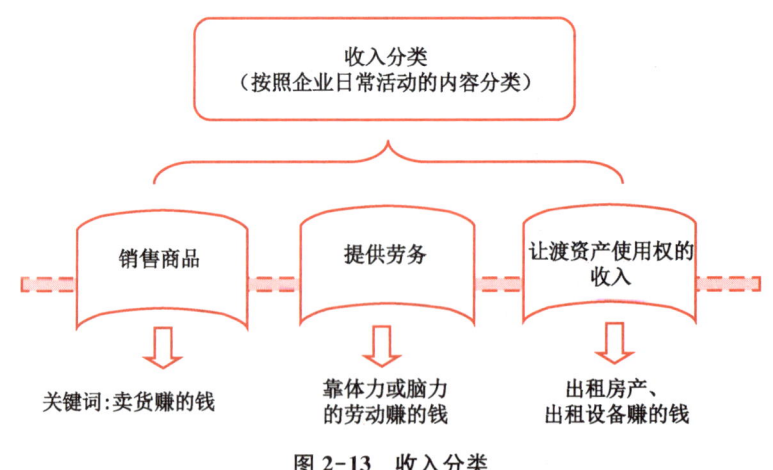

图 2-13 收入分类

此外,根据重要性要求,企业的收入可以分为主营业务收入和其他业务收入。一家生产型企业,其主营业务收入通常是企业销售商品、提供劳务等主营业务所实现的收入;其他业务收入是企业除主营业务活动以外的其他正常生产经营活动实现的收入,如出租固定资产、出租包装物、销售材料等产生的收入。

(三) 收入的确认条件

企业收入的来源渠道多种多样,如销售商品、提供劳务、让渡资产使用权等,不同收入来源的特征有所不同,其收入确认条件也往往存在差别。一般而言,收入只有在经济利益很可能流入从而导致企业资产增加或者负债减少、且经济利益的流入额能够可靠计量时才能予以确认,见图 2-14。

三个条件需同时满足方可确认收入

| 收入确认条件 | 条件1:收入相关的经济利益应当很可能流入企业 | 条件2:经济利益流入企业的结果会导致资产增加或者负债的减少 | 条件3:经济利益的流入额能够可靠计量 |

图 2-14　收入确认条件

五、费用

(一) 费用的定义及特征

1. 费用的定义

费用是指企业在日常活动中发生的、会导致所有者权益减少的、与向所有者分配利润无关的经济利益的总流出。

2. 费用的基本特征

费用有三个基本特征,见图 2-15。

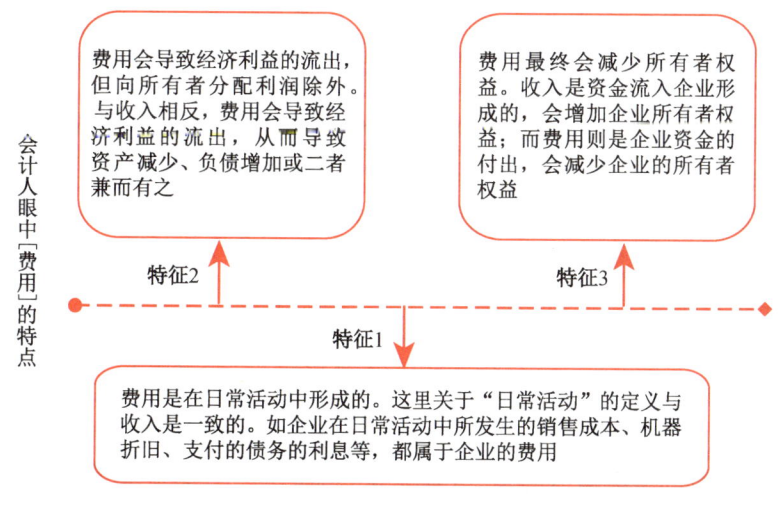

图 2-15　费用的特征

(二) 费用的分类

企业在销售商品、提供劳务等日常活动中所发生的费用,可划分为两类,见图2-16。

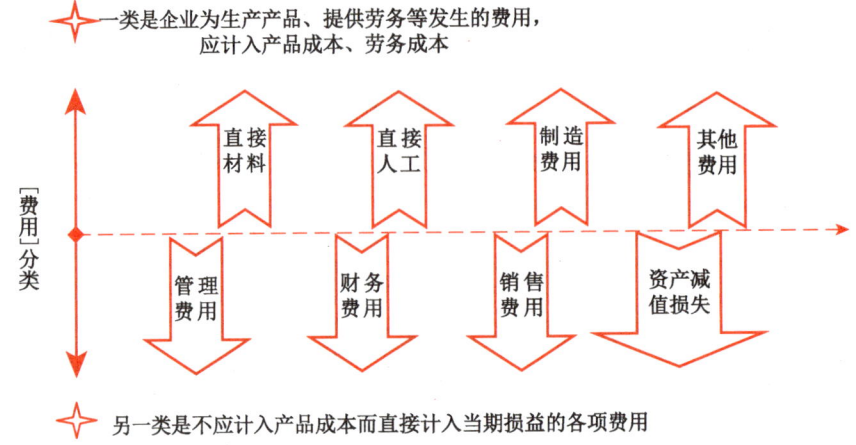

图 2-16 费用的分类

(三) 费用的确认条件

费用的确认除了应当符合定义外,也应当同时严格满足三个条件,见图2-17。

三个条件需同时满足方可确认费用

费用确认条件：
- 条件1：与费用相关的经济利益应当很可能流出企业
- 条件2：经济利益流出企业的结果会导致资产的减少或者负债的增加
- 条件3：经济利益的流出额能够可靠计量

图 2-17 费用确认条件

六、利润

(一) 利润的定义

利润是企业在一定会计期间的经营成果。利润包括收入减去费用后的净额、直接计入当期利润的利得和损失等。直接计入当期利润的利得和损失是指应当计入当期损益,会导致所有者权益发生增减变化的、与所有者投入资本或向所有者分配利润无关的利得和损失。利润是收入减去费用后的净额再加上直接计入当期利润的利得,减去发生的损失。

(二) 利润的来源

利润来源有三种,见图2-18。

(三) 利润的确认条件

利润反映的是收入减去费用、利得减去损失后的净额的概念,因此,利润的确认主要依赖于收入和费用以及利得和损失的确认,其金额的确定也主要取决于收入、费用、利得和损失金额的计量。

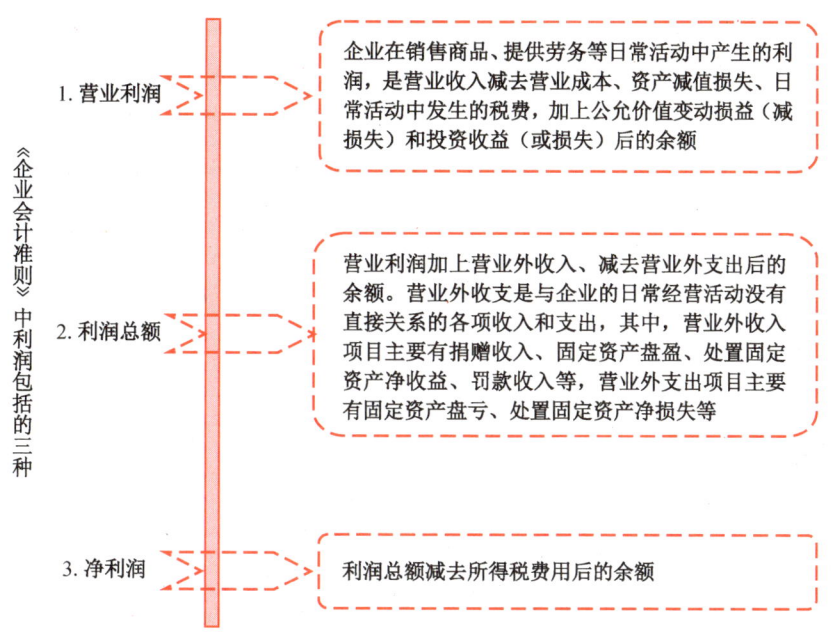

图 2-18 三种利润来源

七、会计要素计量属性

会计计量是为了将符合确认条件的会计要素登记入账并列报于财务报表而确定其金额的过程。企业应当按照规定的会计计量属性进行计量,确定相关金额,见图 2-19。

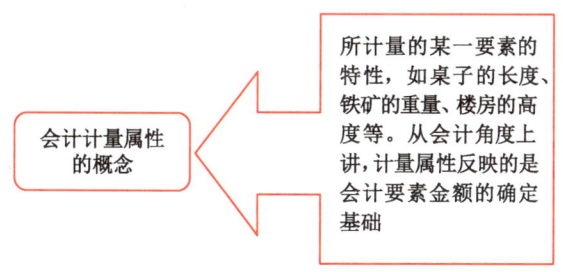

图 2-19 会计计量属性的概念

会计计量属性包括的内容见图 2-20。

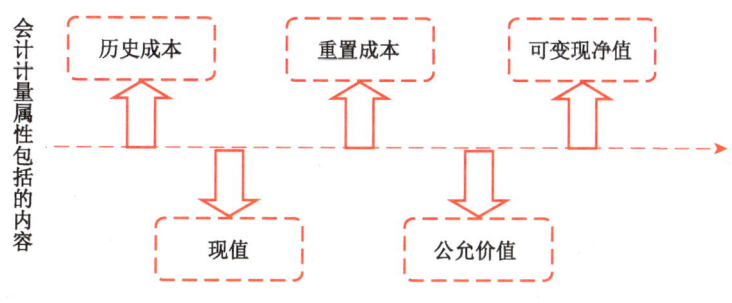

图 2-20 会计计量属性包括的内容

（一）历史成本

在历史成本计量下，资产按照购置时支付的现金或者现金等价物的金额，或者按照购置资产时所付出的对价的公允价值计量；负债按照因承担现时义务而实际收到的款项或者资产的金额，或者承担现时义务的合同金额，或者日常活动中为偿还负债预期需要支付的现金或者现金等价物的金额计量。

（二）重置成本

在重置成本计量下，资产按照现在购买相同或者相似资产所需支付的现金或者现金等价物的金额计量；负债按照现在偿付该项债务所需支付的现金或者现金等价物的金额计量。

（三）可变现净值

在可变现净值计量下，资产按照其正常对外销售所能收到现金或者现金等价物的金额扣减该资产至完工时估计将要发生的成本、估计的销售费用以及相关税费后的金额计量。

（四）现值

在现值计量下，资产按照预计从其持续使用和最终处置中所产生的未来净现金流入量的折现金额计量；负债按照预计期限内需要偿还的未来净现金流出量的折现金额计量。

（五）公允价值

公允价值，是指市场参与者在计量日发生的有序交易中，出售一项资产所能收到或者转移一项负债所支付的价格。

第二节 会 计 等 式

小白家养了一缸鱼,但是有 4 条是帮朋友养的。可以说这 10 条鱼中,4 条是需要还给小胖的。另外 6 条才是自己的。会计中资产的概念犹如这个鱼缸中的 10 条鱼,负债是 4 条,所有者也就是鱼缸的主人自己有 6 条。别看这是小儿科的算术题,其实揭示了会计的第一恒等式哦!

会计等式是对会计要素的性质及相互之间的内在经济关系所作的概括和科学的表达。本部分重点学习静态会计等式、动态会计等式、扩展会计等式,见图 2-21。

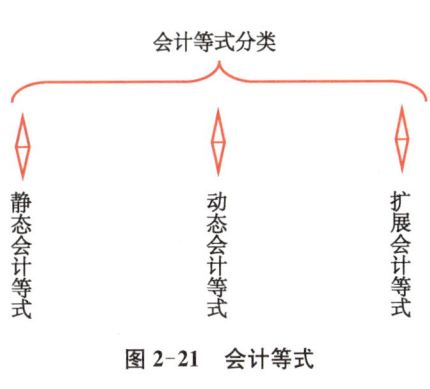

图 2-21 会计等式

一、会计等式的内容

会计等式,又称会计方程式或会计恒等式,它是表明构成会计对象的诸因素之间的内在联系和数量上的相互关系的一种数学模型,是会计理论研究上的一个重要成果,也是正确地设置账户、复式记账、试算平衡、设计与编制会计报表的重要理论依据。

(一) 静态会计等式

企业的生产经营过程,实际上是不断地取得、使用、生产和销售不同的经济资源的过程。这些经济资源的形态、数量和价值总是随着生产经营的进行而不断地发生变动,但从某一时点来看,则是以不同的金额,分布在不同形式之上的,如土地、房屋、机器设备、现金、材料、产品等,即以资产的形式表现为资金的占用。同时,企业运用于经济活动的资产是从各种渠道、方式取得和形成的,从分类上来看,企业的资产有两个来源:一是所有者提供的,二是债权人提供的。从数量关系上看,资金的来源与资金的占用必然相等。从会计要素的角度上来看,所有者和债权人对企业资产的要求权统称为权益,债权人权益在会计上称为负债。资产和权益存在着相互依存的关系,两者不能彼此脱离而独立存在。从任何一个时点来观察,一个企业的资产总额与权益总额必然相等。

资产与权益之间的这种平衡关系可用公式表示为:

$$资产 = 权益 \tag{1}$$

或   资产 = 债权人权益 + 所有者权益

或 $$资产 = 负债 + 所有者权益 \tag{2}$$

会计等式(1)和(2)为静态会计等式。

人们提到会计等式时,一般仅指"资产=负债+所有者权益"这个反映企业财务状况的最基本的会计等式。其中,资产、负债和所有者权益三个要素又叫作静态要素,或称为资产负债表要素。

(二) 动态会计等式

静态要素主要影响企业资产、负债、所有者权益的变动,而收入、费用的变动则会影响企业的经营成果,即利润。收入、费用、利润三个要素同样在数量上存在一定的关系,表现为反

映企业经营成果的会计等式:

$$收入-费用=利润 \quad (3)$$

会计等式(3)为动态会计等式,它表明了企业在一定会计期间的经营成果与相应的收入和费用之间的关系,说明了企业利润的实现过程。收入、费用、利润三个要素叫作动态要素,或称为利润表要素。

(三)扩展会计等式

由于收入和费用的发生将使资产流入和流出,利润则是资产流入和流出的结果,最终带来净资产的增加。因此,可将上述会计等式(2)和(3)综合表达为:

$$资产=负债+所有者权益+利润$$

或 $$资产=负债+所有者权益+收入-费用$$

即 $$资产+费用=负债+所有者权益+收入 \quad (4)$$

会计等式(4)为动静结合的会计等式,是对六项会计要素之间的内在经济关系所作的全面综合表达,表示了企业在生产经营过程中的增值情况,所以,只在会计期间内而不在会计期末存在。这个等式表明,利润在分配前是归企业的。通过利润分配,一部分向投资者分配,另一部分则作为盈余公积或未分配利润留在企业(即留存收益),最后并入所有者权益。该会计等式在利润分配后又恢复到"资产=负债+所有者权益"。

二、经济业务对会计等式的影响

经济业务又称会计事项,是指企业在生产经营过程中发生的,能够用货币计量的,并能引起和影响会计要素发生增减变动的交易或事项。

任何一项经济业务的发生,都必然会引起各项会计要素的增减变动,归纳起来,共有四种类型、九种业务。但是,无论怎样变化,会计等式的平衡关系始终存在。

(一)资产和权益同增,增加的金额相等

1. 一项资产和一项负债同增。例如,从银行取得短期借款,资产(银行存款)和负债(短期借款)同时增加。

2. 一项资产和一项所有者权益同增。例如,所有者以机器设备进行投资,则资产(固定资产)和实收资本同时增加。

(二)资产和权益同减,减少的金额相等

(1) 一项资产和一项负债同减。例如,企业以银行存款偿还短期借款。

(2) 一项资产和一项所有者权益同减。例如,企业按法定程序减资。

(三)资产内部有增有减,增减的金额相等

例如,从银行提取现金。

(四)权益内部有增有减,增减的金额相等

(1) 一项负债减少,另一项负债增加。例如,企业将到期无法支付的应付票据转为应付账款。

(2) 一项所有者权益减少,另一项所有者权益增加。例如,企业用资本公积转增资本。

(3) 一项负债减少,一项所有者权益增加。例如,将企业债权人的债权转为股权。

(4) 一项所有者权益减少,一项负债增加。例如,企业宣告发放现金股利。

第二章　会计科目与账户

以上各种经济业务类型表明,经济业务的发生,不会破坏会计等式的平衡关系。

 案例介绍

一、公司概况

公司名称:北京便捷家具有限公司(简称便捷家具)

公司类型:工业企业

公司地址:北京市昌平区;公司电话:010-80101886

统一社会信用代码:91110114087654321M

开户银行:中国银行昌平区支行;账号:010504030201

法人代表:赵强

其他人员:出纳:钱茹;会计:孙丽;会计主管:李梅;保管员:周芳;采购员:吴昊;销售开票员:郑鑫;档案管理员:石婕;档案管理部门主管:史军

税率:便捷家具为增值税一般纳税人,增值税率为16%;企业所得税税率为25%,按月预缴,年终汇算清缴;城市维护建设税税率为7%,教育费附加征收率为3%。

组织机构:总经理办公室、财务部、仓储部、生产车间、采购部、销售部

主要产品:办公桌、办公椅

主要材料:板材

二、任务要求

通过便捷家具的经济业务理解经济业务对会计等式的影响。

三、任务解析

本案例以便捷家具2018年2月发生的业务举例说明经济业务对会计等式的影响。假设2018年1月31日便捷家具的会计要素和项目余额如表2-1所示。

表 2-1　　　　　　　　　　会计科目余额表　　　　　　　　　　单位:元

资产类科目	金额	负债和所有者权益类科目	金额
库存现金	1 000	短期借款	30 000
银行存款	199 000	应付账款	50 000
		盈余公积	20 000
		实收资本	100 000
合计	200 000		200 000

【业务1】 资产和权益同增。2月10日,便捷家具接受外单位投资的机器设备一台,价值5 000元。该项经济业务使企业的资产项目——固定资产增加5 000元,同时也使所有者权益项目——实收资本增加5 000元。会计等式两边的合计数由原来的200 000元增加到205 000元,平衡关系仍然保持。

【业务2】 资产和权益同减。2月15日,便捷家具以银行存款8 000元偿还应付账款。该项经济业务使企业的资产项目——银行存款减少了8 000元,同时也使负债项目——应付账款减少了8 000元,平衡关系仍然保持。

【业务3】 资产内部有增有减。2月20日,便捷家具收到外单位前欠货款3 000元,存入银行。该项经济业务使企业的资产项目——银行存款增加3 000元,同时又使资产项目——应收账款减少3 000元,负债及所有者权益未发生变化,平衡关系仍然保持。

【业务4】 权益内部有增有减。2月21日,便捷家具应付票据2 000元,到期无力支付转为应付账款。该项经济业务使企业的负债项目——应付账款增加2 000元,同时又使负债项目——应付票据减少2 000元,资产项目未发生变化,平衡关系仍然保持。

第三节 会计科目与会计账户

会计科目,是对会计对象的具体内容(即会计要素)进行的分类,是正确组织会计核算的重要条件,也是会计核算的一种专门方法。会计账户只是对会计对象的具体内容(会计要素)进行分类的项目账户。

一、会计科目的设置

(一)设置会计科目的意义

企业在生产经营过程中会发生各种各样的事项,引起会计要素的增减变动,即使涉及同一种会计要素,也往往具有不同性质和内容。如果仅仅使用资产、负债、所有者权益、收入、费用和利润六大会计要素来记录经济业务,则提供的会计信息过于综合,不利于会计信息使用者了解企业的具体经营状况。例如,固定资产和应收款项虽然都属于资产,但他们的经济内容以及在经济活动中的周转方式和所引起的作用各不相同。再如所有者投入的实收资本和企业的未分配利润,虽然都是所有者权益,但它们的形成原因与用途大不一样。同属负债的"应付账款""短期借款""长期借款",其形成原因、债权人、偿还期限等也不相同。

会计对象是资金运动,其被具体地划分为六大会计要素。为了全面、系统、分类地核算和监督各项会计要素的增减变化,在实际工作中,企业是通过设置会计科目的方法进行的。设置会计科目,是正确填制会计凭证、运用复式记账、登记账簿和编制会计报表的基础。会计科目是设置账户、进行账务处理的依据。

(二)会计科目的分类

会计科目是对会计要素按其经济内容所作的进一步分类。每一个会计科目都明确反映特定的经济内容,但各个会计科目并非是彼此孤立的,而是互相联系、互相补充地组成一个完整的会计科目体系。为了正确地掌握和运用会计科目,可对会计科目进行适当的分类。

1. 按经济内容分类

会计科目按经济内容可分为六大类,见图2-22。

图2-22 会计科目按经济内容分类

2. 按提供核算指标的详细程度分类

会计科目按提供核算指标的详细程度可分为两大类,见图2-23。

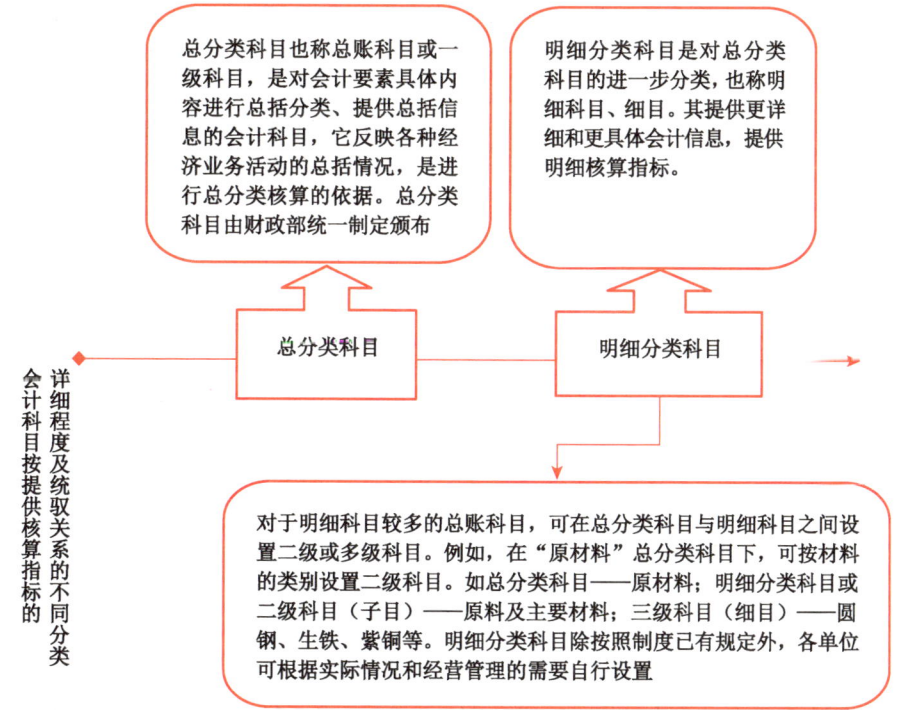

图2-23 会计科目按核算指标的详细程度分类

总分类科目总括地反映会计对象的具体内容,明细分类科目详细地反映会计对象的具体内容。总分类科目对明细分类科目具有统驭和控制作用,而明细分类科目是对其所属的总分类科目的补充和说明。以"原材料"总分类科目及其明细科目为例,具体见表2-2。

表 2-2　　　　　　　　　　　原材料及其明细科目

总账科目	明细科目	
（一级科目）	二级科目（子目）	三级科目（细目）
原材料	原料及主要材料	圆钢、生铁
	辅助材料	润滑剂、石炭酸
	燃　料	汽油、原煤

二、设置会计科目的原则

设置会计科目应遵循的原则见图2-24。

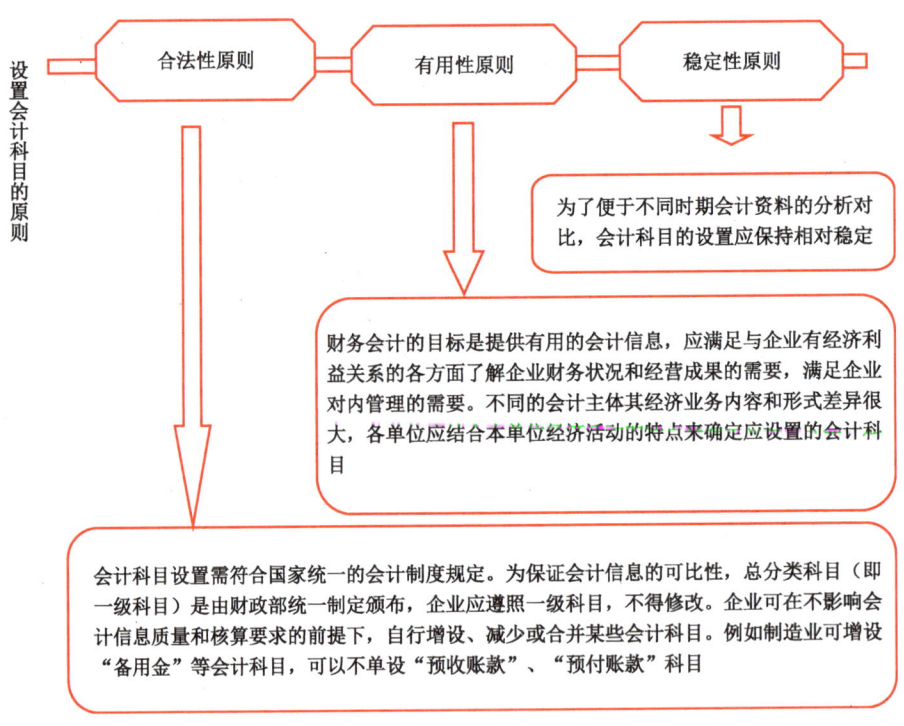

图 2-24　设置会计科目的原则

此外,每个会计科目都有特定的核算内容,其名称要含义明确、通俗易懂,便于开设和运用账户。各科目间还应是互斥的,不能将不同特征的业务记入同一科目。

三、会计科目表

财政部于2006年10月颁布的《企业会计准则——应用指南》,对企业应用的会计科目及其核算内容做出了规定,企业应按规定设置和使用会计科目。同时,企业在不违反会计准则中确认、计量和报告规定的前提下,可以根据实际情况自行增设、分拆、合并某些会计科目。新会计准则会计科目表(简表)见表2-3。

表2-3　　　　　　　　　　常用会计科目参照表

序号	编号	会计科目名称	序号	编号	会计科目名称
		一、资产类	34	1604	在建工程
1	1001	库存现金	35	1605	工程物资
2	1002	银行存款	36	1606	固定资产清理
3	1015	其他货币资金	37	1701	无形资产
4	1101	交易性金融资产	38	1702	累计摊销
5	1121	应收票据	39	1703	无形资产减值准备
6	1122	应收账款	40	1711	商誉
7	1123	预付账款	41	1801	长期待摊费用
8	1131	应收股利	42	1811	递延所得税资产
9	1132	应收利息	43	1901	待处理财产损溢
10	1231	其他应收款			二、负债类
11	1241	坏账准备	44	2001	短期借款
12	1321	代理业务资产	45	2101	交易性金融负债
13	1401	材料采购	46	2201	应付票据
15	1403	原材料	47	2202	应付账款
16	1404	材料成本差异	48	2205	预收账款
17	1406	库存商品	49	2211	应付职工薪酬
18	1407	发出商品	50	2221	应交税费
19	1410	商品进销差价	51	2231	应付利息
20	1411	委托加工物资	52	2232	应付股利
21	1412	包装物及低值易耗品	53	2241	其他应付款
22	1461	存货跌价准备	54	2314	代理业务负债
23	1501	持有至到期投资	55	2401	递延收益
24	1502	持有至到期投资减值准备	56	2501	长期借款
25	1503	可供出售金融资产	57	2502	应付债券
26	1511	长期股权投资	58	2701	长期应付款
27	1512	长期股权投资减值准备	59	2702	未确认融资费用
28	1521	投资性房地产	60	2711	专项应付款
29	1531	长期应收款	61	2801	预计负债
30	1541	未实现融资收益	62	2901	递延所得税负债
31	1601	固定资产			三、共同类
32	1602	累计折旧	63	3101	衍生工具
33	1603	固定资产减值准备	64	3201	套期工具

(续表)

序号	编号	会计科目名称	序号	编号	会计科目名称
65	3202	被套期项目	78	6051	其他业务收入
		四、所有者权益类	79	6101	公允价值变动损益
66	4001	实收资本	80	6111	投资损益
67	4002	资本公积	81	6301	营业外收入
68	4101	盈余公积	82	6401	主营业务成本
69	4103	本年利润	83	6402	其他业务支出
70	4104	利润分配	84	6403	税金及附加
71	4201	库存股	85	6601	销售费用
		五、成本类	86	6602	管理费用
72	5001	生产成本	87	6603	财务费用
73	5101	制造费用	88	6604	勘探费用
74	5103	待摊进货费用	89	6701	资产减值损失
75	5201	劳务成本	90	6711	营业外支出
76	5301	研发支出	91	6801	所得税费用
		六、损益类	92	6901	以前年度损益调整
77	6001	主营业务收入			

注：① 共同类项目的特点是既可能是资产也可能是负债。在某些条件下是一项权益，形成经济利益的流入，就是资产；在某些条件下是一项义务，将导致经济利益流出企业，这时就是负债。
② 损益类项目的特点是其项目是形成利润的要素。例如反映收益类科目"主营业务收入"；反映费用类科目中的"主营业务成本"。

为了便于填制会计凭证、登记账簿、查阅账目和实行会计电算化，会计科目表统一规定了会计科目的编号。

总分类科目采取"四位数制"编号：千位数码代表会计科目按会计要素区分的类别；百位数码代表每大类会计科目下的较为详细的类别；十位和个位数码一般代表会计科目的顺序号。

为了便于增加和建立某些会计科目，科目编号留有空号，企业不应随意打乱重编。企业在填制会计凭证、登记账簿时，应当填列会计科目的名称，或者同时填列会计科目的名称和编号，不应只填科目编号不填科目名称。

四、会计账户及基本结构

会计科目只是对会计要素进行分类，为了能够分门别类地对各项经济业务的发生所引起会计要素的增减变动情况及其结果进行全面、连续、系统、准确的反映和监督，必须设置一种方法或手段能核算指标的具体资料，即会计账户。

（一）会计账户的概念

会计账户的概念见图 2-25。

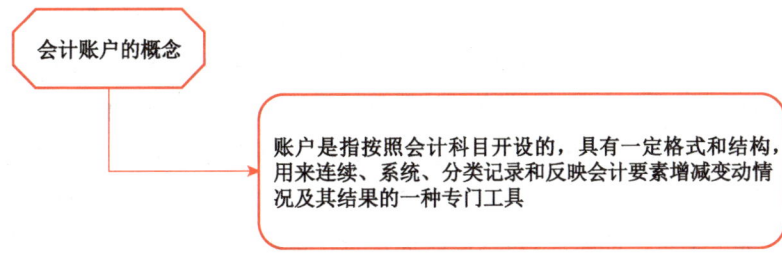

图 2-25 账户的概念

会计科目与会计账户的区别与联系见图 2-26。

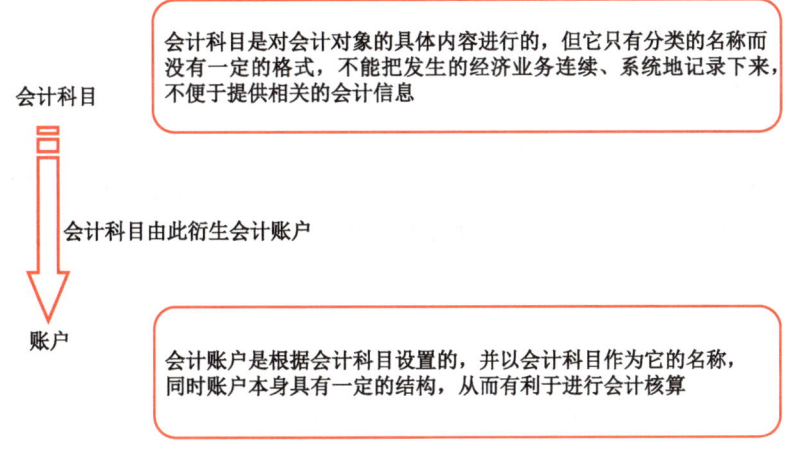

图 2-26 会计科目与会计账户

设置账户是会计核算的一种专门方法,运用账户可以把各项经济业务的发生情况及由此引起的资产、负债、所有者权益、收入、费用和利润各要素的变化,系统地、分门别类地进行核算,从而提供所需要的各项指标。

(二)账户的分类

账户可根据其核算的经济内容、提供信息的详细程度及其统驭关系进行分类。

1. 账户按照经济内容分类

账户按经济内容的分类见图 2-27。

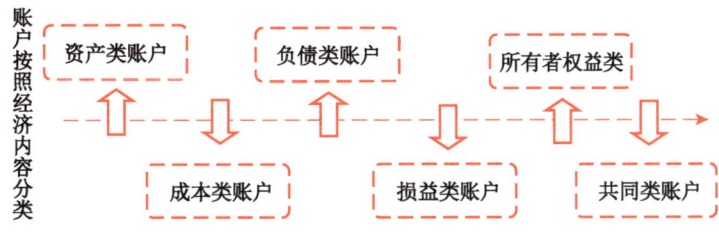

图 2-27 账户按照经济内容分类

在本教材中,由于不涉及共同类账户,因此在对账户的分类中也不对其进行详细描述。

1）资产类账户

资产类账户是反映企业所有资产增减变化及其结果的账户。资产类账户按资产的流动性和经营管理的需要，又可分为反应流动资产的账户和反映长期资产的账户。

流动资产的账户反映可以在一年或超过一年的一个营业周期内变现或耗用的资产。如："库存现金""银行存款""原材料""应收账款"等。资产类账户中，除了反映流动资产的账户外，即为反映非流动资产的账户，包括反映固定资产的账户，如"固定资产""累计折旧"；反映无形资产的账户如"无形资产""累计摊销"等账户。

2）负债类账户

负债类账户是反映企业负债增减变换及其数额的账户，按照负债偿还期长短的不同，划分为反映流动负债的账户和反映非流动负债的账户。

反映流动负债的账户，如"短期借款""应付账款""预付账款"等账户；反映长期负债的账户，如"长期借款""应付债券"等账户。

3）所有者权益类账户

所有者权益类账户是反映所有者权益的增减变动及其结存情况的账户。按所有者权益的来源不同，所有者权益类账户又可以分为反映投入资本的账户和反映留存收益的账户。反映投入资本的账户，如："实收资本""资本公积"账户；反映留存收益的账户如"盈余公积""本年利润""未分配利润"等账户。

4）成本类账户

成本类账户是用来反映企业在生产经营过程中发生的各项耗费并计算产品或劳务成本的账户，如"生产成本""制造费用""劳务成本"等账户。

5）损益类账户

损益类账户是用来反映企业收入和费用的账户。按照损益的产生与企业的生产经营活动是否相关，损益类账户又可以分为反映营业损益的账户和反映非营业损益的账户。包括"主营业务收入""主营业务成本""其他业务收入""其他业务成本""管理费用""财务费用"账户等。

2. 按提供信息的详细程度及其统驭关系分类

按提供信息的详细程度及其统驭关系，账户分为总分类账户和明细分类账户。总分类账户是按总分类科目设置的，用于对会计要素具体内容进行总括分类核算的，简称总账账户或总账。例如，"生产成本""周转材料"都是总分类账户。明细分类账户是根据明细分类科目设置的，用来对会计要素具体内容进行明细分类核算的账户，简称明细账。如"固定资产"下所属的"厂房""机器设备"就是明细分类账户。

总账和明细账核算的内容相同，只是反映内容的详细程度不同，二者相互补充，相互核对。总分类账户起统驭和控制作用，明细账户对总账起补充说明作用。

(三) 设置账户

账户不但要有明确的核算内容，而且要有一定的结构。所谓账户的结构，是指账户的组成部分和相互关系，在账户中如何记录经济业务所引起的各项会计要素的增减变动情况及结果，即增加记何方，减少记何方，余额在何方。

在实际工作中,账户的具体结构可以根据不同的需要设计出多种多样的格式,但其基本内容见图 2-28。

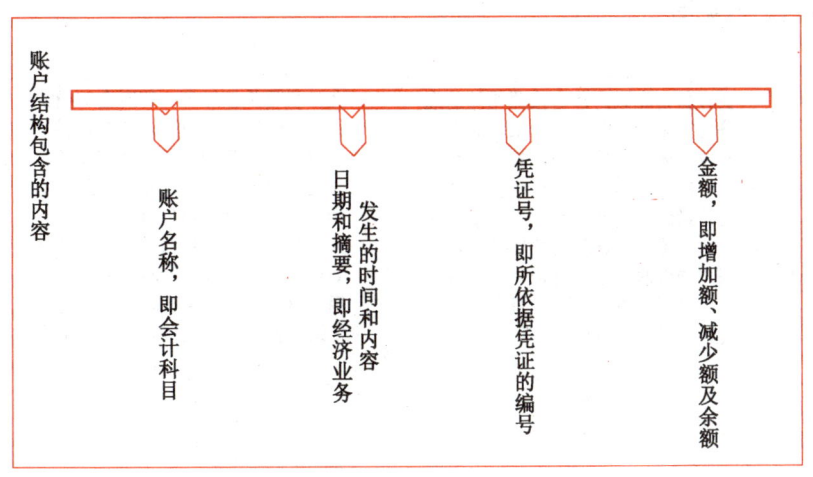

图 2-28 账户结构包含的内容

账户中记录四种核算指标,即期初余额、本期增加发生额、本期减少发生额和期末余额。其关系式如下:

期末余额=期初余额+本期增加发生额—本期减少发生额

余额的关系式如下:

上期期末余额=本期期初余额

账户所记载的经济业务引起的会计要素数量上的变动,只有增加和减少两种情况,因此,用来记录经济业务的账户也相应地划分为两个部分。其中,反映各个会计要素的增加额、减少额和余额的三个部分就形成了账户的基本结构。账户通常分为两个方向,即左右两方,其中一方记增加,另一方记减少。至于哪一方记增加,哪一方记减少,则取决于账户的性质和经济业务的类型。从账户记录经济业务的外形来看,账户结构在整体上类似于汉字的"丁"和大写字母"T",因此,账户的基本结构在实务中被形象地称为"丁字账"或"T 形账"。具体格式见表 2-4。

表 2-4 "T 形账"账户结构

左方(借方)	账户名称(会计科目)	右方(贷方)

"T 形账"账户结构分为左右两方,一方表示增加,另一方表示减少,增加和减少的差额即形成账户的余额,余额按其表示的时点不同,分为期初余额和期末余额。因此,通过账户记录的金额,可以提供期初余额、本期增加额、本期减少额和期末余额四个核算指标。

(四)会计科目和账户之间的关系

在实际工作中,会计人员往往把会计科目和账户不加区别地互相通用,实际上,两者既有联系,又有区别,见图2-29。

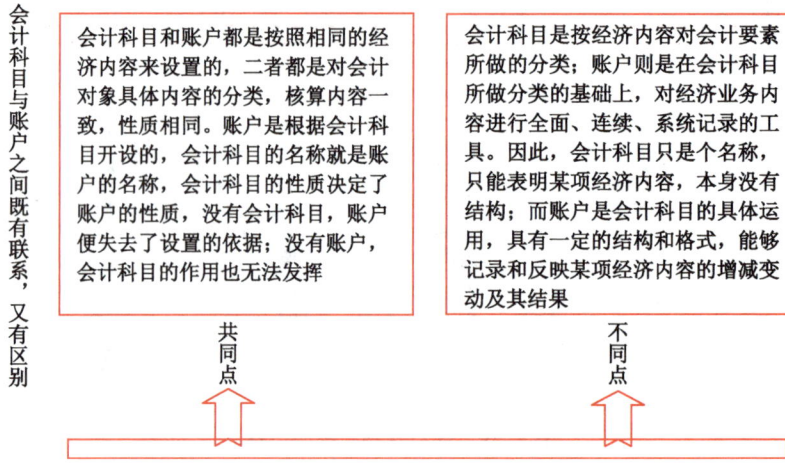

图2-29 会计科目与账户之间的区别与联系

本章小结

- 会计要素
- 会计等式
- 会计科目与会计账户

本章复习题

一、单项选择题

1. 企业购入的固定资产一般应该按照(　　)进行计量。
   A. 历史成本　　　B. 现值　　　C. 重置成本　　　D. 公允价值

2. 资产和负债按照在公平交易中,熟悉情况的交易双方自愿进行资产交换或者债务清偿的金额计量的计量属性是(　　)。
   A. 现值　　　B. 历史成本　　　C. 可变现净值　　　D. 公允价值

3. 总分类会计科目一般按(　　)进行设置。
   A. 企业管理的需要　　　　　　B. 统一会计制度的规定
   C. 会计核算的需要　　　　　　D. 经济业务的种类不同

4. 下列会计科目中,不属于资产类的是(　　)。
   A. 应收账款　　　B. 长期待摊费用　　　C. 预收账款　　　D. 预付账款

5. "营业外支出"科目按其所归属的会计要素不同,属于(　　)类科目。

A. 资产　　　　　B. 负债　　　　　C. 成本　　　　　D. 损益
6. 下列内容不属于期间费用的是(　　)。
A. 管理费用　　　B. 制造费用　　　C. 销售费用　　　D. 财务费用
7. 企业的日常经营收入不包括(　　)。
A. 销售商品的收入　　　　　　　　B. 提供劳务的收入
C. 让渡资产使用权取得的收入　　　D. 出售固定资产的收入
8. 下列各会计要素,(　　)不是反映财务状况的会计要素。
A. 资产　　　　　B. 负债　　　　　C. 所有者权益　　D. 收入
9. 下列各项中,属于所有者权益的是(　　)。
A. 对外捐赠　　　B. 对外投资　　　C. 盈余公积　　　D. 专利技术
10. 下列项目中,不属于收入范围的是(　　)。
A. 商品销售收入　　　　　　　　　B. 劳务收入
C. 租金收入　　　　　　　　　　　D. 代收款项

二、多项选择题

1. 所有者权益和负债的区别包括(　　)。
A. 两者的对象不同,对企业的要求权不同
B. 两者体现的经济关系不同,享有的权利不同
C. 两者的偿还期限不同
D. 两者承担的风险不同
2. 根据我国《企业会计准则》的规定,企业的利润一般包括(　　)。
A. 营业利润　　　B. 利润总额　　　C. 净利润　　　　D. 期间费用
3. 下列会计要素中,被称为动态会计要素的有(　　)。
A. 资产　　　　　B. 负债　　　　　C. 收入　　　　　D. 费用
4. 下列不属于会计计量属性的有(　　)。
A. 历史成本　　　B. 谨慎性　　　　C. 连续性　　　　D. 现值
5. 下列会计科目中,属于负债类科目的有(　　)。
A. 短期借款　　　B. 应交税费　　　C. 累计折旧　　　D. 应付利息
6. 账户结构划分为左方、右方两个方向,一方登记增加,另一方登记减少。至于哪一方登记增加,哪一方登记减少,取决于(　　)。
A. 账户的内容　　　　　　　　　　B. 账户的性质
C. 账户的方向　　　　　　　　　　D. 所记录的经济业务

三、判断题

1. 利润是收入与费用配比相抵后的差额,是经营成果的最终要素。　　　(　　)
2. 所有者权益是指企业投资人对企业资产的所有权。　　　　　　　　　(　　)
3. 所有者权益与企业特定的、具体的资产并无直接关系,不与企业任何具体的资产项

目发生对应关系,所有者权益不需要偿还,除非发生减值、清算。　　　　　（　　）

4. 企业在日常活动中形成的经济利益的总流入称为收入,包括与所有者投入资本有关的经济利益的流入。　　　　　　　　　　　　　　　　　　　　　　　　（　　）

5. 在公允价值计量下,资产按照现在购买相同或者相似资产所需付的现金或者现金等价物的金额计量。　　　　　　　　　　　　　　　　　　　　　　　　　（　　）

6. 企业只能使用国家统一的会计制度规定的会计科目,不可以自行制定会计科目。
　　　　　　　　　　　　　　　　　　　　　　　　　　　　　　　　（　　）

> 诚信为本，操守为重；坚持准则，不做假账。
>
> ——朱镕基

第三章　借贷记账法

【本章要点】

通过对本章内容的学习，你应了解和掌握如下问题：
- 复式记账
- 借贷记账法
- 试算平衡

账户仅仅是记录经济业务的工具，还需要把经济业务所引起的会计要素增减变化登记在账簿中，以取得经营所需的资料。这一工作要通过记账来完成。

第一节　记账方法

现实中有些小商贩通常采用单式记账法。正如漫画中的小胖,仅关注资金的流入与流出。这种方法最大的弊端是不能有效地联系其他事项,要么是资金的收支,要么是库存商品的增减,不会将二者有效联系起来。这就涉及记账方法的问题了。

记账方法是利用一定的形式和技术,借助会计科目和账户,在账簿登记经济业务的方法。具体表现为根据一定的记账符号、记账规则,利用文字和数字把经济业务记到账簿中去。记账方法按记录方式不同,可分为单式记账法和复式记账法。

一、单式记账法

运用单式记账法,在记账时,重点考虑的是现金、银行存款以及债权债务方向发生的交易或事项。其概念见图 3-1。

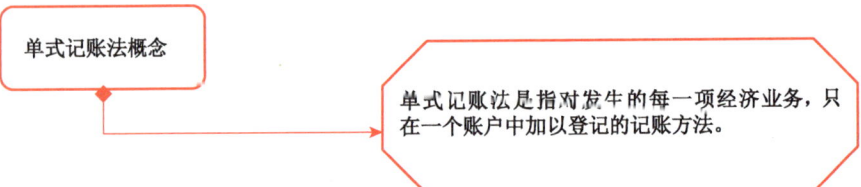

图 3-1 单式记账法

二、复式记账法

目前,我国的企业和行政、事业单位所采用的记账方法,都属于复式记账法,见图 3-2。

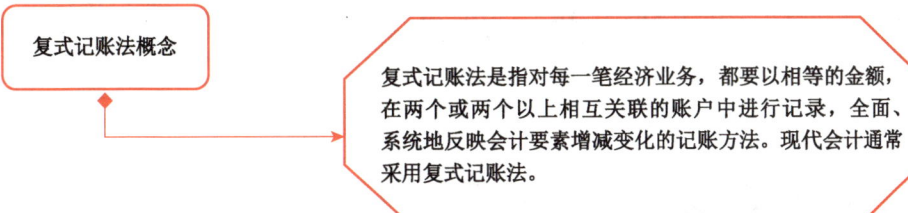

图 3-2 复式记账法

复式记账法有单式记账法不可比拟的优越性(见图 3-3)。所以,我国颁布的《企业会计准则——基本准则》明文规定,中国境内的所有企业都应该采用借贷记账法记账。借贷记账法是我国通用的记账方法。

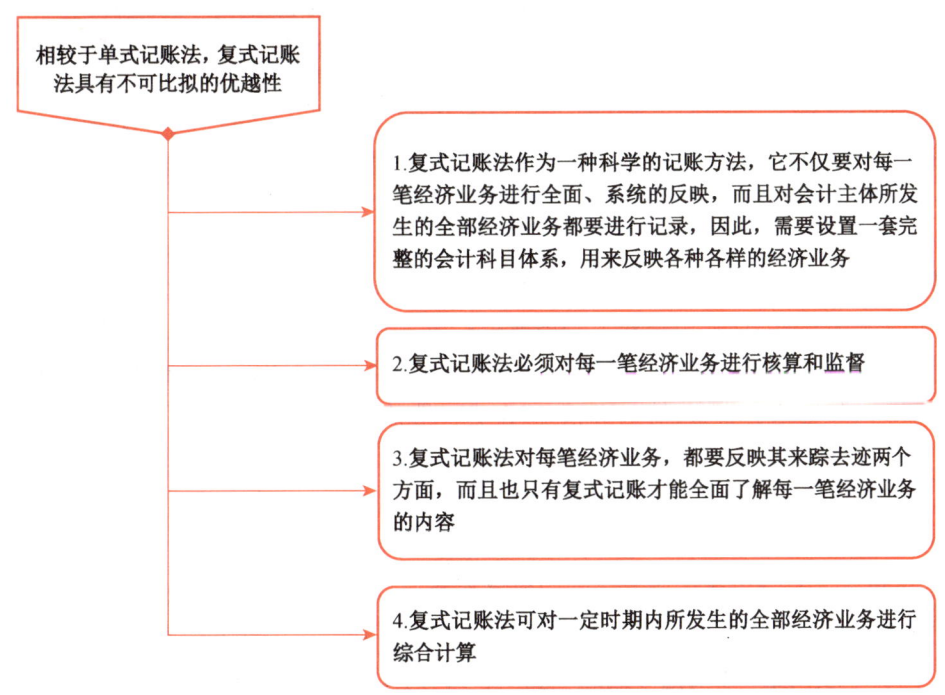

图 3-3 复式记账法的优越性

第二节 借贷记账法

一、借贷记账法的概念

借贷记账法是以"借""贷"二字作为记账符号,记录会计要素增减变动的一种复式记账方法。记账符号,是会计上用来表示经济业务的发生涉及的金额应该记入有关账户的左方金额栏还是右方金额栏的符号。借贷记账法是建立在"资产＝负债＋所有者权益"会计恒等式的基础上,以"有借必有贷,借贷必相等"作为记账规则,反映会计要素的增减变动情况的一种复式记账法。

借贷记账法的对象是会计要素的增减变动过程及其结果。这个过程及结果可用公式表示:资产＝负债＋所有者权益。这一恒等式揭示了三个方面的内容:

第一,揭示了会计主体各要素之间的数字平衡关系。有一定数量的资产,就必然有相应数量的权益(负债和所有者权益)与之相对应,任何经济业务所引起的要素增减变动,都不会影响这个等式的平衡。如果把等式的"左""右"两方,用"借""贷"两方来表示的话,就是说每一次记账的借方和贷方都是平衡的;一定时期账户的借方、贷方的金额是平衡的;所有账户的借方、贷方余额的合计数是平衡的。

第三章 借贷记账法

第二,揭示了各会计要素增减变化的相互联系。任何经济业务(四类经济业务)都会引起两个或两个以上相关会计项目发生金额变动,因此当经济业务发生后,在一个账户中记录的同时必然要在另一个或一个以上账户记录与之对应。

第三,揭示了等式有关因素之间是对立统一的。资产在等式的左边,当想移到等式右边时,就要以"一"表示,负债和所有者权益也具有同样情况。也就是说,当我们用左边(借方)表示资产类项目增加时,就要用右边(贷方)来记录资产类项目减少。与之相反,当我们用右方(贷方)记录负债和所有者权益增加额时,我们就需要通过左方(借方)来记录负债和所有者权益的减少额。

这三个方面的内容贯穿了借贷记账法的始终。会计恒等式对记账方法的要求决定了借贷记账法的账户结构、记账规则、试算平衡的基本理论,因此说会计恒等式是借贷记账法的理论基础。

二、记账符号和账户结构

借贷记账法是以"借"和"贷"作为记账符号,用以指明记账的增减方向、账户之间的对应关系和账户余额的性质等,而与这两个文字的字义及其在会计史上的最初含义无关。"借"和"贷"作为记账符号,都具有增加和减少的双重含义。"借"和"贷"何时表示增加,何时表示减少,取决于账户的结构和性质以及所记录的经济业务内容的实质。

三、借贷记账法下账户的结构

在借贷记账法下,账户设置基本上可分为资产(包括费用)类和负债及所有者权益(包括收入)类两大类别。

(一) 资产类及成本类账户的结构

资产类及成本类账户的期末余额公式为:

$$期末借方余额 = 期初借方余额 + 本期借方发生额 - 本期贷方发生额$$

1. 资产类账户结构

资产类账户的借方登记增加额,贷方登记减少额,一般为借方余额(账户余额一般在增加方,下同),见表 3-1。

表 3-1　　　　　　　　　　　　资产类账户

借方	贷方
期初余额	
本期增加发生额	本期减少发生额
期末余额	

2. 成本类账户结构

成本类账户的借方登记增加额,贷方登记减少额,一般为借方余额,见表 3-2。

表 3-2　　　　　　　　　　　　　　成本类账户

借方	贷方
期初余额	
本期增加发生额	本期减少发生额
期末余额	

(二) 负债及所有者权益类账户的结构

负债及所有者权益类账户的贷方登记增加额,借方登记减少额,一般为贷方余额。

负债及所有者权益类账户的期末余额公式为:

$$期末贷方余额＝期初贷方余额＋本期贷方发生额－本期借方发生额$$

1. 负债类账户的结构

在负债类账户中,负债的增加记录在账户的贷方,负债的减少记录在账户的借方,账户的余额在贷方,见表3-3。

表 3-3　　　　　　　　　　　　　　负债类账户

借方	贷方
	期初余额
本期减少发生额	本期增加发生额
	期末余额

2. 所有者权益类账户的结构

在所有者权益类账户中,所有者权益的增加记录在账户的贷方,所有者权益的减少记录在账户的借方,账户的余额在贷方,见表3-4。

表 3-4　　　　　　　　　　　　　所有者权益类账户

借方	贷方
	期初余额
本期减少发生额	本期增加发生额
	期末余额

(三) 损益类账户的结构

企业在一定期间取得的收入和发生的费用要体现在当期损益中,因此损益类账户主要包括收入类账户和费用类账户。

1. 收入类账户的结构

在收入类账户中,收入的增加记录在账户的贷方,收入的减少记录在账户的借方。由于收入净额在期末转入"本年利润"账户,用以计算当期损益,本类账户结转后无余额,见表3-5。

表3-5　　　　　　　　　　　　　　收入类账户

借方	贷方
收入减少或结转额	收入增加额
本期发生额(收入减少额合计) (无期末余额)	本期发生额(收入增加额合计) (无期末余额)

2. 费用类账户

在费用类账户中,费用的增加记录在账户的借方,费用的减少记录在账户的贷方。由于费用净额在期末转入"本年利润"账户,用以计算当期损益,本类账户结转后无余额,见表3-6。

表3-6　　　　　　　　　　　　　　费用类账户

借方	贷方
费用增加额	费用减少或结转额
本期发生额(费用增加额合计) (无期末余额)	本期发生额(费用减少额合计) (无期末余额)

(四) 双重性质账户的结构

由于"借""贷"记账符号对会计等式两边的会计要素规定了增减相反的含义,因此,可以设置既具有资产性质,又具有负债性质的双重性质的账户。比如,"应收账款"和"预收账款"可以合并为一个账户,"应付账款"和"预付账款"也可以合并为一个账户。双重性质账户的性质不是固定的,应根据账户余额的方向来判断。如果余额在借方就是资产类账户,如果余额在贷方就是权益类账户。具有双重性质的账户只是少数,绝大多数账户的性质仍是固定的。

(五) 借贷记账法账户结构总结

(1) 对每一个账户来说,期初余额只可能在账户的一方:借方或贷方,反映资产或负债或所有者权益的期初余额。

(2) 如果期末余额与期初余额的方向相同,说明账户的性质未变;如果期末余额与期初余额方向相反,则说明账户的性质已发生改变。例如:"应收账款"是资产类账户,期初余额一般在借方,反映期初尚未收回的账款。如果"应收账款"期末余额仍在借方,则反映期末尚未收回的账款,仍为资产性质的账户;如果期末余额出现在贷方,说明本期多收了,多收部分就转化成预收账款,变成负债性质的账户了。类似的情况在很多账户中都存在,如"应付账款""预收账款""预付账款"等反映往来账款的账户以及"待处理财产损益"等双重性账户,都应根据它们期末余额的方向来确定其性质,如果余额在借方,就是资产类账户;如果余额在贷方,就是负债类账户。

(3)对于收入、费用类账户,由于这类账户的本期发生额在期末都要结转到"本年利润"账户,用来核算企业的财务成果,所以一般无期初和期末余额。

综上所述,可以看出,"借""贷"二字作为记账符号所表示的经济含义是不一样的,见表3-7。

表3-7　　　　　　　　　　各类账户的基本结构

借　方	贷　方
资产增加	资产减少
负债及所有者权益减少	负债及所有者权益增加
费用成本增加	费用成本转出
收入类转出	收入类增加

四、借贷记账法的记账规则

记账规则,是指运用记账方法正确记录会计事项时应当遵守的规律。记账规则是记账的依据,也是对账的依据,记账规则也称为借贷平衡原理,可以检验会计分录、过账、结账等一系列会计处理的正确性。记账规则是通过编制记账凭证与会计分录表现出来的。

由于借贷记账法在记账时,对于一笔经济业务,要在两个或两个以上账户中同时进行记录,记录一个账户的借方,就必须同时记录另一个或几个账户的贷方,反之亦然,并且记入借方的金额与记入贷方的金额必须相等,因此,借贷记账法的记账规则是:"有借必有贷,借贷必相等",见图3-4。

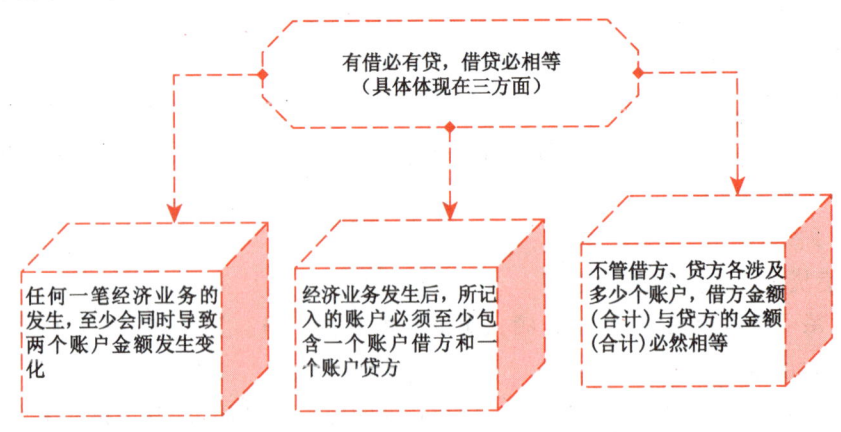

图3-4　借贷记账法的记账规则

五、会计分录

(一)账户对应关系

采用借贷记账法,根据记账规则登记每项经济业务时,有关账户之间就发生了应借应贷的相互关系。账户之间的这种相互关系,叫作账户的对应关系。存在对应关系的账户,叫作对应账户。

【例2-1】 从银行提取现金1 000元。

在这笔业务中,会涉及"库存现金"和"银行存款"两个账户,在这一业务中,"库存现金"和"银行存款"就是对应账户。通过账户间的这种对应关系,可以了解每笔经济业务的内容,掌握经济业务的来龙去脉,检查经济业务的处理是否合理、合法。

(二) 会计分录

1. 会计分录的含义

会计分录的含义见图3-5。

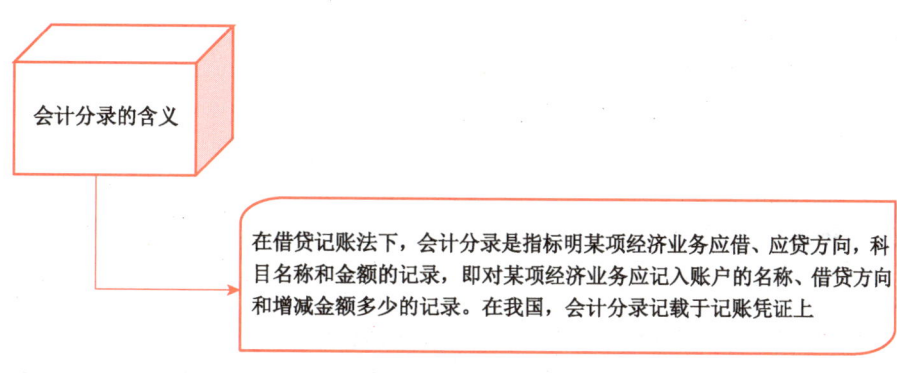

图3-5 会计分录的含义

2. 会计分录的分类

按照所涉及账户的多少,会计分录有简单分录与复合分录两种。只涉及两个账户即"一借一贷"的会计分录就是简单会计分录;由超过两个账户组成的会计分录叫复合分录,即"一借多贷"或"多借一贷"的会计分录。

一个复合会计分录可以分解为几个简单会计分录,复合会计分录便于集中反映整体经济业务的全貌,简化记账工作,提高会计工作效率。但企业不得把互不相关的几个简单会计分录硬性合并为一笔多借多贷的会计分录。

承[例2-1],从记账凭证中抽象出的分录格式如下:

借:库存现金　　　　　　　　　　　　　　　　　　　　　　　　　　　1 000
　　贷:银行存款　　　　　　　　　　　　　　　　　　　　　　　　　　1 000

3. 会计分录的编制步骤

会计分录的编制步骤见图3-6。

4. 会计分录的书写格式

在教学上,由于日常书写并不能都在记账凭证上进行,因此需要以特定的格式来表示会计分录。在借在借贷记账法下,编制会计分录的格式是:先写借方科目,再写贷方科目。会计分录为上下结构,上借下贷,借贷错开,金额相等。一般"贷"字应对齐借方科目的第一字,金额也要错开写。编制复合会计分录时,对于多个贷方(或借方)科目,不必重复写"借"或"贷",只需写第一个会计科目的"贷"或"借",然后将相同方向的会计科目对齐即可。

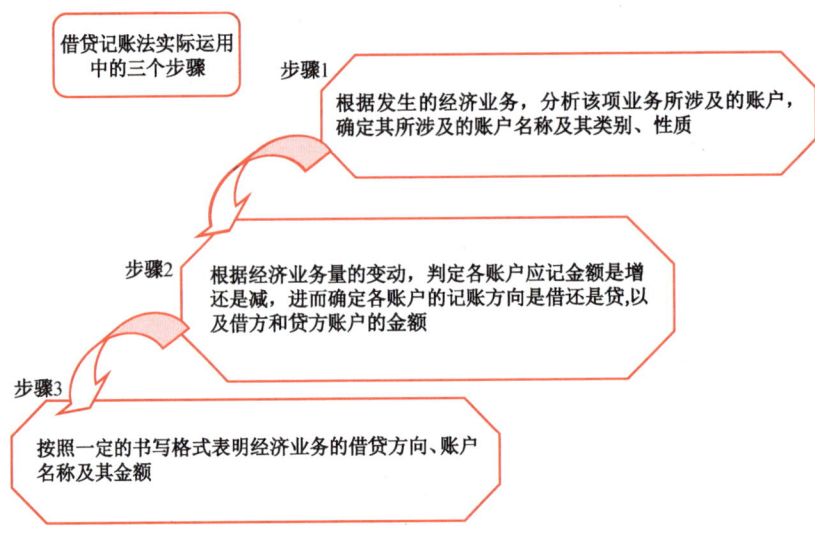

图 3-6 会计分录的编制步骤

一、公司概况

北京便捷家具有限公司概况见第二章第二节案例介绍。

二、任务情况

北京便捷家具有限公司 2018 年 1 月份发生的全部经济业务如下（为了简化起见，本案例中暂不考虑增值税等税费）：

(1) 3 日，企业购入一台机器设备，用银行存款 40 000 元支付价款。

(2) 12 日，企业向银行借款 50 000 元(半年期)并存入银行。

(3) 20 日，企业以银行存款 20 000 元偿还前欠货款。

(4) 26 日，企业接受所有者投资一台设备，价值 80 000 元。

(5) 27 日，企业从银行提取库存现金 5 000 元备用。

三、任务解析

根据以上资料编制会计分录如下：

(1) 借：固定资产   40 000
        贷：银行存款   40 000

(2) 借：银行存款   50 000
        贷：短期借款   50 000

(3) 借：应付账款   20 000
        贷：银行存款   20 000

(4) 借：固定资产   80 000
        贷：实收资本   80 000

(5) 借：库存现金   5 000
        贷：银行存款   5 000

第三节 试算平衡

试算平衡是根据借贷记账法的记账规则，依据复式记账原理，通过对本期全部账户的全部记录进行汇总、测算和比较，检验会计记录是否正确的一种专门方法。

企业对日常发生的经济业务都要记入有关账户，内容庞杂，次数繁多，容易发生差错。因此，企业对全部账户的记录必须定期进行试算，借以验证账户记录是否正确。在借贷记账法下，根据复式记账的基本原理，试算平衡的方法主要有两种：本期发生额平衡法和余额平衡法。

一、本期发生额平衡法

借贷记账法下，利用"有借必有贷、借贷必相等"的记账规则，将全部账户的本期借方发生额和全部账户的本期贷方发生额分别加总后，二者在金额上必然相等。财务人员利用这一发生额平衡原理，可以检验本期发生额账务处理的正确性。其试算平衡公式如下：

全部账户本期借方发生额合计＝全部账户本期贷方发生额合计

本期发生额平衡法主要用来检查本期发生的经济业务在进行各种账务处理时的正确性。如果试算平衡的结果是平衡的，则本期记入各账户的发生额可能是正确的；如果试算不平衡，则证明本期记账有错误。

二、余额平衡法

余额平衡法是指在把会计期末账户余额在借方的全部数额和在贷方的全部数额分别加

总后,利用"资产＝负债＋所有者权益"的平衡原理来检验会计处理正确性的一种试算平衡方法。其试算平衡公式如下:

全部账户的借方期末余额合计＝全部账户的贷方期末余额合计

余额平衡法的基本原理是:在借贷记账法下,资产账户的期末余额在借方,负债和所有者权益账户的期末余额在贷方,由于存在"资产＝负债＋所有者权益"的平衡关系,所以全部账户的借方期末余额合计数应当等于全部账户的贷方期末余额合计数。余额平衡法主要是通过各种账户余额来检查、推断账务处理的正确性的。

如果试算不平衡,说明账户的记录肯定有错;如果试算平衡,说明账户的记录基本正确,但不一定完全正确。这是因为有些错误并不影响借贷双方的平衡,如某项经济业务在有关账户中被重记、漏记或记错了账户等。这些错误并不能通过试算平衡来发现。但试算平衡仍是检查账户记录是否正确的一种有效方法。

三、余额试算平衡

由于所有的账户的期初余额都是根据"资产＝负债＋所有者权益"的恒等关系得到的,而所有账户的期末余额又是根据一定时期的本期借、贷方发生额计算的结果,因此全部账户的借方期末余额合计也必然和全部账户的贷方期末余额合计相等,从而有了余额试算平衡法(见图3-7)。余额时间根据不同,可分为期初余额平衡和期末余额平衡。本期的期末余额平衡,结转到下一期,就成为下一期的期初余额平衡。这种关系也可用下列公式表示:

全部账户的借方期初余额合计＝全部账户的贷方期初余额合计
全部账户的借方期末余额合计＝全部账户的贷方期末余额合计

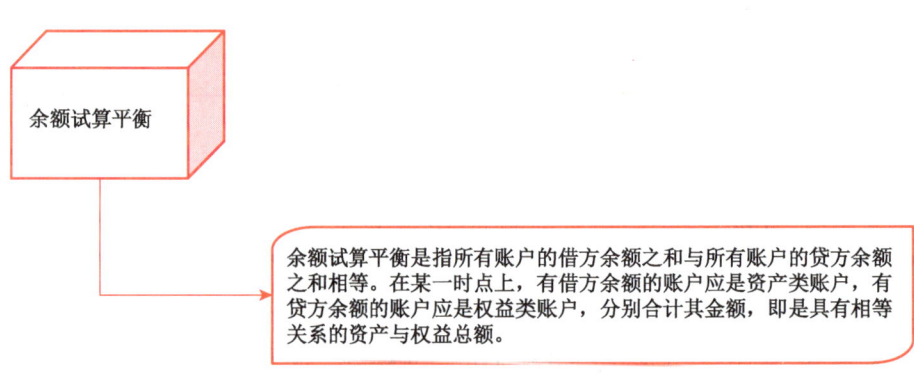

图3-7 余额试算平衡

应该看到,试算平衡表只是通过借贷金额是否平衡来检查账户记录是否正确,而有些错误对于借贷双方的平衡并不发生影响。

上述注意事项三中(见图3-8),如果借贷平衡,则并不能说明账户记录绝对正确,因为有些错误对于借贷双方平衡并不发生影响,这主要包括图3-9所示几种情况。

第三章 借贷记账法

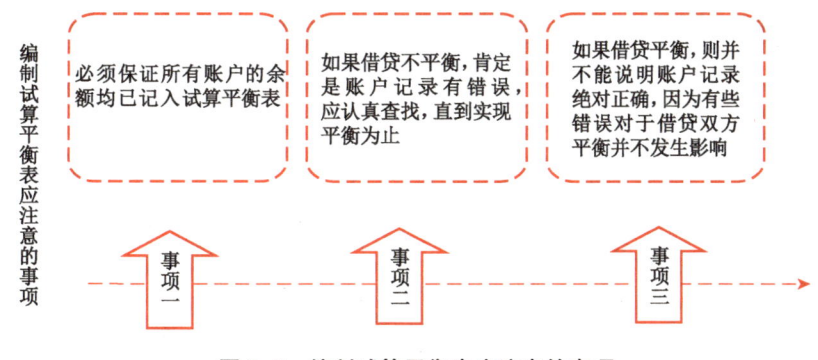

图 3-8 编制试算平衡表应注意的事项

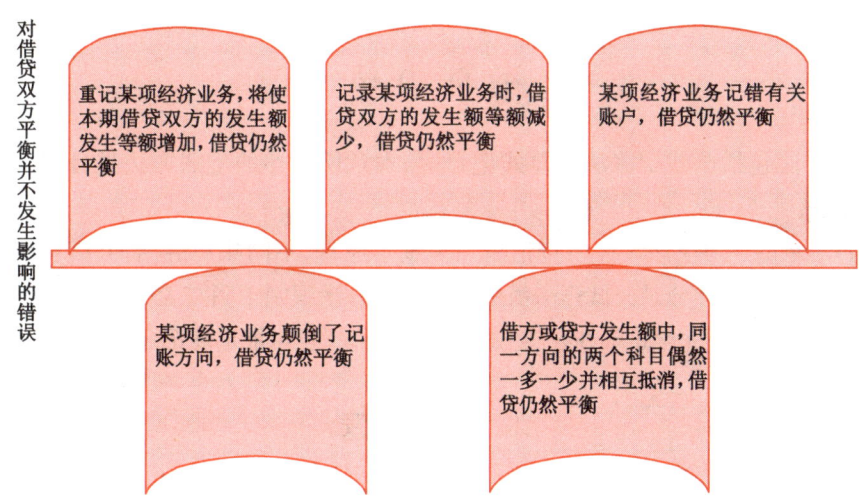

图 3-9 对借贷双方平衡并不发生影响的错误

 案例介绍

一、公司概况

北京便捷家具有限公司概况见第二章第二节案例介绍。

二、任务要求

根据北京便捷家具有限公司 2018 年 1 月份发生的全部经济业务编制试算平衡表（期初数已知）。

三、任务解析

试算平衡表见表 3-8。

表 3-8　　　　北京便捷家具有限公司 1 月份余额试算平衡表

会计科目	期初余额		本期发生额		期末余额	
	借方	贷方	借方	贷方	借方	贷方
库存现金	4 000		5 000		9 000	
银行存款	30 000		50 000	65 000	15 000	

(续表)

会计科目	期初余额		本期发生额		期末余额	
	借方	贷方	借方	贷方	借方	贷方
固定资产	80 000		120 000		200 000	
短期借款		5 000		50 000		55 000
应付账款		9 000	20 000			11 000
实收资本		100 000		80 000		180 000
合计	114 000	114 000	195 000	195 000	235 000	235 000

本章小结

● 记账方法包括单式记账法和复式记账法,本章所讲述的记账方法是目前国际上通用的借贷记账法。

● 通过本章的学习应该掌握借贷记账法的基本原理、不同账户的结构、借贷记账法的规则,并会编制简单的会计分录。试算平衡是检验会计分录编制正确与否的工具之一,但试算平衡了并不代表凭证记载完全正确,应注意试算平衡条件下也可能出现记账错误的几种情况。

本章复习题

一、单项选择题

1. 在借贷记账法下,资产类账户的结构特点是(　　)。
A. 借方记增加,贷方记减少,余额在借方
B. 贷方记增加,借方记减少,余额在贷方
C. 借方记增加,贷方记减少,一般无余额
D. 贷方记增加,借方记减少,一般无余额

2. 企业受到购货单位汇来的前欠货款 100 万元,此项业务使得(　　)。
A. 资产增加 100 万元,收入增加 100 万元
B. 资产增加 100 万元,负债减少 100 万元
C. 资产增加 100 万元,负债增加 100 万元
D. 资产项目一增一减,资产总额保持不变

3. "应付账款"账户的期末余额等于(　　)。
A. 期初余额+本期借方发生额-本期贷方发生额
B. 期初余额-本期借方发生额-本期贷方发生额
C. 期初余额+本期借方发生额+本期贷方发生额
D. 期初余额+本期贷方发生额-本期借方发生额

4. 下列各项中,属于企业的主营业务收入的是(　　)。
A. 销售商品收入
B. 材料销售收入
C. 转让无形资产使用权收入
D. 包装物出租收入

5. 下列经济活动中,引起资产和负债同时减少的是( )。
   A. 以银行存款偿付前欠货款　　B. 以现金支付办公费用
   C. 购买材料货款尚未支付　　D. 收回应收账款
6. 企业购买固定资产,价款总计 5 万元,用银行存款支付。这项经济业务对会计要素的影响是( )。
   A. 资产与负债都增加 5 万元
   B. 一项资产增加 5 万元,另一项资产减少 5 万元
   C. 资产与所有者权益都增加 5 万元
   D. 资产减少 5 万元,负债增加 5 万元

二、多项选择题

1. 借贷记账法下,"贷"可以表示( )。
   A. 收入增加　　B. 费用增加　　C. 负债增加　　D. 所有者权益增加
2. 下列各项中,属于复合会计分录的有( )。
   A. 一借一贷　　B. 多借一贷　　C. 一借多贷　　D. 多借多贷
3. 下列表示会计账户中记录的各项金额之间的关系的等式中,正确的有( )。
   A. 本期期末余额＝期初余额＋本期增加发生额－本期减少发生额
   B. 本期期末余额＝本期增加发生额－本期减少发生额
   C. 本期期末余额＋本期减少发生额＝期初余额＋本期增加发生额
   D. 本期期末余额＝本期减少发生额
4. 根据借贷记账法的账户结构,账户贷方登记的内容有( )。
   A. 收入的增加　　B. 所有者权益的增加
   C. 资产的增加　　D. 负债的增加
5. 下列经济业务中引起资产和负债同时增加的有( )。
   A. 赊购材料　　B. 从银行提取现金
   C. 以银行存款购入材料　　D. 向银行借款并将款项存入银行
6. 下列各项中,属于试算平衡公式的有( )。
   A. 资产类账户的本期借方发生额合计＝权益类账户本期贷方发生额合计
   B. 全部账户本期借方发生额合计＝全部账户本期贷方发额合计
   C. 全部账户借方期初余额合计＝全部账户贷方期初余额合计
   D. 全部账户借方期末余额合计＝全部账户贷方期末余额合计

三、判断题

1. 总分类科目统驭下的二级科目和三级科目等均称为明细分类科目。　　( )
2. 在借贷记账法下,"借"表示增加,"贷"表示减少。　　( )
3. 复式记账法的记账规则是"有借必有贷,借贷必相等"。　　( )

> 会计凭证是连接经营交易信息和会计账簿信息的桥梁,桥断了,路就不通了。
>
> 冷静地看,细细地品,不放过蛛丝马迹;反复斟酌,慢慢深入,心中自有铁算盘。

第四章 会 计 凭 证

【本章要点】

通过对本章内容的学习,你应了解和掌握如下问题:
- 原始凭证的填制
- 原始凭证的审核
- 记账凭证的填制
- 记账凭证的审核
- 会计凭证的传递、装订与保管

会计凭证(Accounting Voucher)是记录经济业务的发生和完成情况,明确经济责任,按一定格式编制的据以登记会计账簿的书面证明文件。填制和审核会计凭证是会计核算的起点,也是会计核算的专门方法之一。

第一节 原始凭证的填制

第四章 会计凭证

一、原始凭证的概念和分类

（一）原始凭证的概念

原始凭证的概念见图 4-1。

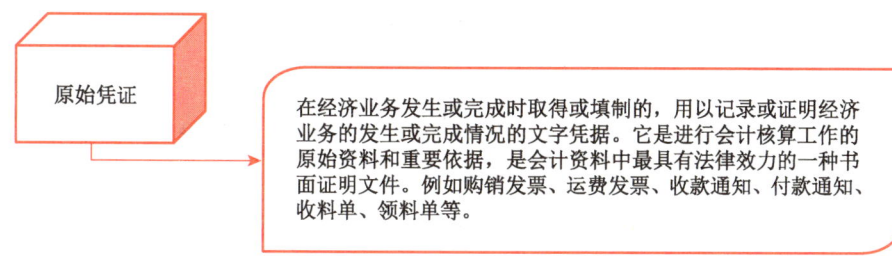

图 4-1 原始凭证的概念

凡是不能证明经济业务已经发生或完成的凭证、文件,如融资协议、购销合同、购料申请单、费用预算等不作为原始凭证并据以记账。

（二）原始凭证的分类

1. 原始凭证按照来源不同分为外来原始凭证和自制原始凭证

（1）外来原始凭证（Externally-created Source Document）是指在经济业务完成时,从其他单位或个人处直接取得的凭证。例如购买原材料时从供货单位或个人处取得的发票、从物流公司取得的购销货物发生的运费发票、从开户银行转来的收款通知、付款通知及其他结算凭证、出差取得的车票或住宿发票等。外来原始凭证的格式及内容见图 4-2、图 4-3。

（2）自制原始凭证（Self-made Source Document）是指在经济业务事项发生或完成时,由本单位内部经办部门或人员根据经济业务的内容自行填制的、仅供本单位内部使用的凭证。例如仓库保管员验收材料时填制的"购料单"、生产部门等企业有关部门领用材料时填制的"领料单"、计提工资时编制的"工资费用分配表"、分配制造费用时编制的"制造费用分配表"、计算完工产品成本时编制的"成本计算单"、计提固定资产折旧时编制的"固定资产折旧计算表"等。自制原始凭证的格式及内容见图 4-4、图 4-5。

图 4-2 增值税专用发票

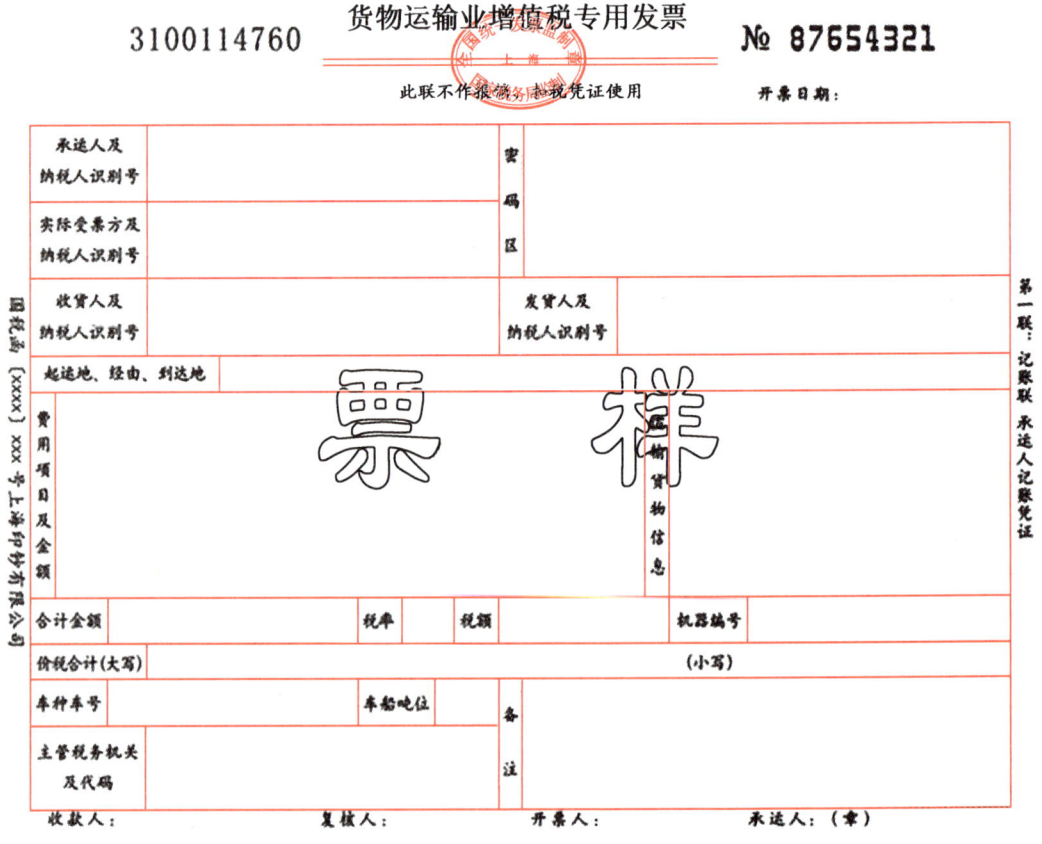

图 4-3 货物运输业增值税专用发票

购 料 单

材料类别： 收料仓库：
供应单位： 发票号码：

年 月 日　　　　　第 号

材料编号	材料名称	规格	单位	数量		实际价格				第二联 财务
				应收	实收	单价	发票金额	运杂费	合计	
备注										

采购员：　　　检验员：　　　记账员：　　　保管员：

图 4-4 购料单

领 料 单

领料单位： 发料编号：
用　　途： 发料仓库：

年 月 日　　　　　第 号

材料编号	材料名称	规格	单位	数量		单价	金额	备注	第二联 财务
				请领	实发				
备注									

发料员：　　　领料负责人：　　　记账员：　　　领料员：

图 4-5 领料单

2. 原始凭证按照填制的方法和手续不同分为一次凭证、累计凭证和汇总凭证

（1）一次凭证（Front-end Document）是指一次填制完成、只反映一项经济业务或同时记录若干项同类性质经济业务的原始凭证。所有外来原始凭证和大部分的自制原始凭证都属于一次凭证。发票、银行结算凭证、职工"借款单"、购进材料填制的"入库单"、生产部门等企业有关部门领用材料时填制的"领料单"等都是一次凭证。

（2）累计凭证（Accumulation Document）是指在一定时期内（一般以一月为限）多次记录若干同类经济业务、填制手续随着经济业务事项的发生而分次完成的原始凭证。累计凭证是多次有效的原始凭证，能随时结出累计数及结余数，并按照费用限额进行费用控制，期末按实际发生额记账，如"限额领料单"。限额领料单的格式及内容见图 4-6。

限 额 领 料 单

领料单位：　　　　　　　　　　　　　　　　　　　　　　发料编号：
用　　途：　　　　　　　　　　　　　　　　　　　　　　发料仓库：

年　月　日

材料编号	材料名称	规格	计量单位	计划投产量	领用限额	实发			第二联 财务
						数量	单价（十 万 千 百 十 元 角 分）	金额（百 十 万 千 百 十 元 角 分）	
日期	领用			退料			限额结余数量		
	数量	领料人	发料人	数量	退料人	收料人			
合计									

生产计划部门负责人：　　　供应部门负责人：　　　记账员：　　　仓库保管员：

图 4-6　限额领料单

（3）汇总凭证（Summary Document）又称原始凭证汇总表，是指根据一定时期内反映相同经济业务的多张原始凭证，汇总编制而成的自制原始凭证，以集中反映某项经济业务总括发生情况。汇总原始凭证既可以简化会计核算工作，又便于进行经济业务的分析比较，如根据领料单定期编制的"发料凭证汇总表""工资汇总表"等。发料凭证汇总表的格式及内容见图 4-7。

发料凭证汇总表

　　　　　　　　　　　　　　　　　　　　　　　　　　　　　　　　　　　附件：　张
凭证编号：　　　　　汇总时间：　　年　月　日 - 　日　　　　　　　　单位：元

借方科目＼贷方科目	生产成本	制造费用	管理费用	销售费用
原材料-A				
原材料-B				
……				
合计				

会计主管：　　　　　记账：　　　　　审核：　　　　　填制：

图 4-7　发料凭证汇总表

3. 原始凭证按照格式不同分为通用凭证和专用凭证

(1) 通用凭证(General Vouchers)是指由有关部门统一印制、在一定范围内使用的具有统一格式和使用方法的原始凭证，如全国通用的增值税专用发票、全国统一使用的商业汇票、某一地区使用的收款收据等。通用凭证的格式及内容见图 4-8、图 4-9。

银行承兑汇票　2　CA 01 00000000

出票日期(大写)　年　月　日

出票人全称		收款人	全 称	
出票人账号			账 号	
付款行全称			开户银行	
出票金额	人民币(大写)			亿 千 百 十 万 千 百 十 元 角 分
汇票到期日(大写)		付款行	行号	
承兑协议编号			地址	

本汇票请你行承兑，到期无条件付款。　出票人签章

本汇票已经承兑，到期日由本行付款。　承兑行签章　承兑日期　年　月　日　备注:　复核　记账

票样

图 4-8　银行承兑汇票

收 款 收 据　№

交款单位:　　年　月　日

名　　称	单位	数 量	单 价	金额 百	十	万	千	百	十	元	角	分	备　注
合计人民币(大写)	佰　拾　万	仟	佰	拾	元	角	分	¥					

收款人:　　会计:　　收款单位:

二 客户

图 4-9　收款收据

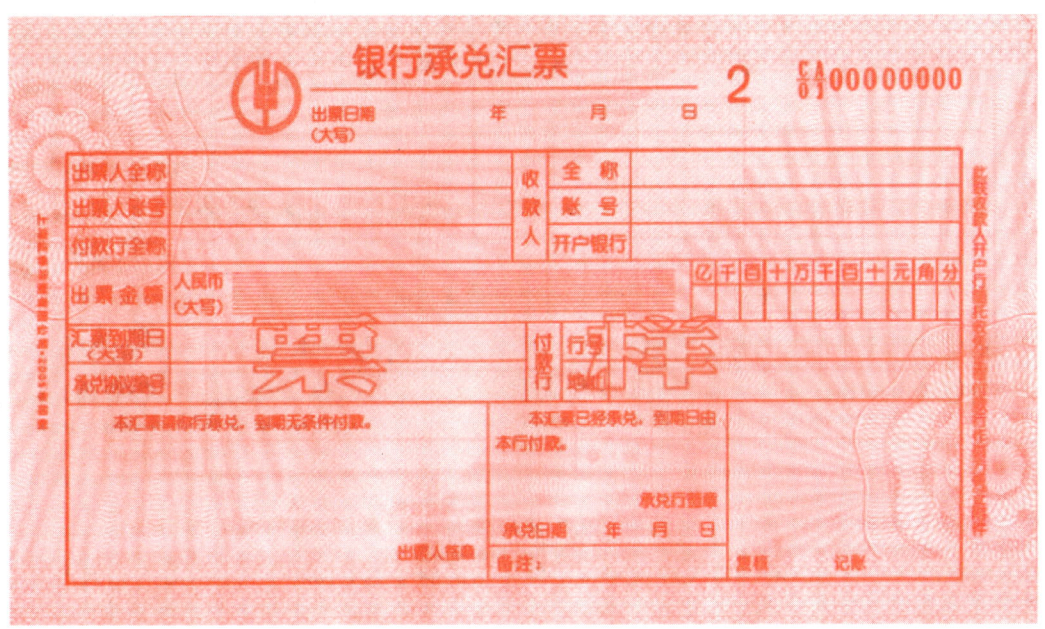

（2）专用凭证（Special Vouchers）是指由单位自行印制、仅在本单位内部使用的具有特定内容和专门用途的原始凭证，如"差旅费报销单""工资费用分配表""制造费用分配表""固定资产折旧计算表"等。

 小知识

支　票

支票（Cheque，Check）是出票人签发，委托办理支票存款业务的银行或者其他金融机构在见票时无条件支付确定的金额给收款人或持票人的票据。

一、支票的记载事项

支票必须记载下列事项，支票上未记载前款规定事项之一的，支票无效。

① 表明"支票"的字样；

② 无条件支付的委托；

③ 确定的金额；

④ 付款人名称；

⑤ 出票日期；

⑥ 出票人签章；

⑦ 异地支票在票面右下角必须记载12位的银行机构代码，同城为6位。

支票上的金额可以由出票人授权补记，未补记前的支票，不得使用；票上未记载收款人名称的，经出票人授权，可以补记。

二、支票的填写

（一）出票日期（大写）

大写数字写法：零、壹、贰、叁、肆、伍、陆、柒、捌、玖、拾。

（1）1月、2月、10月前零字必写，3月至9月前零字可写可不写，11月、12月前壹字可写可不写。

（2）1日至9日、10日、20日、30日前零字必写，11日至19日前壹字必须写。

如：2005年8月5日：贰零零伍年捌月零伍日（捌月前零字可写也可不写，伍日前零字必写）

（二）收款人

（1）现金支票收款人可写为本单位名称，此时现金支票背面"被背书人"栏内加盖本单位的财务专用章和法人章，之后收款人可凭现金支票直接到开户银行提取现金。

（2）现金支票收款人可写为收款人个人姓名，此时现金支票背面不盖任何章，收款人在现金支票背面填上身份证号码和发证机关名称，凭身份证和现金支票签字领款。

（3）转账支票收款人应填写为对方单位名称。转账支票背面本单位不盖章。收款单位取得转账支票后，在支票背面被背书栏内加盖收款单位财务专用章和法人章，填写好银行进账单后连同该支票交给收款单位的开户银行委托银行收款。

第四章 会 计 凭 证

（三）付款行名称、出票人账号

付款行名称即为本单位开户银行名称，出票人账号即其银行账号。

（四）人民币大写

数字大写写法：零、壹、贰、叁、肆、伍、陆、柒、捌、玖、亿、万、仟、佰、拾。

(1) 7 560.31 柒仟伍佰陆拾元零叁角壹分，"零"字可写可不写。

(2) 532.00 伍佰叁拾贰元正。"正"写为"整"字也可以，不能写为"零角零分"。

(3) 325.20 叁佰贰拾伍元贰角。角字后面可加"正"字，但不能写"零分"，比较特殊。

（五）人民币小写

最高金额的前一位空白格用"￥"字头打掉，数字填写要求完整清楚。

（六）用途

(1) 现金支票有一定限制，一般填写"备用金""差旅费""工资""劳务费"等。

(2) 转账支票没有具体规定，可填写如"货款""代理费"等。

（七）盖章

支票正面盖财务专用章和法人章，缺一不可，印泥为红色，印章必须清晰，印章模糊只能将本张支票作废，换一张重新填写重新盖章。反面盖章与否见"2.收款人"。

（八）常识

(1) 支票正面不能有涂改痕迹，否则本支票作废。

(2) 受票人如果发现支票填写不全，可以补记，但不能涂改。

(3) 支票的有效期为 10 天，日期首尾算一天。节假日顺延。

(4) 支票见票即付，不记名。（丢了支票尤其是现金支票可能就是票面金额数目的钱丢了，银行不承担责任。现金支票一般要素填写齐全，假如支票未被冒领，在开户银行挂失；转账支票假如支票要素填写齐全，在开户银行挂失，假如要素填写不齐，到票据交换中心挂失。）

(5) 出票单位现金支票背面有印章盖模糊了，可把模糊印章打叉，重新再盖一次。

(6) 收款单位转账支票背面印章盖模糊了（此时票据法规定是不能以重新盖章方法来补救的），收款单位可带转账支票及银行进账单到出票单位的开户银行去办理收款手续（不用付手续费），俗称"倒打"，这样就用不着到出票单位重新开支票了。

二、原始凭证的基本内容

原始凭证是会计核算的基础和起点，是记账的原始依据。任何一张原始凭证都必须同时具备一些相同的内容，这些内容被称为原始凭证的基本内容或基本要素，见图4-10。

在实际工作中，原始凭证除了具有以上基本内容外，还可以根据经营管理和特殊业务的需要等补充一些必要的内容，如工作令号、合同号数、预算项目等。有些特殊的原始凭证可以不加盖公章，但这种凭证一般有固定的特殊标志，如铁道部统一印制的火车票等。

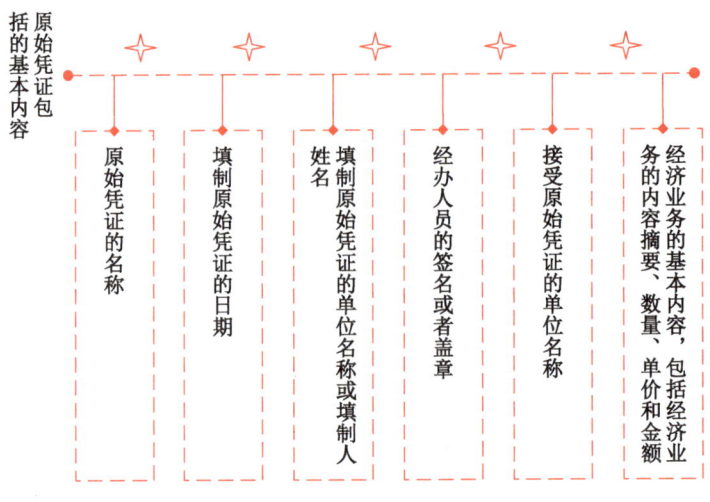

图 4-10　原始凭证包括的基本内容

富翁的遗嘱

从前有个吝啬贪婪的富翁,他一生中只有三个朋友。一个是协助他去欺骗别人的律师,一个是帮他管钱的会计师,一个是给心理安慰的牧师。

富翁临死的时候,把他的三个朋友都叫来。他说:"我富裕了一辈子,我不能忍受进坟墓时一贫如洗。我给你们每人一个信封,里面各装着 50 000 美元。我要你们答应我,在我死后将这个信封放到我的棺材里。"这三个人都答应了。

不久后,富翁死了。在葬礼上,这三个人走过棺材时,每人都放了一个信封到棺材里。封棺后,这个富翁就下葬了。不久以后,当律师、会计师、牧师再聚在一起时,牧师说:"你们要知道,我想到我们教会中的穷人,钱放到坟墓里会烂掉,所以我把钱都留下了,没有放到棺材里。"律师说:"富翁经常要我免费提供法律咨询,所以我觉得他欠我一笔钱,所以我留下了 25 000 美元,只放了 25 000 美元到棺材里。"最后,会计师说:"我简直不相信你们会这样做,我简直不也相信你们会这么不道德。我要告诉你们,在我的信封里装的是一张金额整整为 50 000 美元的支票。"

三、原始凭证的填制要求

为了保证原始凭证能够正确、及时、清晰地反映各项经济业务的真实情况,提高会计工作质量,原始凭证的填制必须符合下列基本要求。

(一) 记录真实

原始凭证上记载的经济业务,必须与实际情况相符。企业要如实记录经济业务的真实情况,绝不允许存在任何歪曲或弄虚作假的情况。每张凭证上填列的日期、业务内容、数量、单价、金额等应当真实可靠,这样才能保证会计信息的客观真实性。

(二) 手续完备

从外单位处取得的原始凭证,必须盖有填制单位的公章;从个人处取得的原始凭证,必须有填制人员的签名或者盖章。自制原始凭证必须有经办单位领导人或者其指定的人员签名或者盖章。对外开出的原始凭证,必须加盖本单位公章。购买实物的原始凭证,必须有验收证明;支付款项的原始凭证,必须有收款单位和收款人的收款证明;发生销货退回的,除填制退货发票外,还必须有退货验收证明;退款时,必须取得对方的收款收据或者汇款银行的凭证,不得以退货发票代替收据。所有经办人和有关部门的负责人要在凭证上签名或盖章,对凭证的真实性负责。

(三) 内容完整

原始凭证应按照规定的格式和内容逐项填写,不得遗漏和省略。项目填列不全的原始凭证,不能作为经济业务的合法证明,也不能作为编制记账凭证的依据和附件。

(四) 书写规范

(1) 原始凭证上的数字填写必须清晰、正确,易于辨认。凡填有大写和小写金额的原始凭证,大写与小写金额必须相符。

(2) 阿拉伯数字要单个书写,不得连笔。阿拉伯数字合计金额的最高位数字前面应写人民币符号"￥",人民币符号"￥"与阿拉伯数字之间,不得留有空白。

(3) 原始凭证上的文字,用正楷字或行书书写,字迹要工整、清晰,易于辨认,不使用未经国务院颁布的简化字。应写为:壹、贰、叁、肆、伍、陆、柒、捌、玖、拾、佰、仟、万、亿、元(圆)、角、分、零、整(正)等,不得用一、二、三、四、五、六、七、八、九、十等简化字代替。大写金额前应当有"人民币"字样,金额紧贴"人民币"后书写,中间不得留有空白。大写金额数字前未印有货币名称的,应当填写货币名称。大写金额最后为"元"或"角"的应加写"整"或"正"字;大写金额最后为"分"的,不写"整"或"正"字。

(4) 阿拉伯金额数字中间有"0"时,汉字大写金额要写"零"字,如￥709.50,汉字大写金额应写成人民币柒佰零玖元伍角整。数字中间连续有几个"0"时,汉字大写金额中可以写一个"零"字,如￥3 009.51,汉字大写金额应为人民币叁仟零玖元伍角壹分。

(五) 更正规范

凭证填写发生错误,应按规定的方法更正,不得任意涂改或刮挖擦补。自制的原始凭证需要更正时,应采用划线更正,即用红线划掉写错的文字或数字,再将正确的数字用蓝(黑)色墨水写在画线部分的上方,并加盖经手人印章;外部取得的原始凭证有错时,应当由原单位重开或更正,更正处加盖出具单位印章。现金和银行存款等收付凭证填写错误,不能在凭证上更正,应按规定的手续注销留存,另行重新填写。

(六) 编号连续

一式几联的发票和收据,必须用双面复写纸(发票和收据本身具备复写纸功能的除外)套写,并连续编号。一些事先印好编号的重要凭证作废时,在作废的凭证上应加盖"作废"戳记,连同存根一起保存,不得随意撕毁。

(七) 计算准确

原始凭证上记载的经济业务的数量、单价、金额,应当准确无误。一些计算费用分配、摊销的原始凭证,费用分摊的方法及依据应当符合会计准则、会计制度的相关规定,分配率、分摊金额的计算应当正确。

（八）填制及时

经济业务发生或完成后，所有经办业务的部门和人员应当及时填制凭证，并按规定的程序传递、审核，不得任意拖延或隔时补填。

 案例介绍

一、公司概况

北京便捷家具有限公司概况见第二章第二节案例介绍。

二、业务情况

20××年12月3日销售给宏达公司A型办公桌50台，单价为500元，增值税税率为16%，便捷家具开具增值税专用发票，商品于当日发出，收到宏达公司签发的转账支票一张；12月4日在开户银行中国银行昌平区支行提取备用金￥12 000.00，签发现金支票一张。

宏达公司地址：北京市海淀区；公司电话：010—1234567

统一社会信用代码：91110114012345678M

开户银行：中国工商银行海淀支行；账号：020504030201

三、任务要求

请同学们完成任务资料中所涉及增值税专用发票、出库单、进账单、现金支票等原始凭证的填制。

四、任务解析

任何单位对所发生的每一项经济业务都必须按照规定的程序和要求，由经办经济业务的有关人员填制或取得原始凭证，对原始凭证内容的真实性和正确性负责。所有原始凭证都须经有关人员严格审核，只有经过审核无误的原始凭证，才能作为编制记账凭证的依据。

(1) 12月3日经济业务涉及的原始凭证有增值税专用发票（见图4-11）、出库单（见图4-12）、转账支票（见图4-13）、进账单（见图4-14）等。

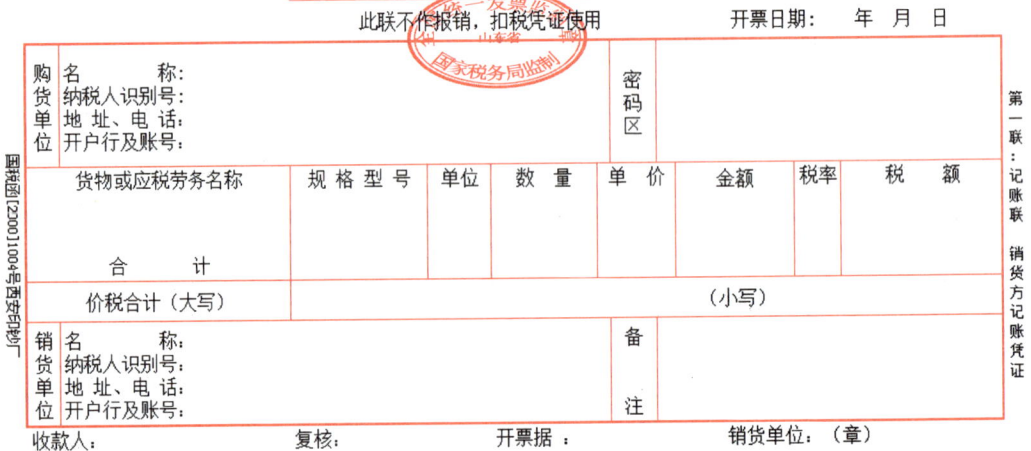

图4-11 增值税专用发票

产成品出库单

购货单位：　　　　　　　　年　月　日　　　　　　　第　号

名　称	规　格	单　位	数　量	备　注

会计主管：　　　　　　　记账：　　　　　　　保管员：

图 4-12　产成品出库单

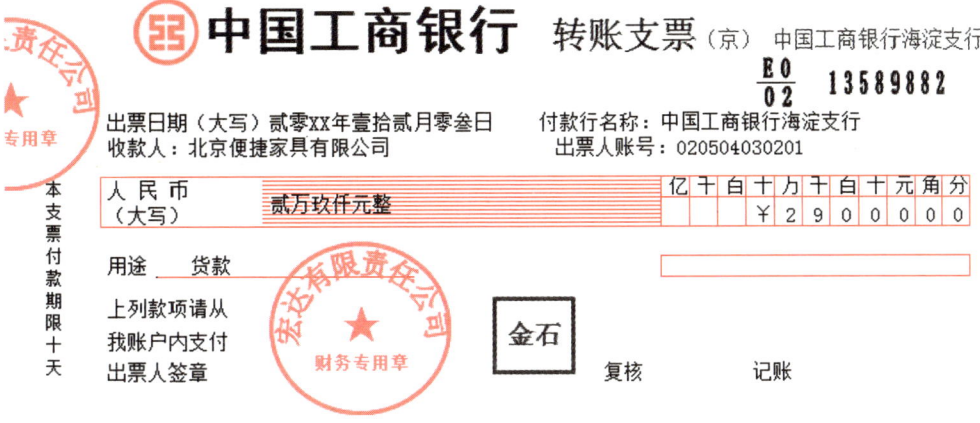

图 4-13　转账支票

图 4-14　进账单

(2) 12 月 4 日经济业务涉及的原始凭证有现金支票(见图 4-15)等。

中国银行
现金支票存根（鲁）
E0 02 13389870
附加信息

出票日期　年　月　日
收款人：
金　额：
用　途：
单位主管　会计

本支票付款期限十天

中国银行　现金支票（京）　中行丰台支行
E0 02 13389870
出票日期（大写）　年　月　日　付款行名称：
收款人：　出票人账号：

人民币（大写）	亿	千	百	十	万	千	百	十	元	角	分

用途
上列款项请从
我账户内支付
出票人签章　复核　记账

图 4-15　现金支票

(3) 12 月 3 日经济业务中，便捷家具相关岗位工作人员分工情况：销售开票员郑鑫向宏达公司开具增值税专用发票；出纳钱茹审核收到的转账支票，送存银行填写进账单；保管员周芳，填写商品出库单，发出商品。

(4) 12 月 4 日经济业务中，便捷家具相关岗位工作人员分工情况：出纳钱茹签发现金支票，去开户银行提取备用金。

五、任务实施

12 月 3 日经济业务

步骤 1：销售开票员郑鑫开具增值税专用发票

增值税专用发票共三联，第一联，记账联，销货方记账凭证；第二联，抵扣联，交完税后企业留存单独存放；第三联，发票联，购货方记账凭证(见图 4-16)。

1100014140　　北京增值税专用发票　NO 03221967　8

此联不作报销、扣税凭证使用　　开票日期：20XX年12月03日

全国统一发票监制章　国家税务局监制

购货单位：
名　　称：宏达公司
纳税人识别号：91110114012345678M
地 址、电 话：北京市海淀区 010-1234567
开户行及账号：中国工商银行海淀支行　020504030201

密码区：5<-0*-8+-98-564-09/+　6+3--61/8662-8/12+2/4　6523<3+/181*4*/30<770　>*<0660>>2-1*30**>>92　银密版本：01　3700012140　03221967

货物或应税劳务名称	规格型号	单位	数量	单价	金额	税率	税额
A型办公桌		台	50	500.00	25000.00	16%	4000.00
合　计					¥25000.00		¥4000.00
价税合计（大写）	⊗贰万玖仟圆整				（小写）¥29000.00		

销货单位：
名　　称：北京便捷家具有限公司
纳税人识别号：91110114087654321M
地 址、电 话：北京市昌平区 010-80101886
开户行及账号：中国银行昌平区支行　010504030201

备注：北京便捷定具有限公司　税号：91110114087654321M　发票专用章

收款人：钱茹　复核：王娜　开票：郑鑫　销货单位：（章）

国税函[2000]1004号西安印钞厂

第一联：记账联　销货方记账凭证

图 4-16　增值税专用发票

步骤2:保管员周芳开具商品出库单

使用单位可以根据需要设计出库单的版式(见图4-17)。

产成品出库单

购货单位:宏达公司　　　　20XX-12-3　　　　　第1号

名 称	规 格	单 位	数 量	备 注
设备	A型	台	50	

二联 财务

会计主管:李梅　　　　记账:孙丽　　　　保管员:周芳

图4-17　产成品出库单

步骤3:出纳钱茹审核收到的转账支票,送存银行填写进账单(见图4-18)。

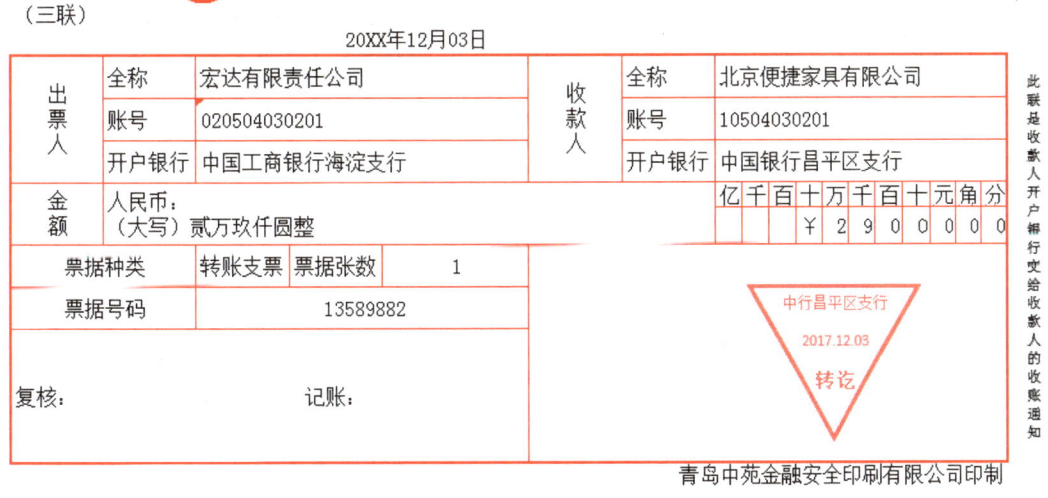

图4-18　进账单

12月4日经济业务

出纳钱茹签发现金支票,送开户银行提取现金(见图4-19)。

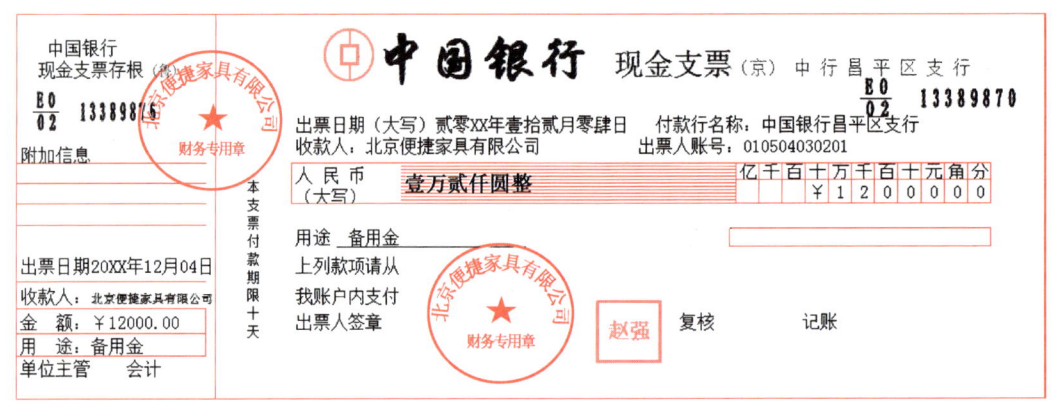

图 4-19 现金支票

 实训

根据图 4-20 进行原始凭证的填制实训。

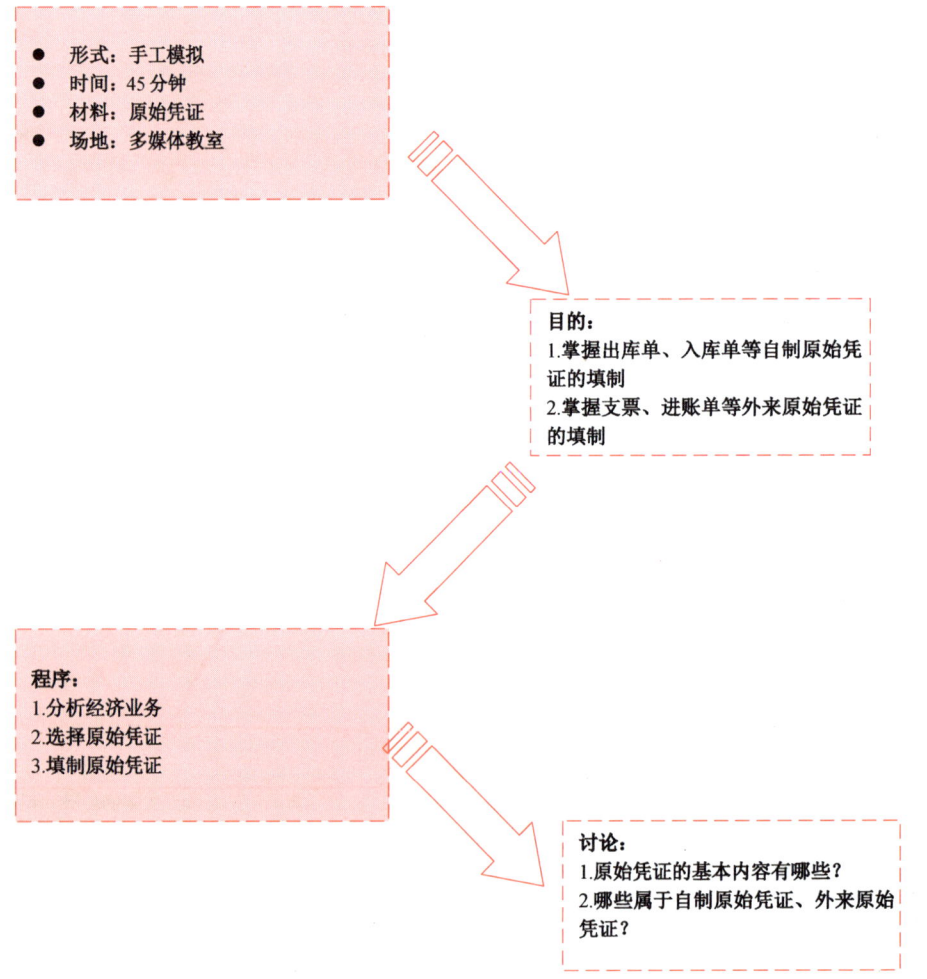

图 4-20 原始凭证的填制能力实训

第二节 原始凭证的审核

一、原始凭证的审核内容

为了正确地反映和监督各项经济业务,确保会计资料真实、正确和合法,企业必须对原始凭证进行严格认真的审核。各种原始凭证除由经办业务部门审核以外,还要由会计部门进行审核。这既是会计的基础工作,也是会计监督的重要环节。原始凭证的审核主要包括以下几个方面的内容:

(一)审核原始凭证的真实性

企业要审核原始凭证中所列的经济业务事项是否真实,有无弄虚作假的情况。如在审核原始凭证中发现有多计或少计收入、费用、擅自扩大开支范围、提高开支标准、巧立名目、虚报冒领、滥发奖金、津贴等情况,不仅不能作为合法真实的原始凭证,而且要按规定进行处理。

(二)审核原始凭证的合法性与合理性

企业要审核原始凭证是否符合有关政策、法令、制度、计划、预算和合同等规定,是否符合审批权限和手续,是否履行了规定的凭证传递程序;审核所发生的经济业务是否符合厉行节约、反对浪费、有利于提高经济效益的原则。如经审核原始凭证后确定有突击使用预算结余购买不需要的物品,有对陈旧过时设备进行大修理等违反上述原则的情况,不能作为合理的原始凭证。

(三)审核原始凭证的完整性

企业要审核原始凭证的项目内容是否填列齐全,手续是否完备,凭证联次是否正确,有关经办人员是否都已签名或盖章,是否经过有关主管人员审批同意等。若发现手续不完备、内容不完整的凭证,如属于本单位填制的,应当退回填制部门进行更正、补填或者注销重新填制;如属于外来单位填制的,应拒绝接受,退回原单位。

（四）审核原始凭证的正确性

企业要审核原始凭证的日期、摘要和业务内容是否填写清楚、易于辨认,数量、单价、金额、合计数等有无差错,大写与小写金额是否相符等。对于审核后的原始凭证,如发现有错误之处,应当按照有关规定进行处理。

（五）审核原始凭证的及时性

企业要审核经济业务发生或完成时是否及时填制了有关原始凭证,是否及时进行了凭证的传递。审核时,相关人员应注意审查凭证的填制日期,尤其是支票、商业汇票等时效性较强的原始凭证,更应仔细验证其签发日期。

小知识

鉴别虚假原始凭证的方法

一、从"要素"是否完备中看真伪

在确认原始凭证是否是财政、税务部门允许使用的发票、收据、车船票以及内部自制凭证等反映经济业务发生的书面证明的有效性基础上,根据"会计基础工作规程"规定,无论从内部还是外部取得的原始凭证,除必备的附加条件外,还应对其进行基本要素构成的完备性审查,即审查凭证的名称、填制凭证的日期和编号,接受单位的名称以及经济业务内容、数量、单价和金额,填制凭证单位的名称以及经办人的签名并盖章等。

二、从内容填写是否违规中探真伪

发票中各项内容填写不规范、不齐全、不正确,涂改现象严重,是虚假原始凭证的主要表现特征。例如因复写纸过度使用或填写时用力过轻造成票面字迹不清,"开票人"仅填姓氏,计量单位不按国家法定计量单位而随意用桶、袋、车来度量,违反"不得要求变更品"的规定,货物中名称填写不具体,或胡乱填写其他物品名称等。

三、从手续是否齐全中问真伪

该方法重点是查询特殊情况的原始凭证所必备的附加条件是否齐备,如各项证明、附件等。

该方法能通过复查履行规定的程序情况来认定其真实、合法性,从而防止虚假和舞弊行为的发生。

四、从限额发票是否超限填具中找真伪

该方法主要针对超限额开票。例如发票限额的最高限额为"千位",但票面上人为增添一栏"万位"情况。

五、从行业专用发票开具内容是否一致中辨真伪

私自改变发票的使用范围,跨行业使用或借用发票,是虚假原始凭证的重要表现特征。

六、从领导审批签字是否无误中断真伪

支付款项的原始凭证,除经办人员必须签字或盖章外,还必须按本单位规定的审批程序、权限,由相应的负责人签名或盖章。自制的原始凭证,必须由经办单位的领导人或者由

单位领导人指定的人员签名或盖章。

七、从印章是否能够辨认核对审核中求真伪

该方法主要是看用印章是否符合规定,这里所说的印章,是指具有法律效力和特定用途的"公章",即能够证明单位身份或特征的印鉴,包括业务公章,财务专用章、发票专用章、结算专用章等。虚假发票印章的一般特征表现为:印章本身模糊或盖印时有意用力不够以致不清晰,专用章不是采用符合规定的印章而是胡乱盖其他印章,或是张冠李戴用章。

八、从数字复核中查真伪

该方法审查原始凭证上的金额与合计数的计算是否正确,大、小写金额是否一致,有无算错金额而又无退款或补款的情况,原始凭证的字迹数码有无涂改的痕迹等,如发现可疑之处应进一步查清。

九、从"白条"认定中纠真伪

在实际工作中,有些单位存在开"白条"的问题,即用单位或个人开具的没有固定格式、不具备规定内容的非正式原始凭证,如外单位加盖有公章的借款单据等。会计实务中应拒收白条,防伪求真,堵塞漏洞,确保会计信息质量。

二、原始凭证审核结果的处理

原始凭证审核结果处理见图 4-21。

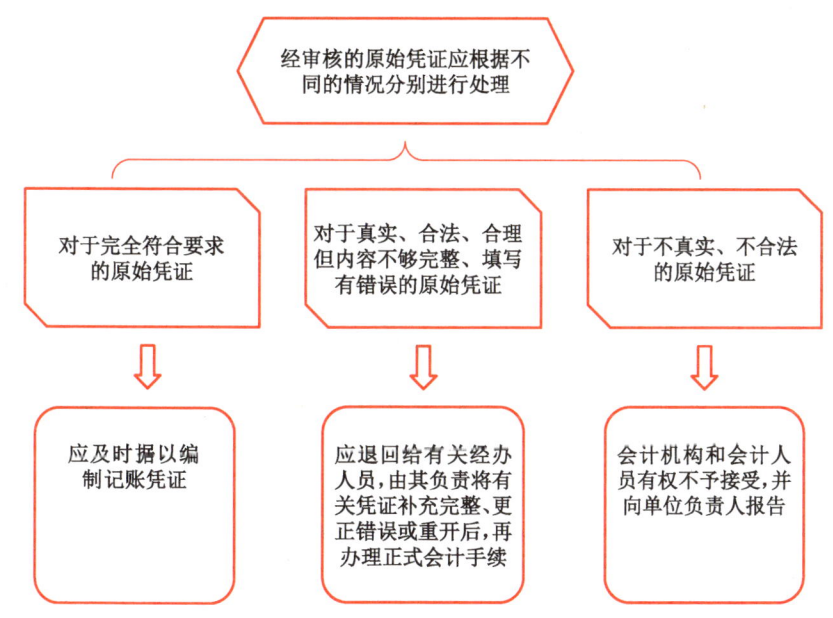

图 4-21 原始凭证审核结果的处理

一、公司概况

北京便捷家具有限公司概况见第二章第二节案例介绍。

二、业务情况

20××年12月4日,该公司从长丰公司购入甲型板材200千克,单价50元,增值税税率16%,收到长丰公司开具的增值税专用发票,开出中行转账支票支付货款,原材料当日验收入库(便捷家具材料按实际成本计价)。

长丰公司地址:山东省济南市;公司电话:0531—85924221

统一社会信用代码:91110114043218765M

开户银行:中国工商银行济南市天桥区支行;账号:102030405010

三、任务要求

请同学们对任务资料中所涉及的增值税专用发票、转账支票、购料单、付款通知等原始凭证进行审核。

四、任务解析

便捷家具12月4日经济业务涉及的原始凭证有增值税专用发票(见图4-22、图4-23)、付款通知(见图4-24)、转账支票(见图4-25)、购料单(见图4-26)等,会计人员应当按照要求逐一对原始凭证进行审核。

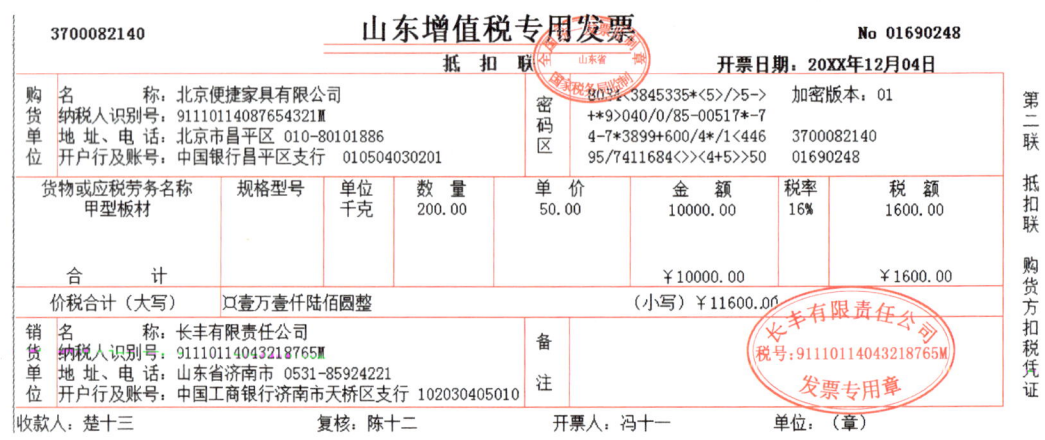

图4-22 增值税专用发票

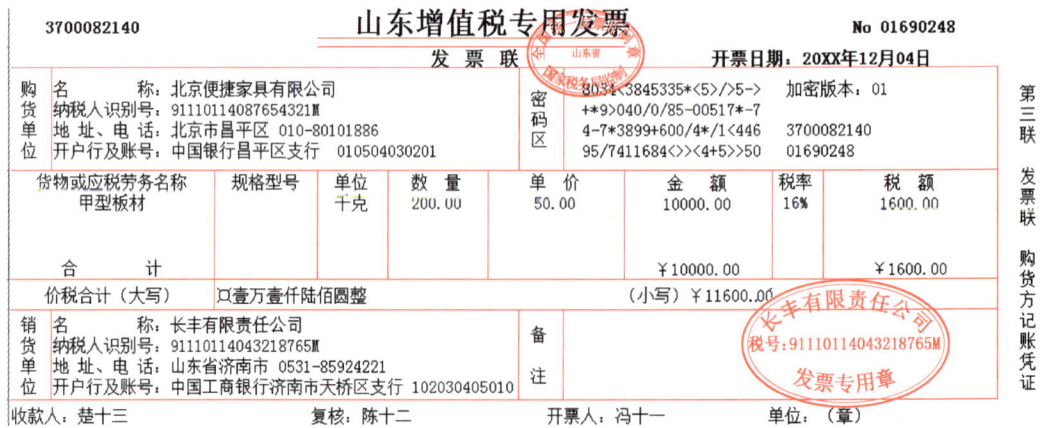

图4-23 增值税专用发票

第四章 会计凭证

付 款 通 知

部门：采购部　　　　　　20XX 年 12 月 04 日

开支内容	金额	结算方式
购买甲型板材	11600.00	
		转账支票
合计：（大写）壹万壹仟陆佰圆整		
领导意见：	财务意见：	经办部门意见： 王林

图 4-24　付款通知

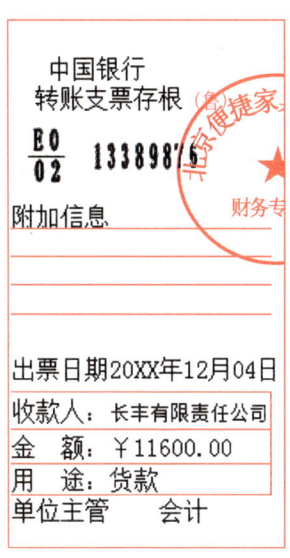

图 4-25　中国银行转账支票存根

购　料　单

材料类别：甲型板材　　　　　　　　　　　　收料仓库：1#
供应单位：长丰公司　　　　　　　　　　　　发票号码：

20XX 年 12 月 04 日　　　　　　　　　　　　　第 1 号

材料编号	材料名称	规格	单位	数量		实际价格			
				应收	实收	单价	发票金额	运杂费	合计
001	甲型板材		千克	200	200	50.00	10000.00	0.00	10000.00
备注									

第二联　财务

采购员：吴昊　　检验员：周芳　　记账员：孙丽　　保管员：周芳

图 4-26　购料单

五、任务实施

步骤1：审核采购员吴昊送交的增值税专用发票

经审核，购买甲型板材取得的增值税专用发票第二联抵扣联、第三联发票联填制符合要求。

步骤2：审核采购员吴昊送交的自制原始凭证付款通知

经审核，付款通知中项目填列不齐全，未经财务部门、公司领导审批同意，应当退回采购部补填；补填完整后，出纳员钱茹根据增值税专用发票、付款通知签发转账支票。

步骤3：审核出纳员钱茹送交的中行转账支票存根联

经审核，转账支票存根联开具无误。

步骤4：审核保管员周芳送交的购料单

经审核，自制原始凭证购料单符合要求。

六、案例讨论

便捷家具20××年12月发生如下的三笔经济业务，并取得相应原始凭证。请同学们根据业务描述审核相应原始凭证。

【业务1】 12月1日，便捷家具归还中国银行短期贷款本金800 000元，利息12 000元。附件2张：贷款还款凭证（见图4-27）、贷款还息凭证（见图4-28）。

中国银行贷款还款凭证

打印日期： 20XX/12/01

编　号：5624750			机构代码：3963
名　称：北京便捷家具有限公司			
贷款账号	归还金额	OSF 现有余额	备注
010001212133	800,000.00	0.00	
金额合计：	（大写）　人民币捌拾万元整 （小写）　CNY800,000.00		
付款账号： 010504030201 合同编号： 07602624 交易业务号： 3963LAAA09000116		起息日： 20XX/09/01	
开票：孙霞　　记账：　　　　复核：　　　　　　　　（盖章）			

图4-27 贷款还款凭证

第四章 会计凭证

中国银行贷款还息凭证

打印日期： 20XX/12/01

编　号：5624750			机构代码：3963
名　称：	北京便捷家具有限公司		
贷款账号	还息金额	OSF 现有余额	备注
010001212133	12,000.00		
金额合计：	（大写）　人民币壹万贰仟元整		
	（小写）　CNY12,000.00		
付款账号：	010504030201	起息日：	20XX/09/01
合同编号：	07602624		
交易业务号：	3963LAAA09000116		
开票：孙霞　　记账：　　　　复核：　　　　　　　（盖章）			

图 4-28　贷款还息凭证

【业务2】 12月18日，便捷家具收取职工周晓华违章罚款800元。附件2张：罚款通知单（见图4-29）、收款收据（见图4-30）。

罚款通知单
20XX 年 12 月 18 日

受罚单位（人）	周晓华		
工作内容	设备成型		
处罚原因及金额	根据《公司安全生产管理制度》规定，周晓华违反了第五十三条："违反操作规程冒险作业"，现责令改正，于收到罚款通知单之日起三日内缴纳罚款800元。		
	罚款金额（大写）	人民币捌佰元整	¥800.00
	验证人	批准	赵强

图 4-29　罚款通知单

北京便捷家具有限公司收款收据

20XX 年 12 月 19 日收字第 0057 号

交款单位	周晓华	开户银行		账号								
款项名称	违章罚款			现金			800.00					
				支票								
				领据								
人民币（大写）捌佰元整				千	百	十	万	千	百	十	元	角	分
								¥	8	0	0	0	0
收款单位盖章：		主管：李梅		收款：钱茹		制单：孙丽						

第三联 记账

图 4-30　收款收据

委托收款凭证（回单或收账通知）

委托日期：20XX年12月22日

1

付款人	全称	蓝天公司	收款人	全称	北京便捷家具有限公司
	账号	838536540102		账号	10504030201
	开户银行	中国工商银行天津分行		开户银行	中国银行昌平区支行
委收金额	人民币：肆拾万元整（大写）			亿 千 百 十 万 千 百 十 元 角 分 ¥ 4 0 0 0 0 0 0 0
计费周期			协议（合同）号码	
款项内容				
			收款人开户行盖章 20XX年12月22日	

此联是收款人开户银行交给收款人的收账通知

图 4-31　委托收款凭证

【业务3】 12 月 22 日，便捷家具预收蓝天公司货款 400 000 元。附件 1 张：委托收款凭证（见图 4-31）。

 实训

根据图 4-32 进行原始凭证的审核能力实训。

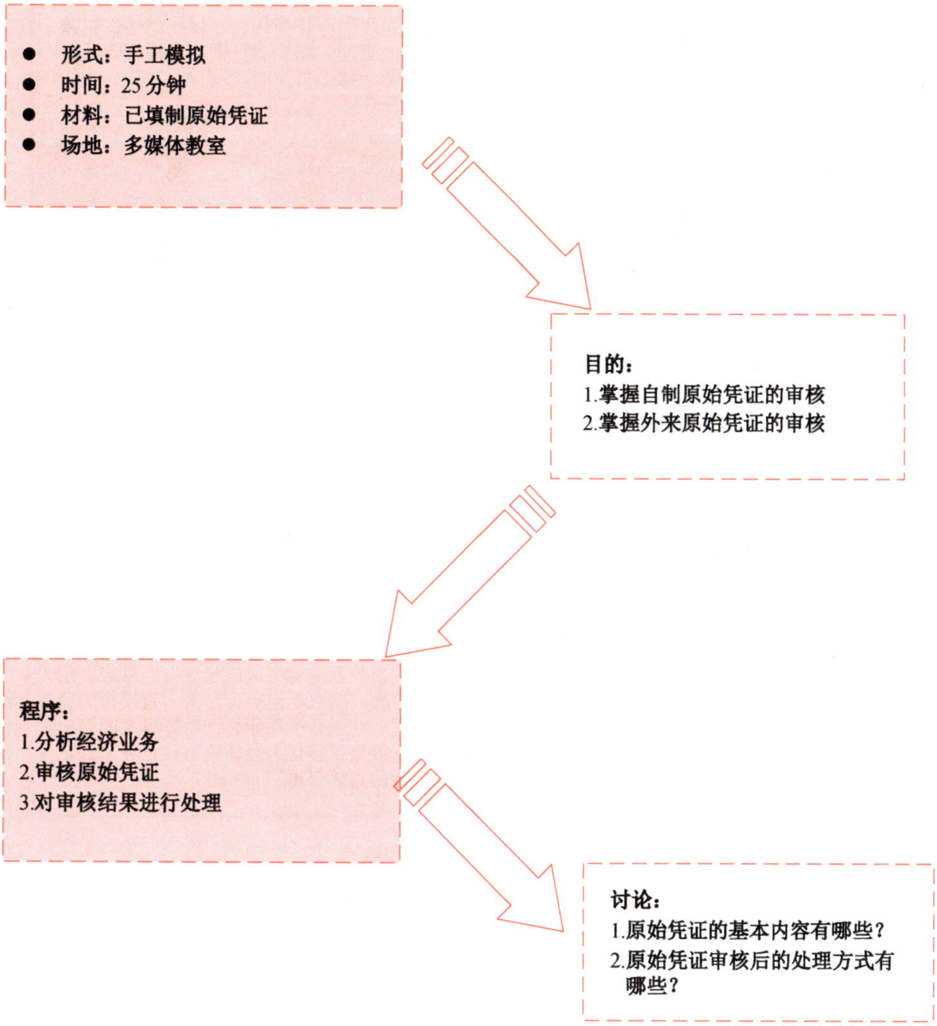

第四章 会计凭证

- 形式：手工模拟
- 时间：25分钟
- 材料：已填制原始凭证
- 场地：多媒体教室

目的：
1. 掌握自制原始凭证的审核
2. 掌握外来原始凭证的审核

程序：
1. 分析经济业务
2. 审核原始凭证
3. 对审核结果进行处理

讨论：
1. 原始凭证的基本内容有哪些？
2. 原始凭证审核后的处理方式有哪些？

图 4-32　原始凭证的审核能力实训

第三节　记账凭证的填制

一、记账凭证的概念和分类

（一）记账凭证的概念

记账凭证的概念见图 4-33。

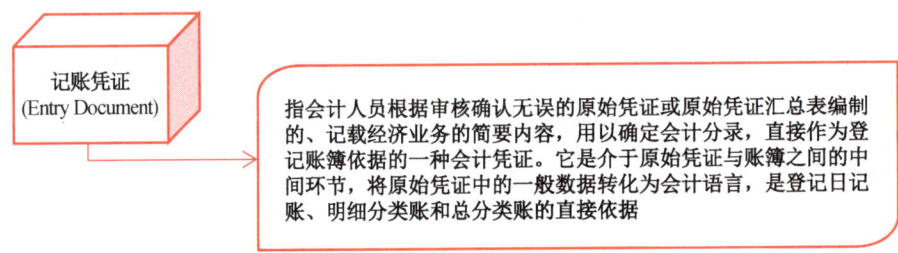

图 4-33 记账凭证的概念

记账凭证的主要作用是对原始凭证反映的经济业务内容加以归类整理，确定会计分录，减少记账差错，便于对账和查账，从而提高记账工作的质量和会计核算的效率。

（二）记账凭证的分类

1. 记账凭证按其使用范围不同分为专用记账凭证和通用记账凭证

（1）专用记账凭证（Special Vouchers），是指专门用来反映某类经济业务的记账凭证，按照反映的经济内容不同分为收款凭证、付款凭证和转账凭证，见图 4-34。

收款凭证一般用红色，付款凭证一般用蓝色，转账凭证一般用黑色。专用记账凭证的格式及内容见图 4-35、图 4-36、图 4-37。

（2）通用记账凭证（General Vouchers），是指反映各类经济业务共同使用的统一格式的记账凭证。

在经济业务比较简单的经济单位，为了简化凭证可以使用通用记账凭证，记录所发生的各种经济业务。

2. 记账凭证按其填列方式不同分为单式记账凭证、复式记账凭证和汇总记账凭证

（1）单式记账凭证（Single Entry Document），又叫单科目记账凭证，是按一项经济业务所涉及的每个会计账户单独填制一张记账凭证，每一张记账凭证中只填写一个会计账户。每一张记账凭证只填列经济业务事项所涉及的一个会计科目及其金额。为单独反映每项经

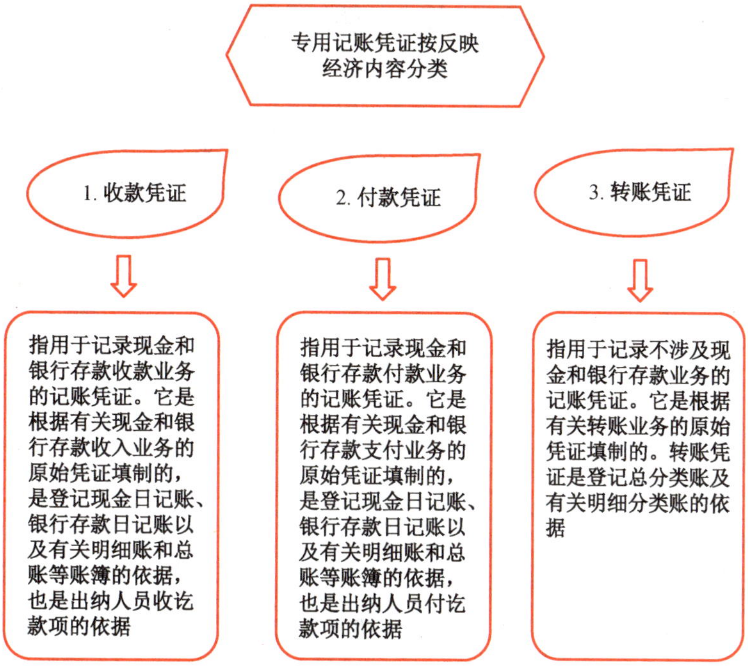

第四章 会计凭证

```
                 ┌─────────────────┐
                 │ 专用记账凭证按反映 │
                 │  经济内容分类    │
                 └─────────────────┘
        ┌────────────┬──────────────┬────────────┐
    1.收款凭证      2.付款凭证      3.转账凭证
        ↓              ↓              ↓
```

1. 收款凭证：指用于记录现金和银行存款收款业务的记账凭证。它是根据有关现金和银行存款收入业务的原始凭证填制的，是登记现金日记账、银行存款日记账以及有关明细账和总账等账簿的依据，也是出纳人员收讫款项的依据。

2. 付款凭证：指用于记录现金和银行存款付款业务的记账凭证。它是根据有关现金和银行存款支付业务的原始凭证填制的，是登记现金日记账、银行存款日记账以及有关明细账和总账等账簿的依据，也是出纳人员付讫款项的依据。

3. 转账凭证：指用于记录不涉及现金和银行存款业务的记账凭证。它是根据有关转账业务的原始凭证填制的。转账凭证是登记总分类账及有关明细分类账的依据。

图 4-34 专用记账凭证反映经济内容分类

收 款 凭 证

借方科目＿＿＿＿＿　　　　年　月　日　　　　收字第　号

摘　要	贷方总科目	明细科目	借或贷	金额（千百十万千百十元角分）	附单据
					张
合　计					

财务主管：　　　记账：　　　出纳：　　　审核：　　　制单：

图 4-35　收款凭证

付 款 凭 证

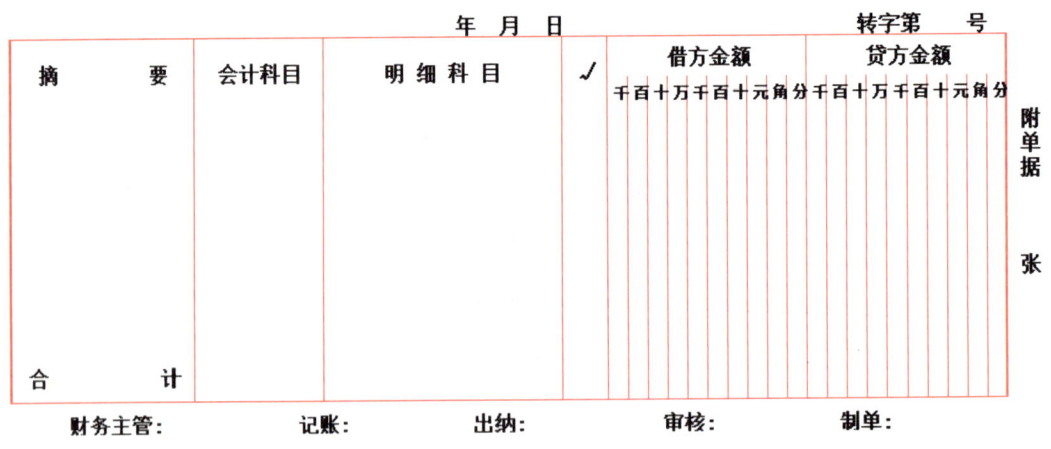

图 4-36 付款凭证

转 账 凭 证

图 4-37 转账凭证

济业务涉及的会计账户及对应关系,单式记账凭证又分为借项记账凭证和贷项记账凭证。单式记账凭证的优缺点见图 4-38。

(2) 复式记账凭证(Double Entry Document),又叫多科目凭证,是指在每一张记账凭证上填列一笔会计分录的全部账户名称,按反映经济业务的全貌要求编制的一种记账凭证,也是将每一笔经济业务事项所涉及的全部会计科目及其发生额均在同一张记账凭证中反映出来的一种凭证。收款凭证、付款凭证、转账凭证、通用凭证均为复式记账凭证。复式记账凭证的优缺点见图 4-39。

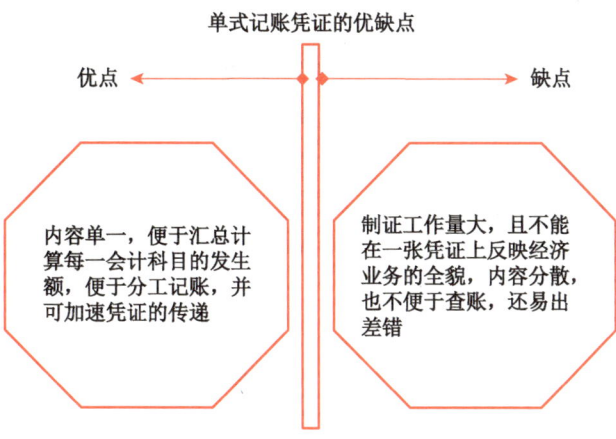

图 4-38　单式记账凭证的优缺点

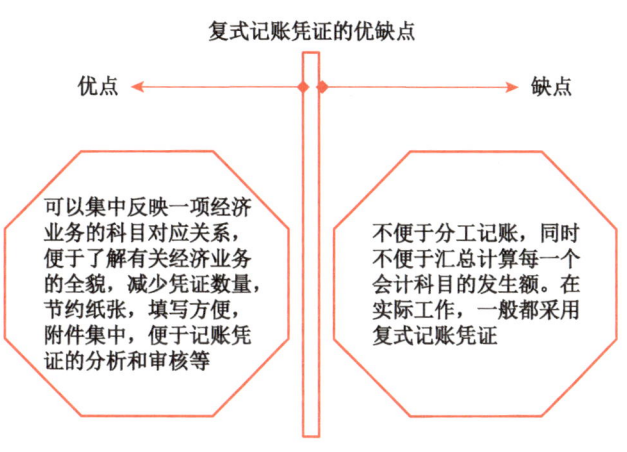

图 4-39　复式记账凭证的优缺点

（3）汇总记账凭证（Summary Voucher），是对一定时期内反映经济业务内容相同的若干张原始凭证按照一定标准综合填制的记账凭证。

会计记账凭证摘要的书写技巧

一、简单明了，一看便知

有些会计人员单纯追求"简单"，但却不追求明了。例如在收、付款凭证中，他们只写"收款""付款"二字，在转账凭证中，只写"转成本""调整科目"等。其实只要稍微多加几个字，其意义就会很清楚，对收付款业务，摘要应写明收付款的性质，即写明收什么款、付什么款，如写成"收新华厂销货款""收大成公司投资款""付包装物押金""付购料款""付商业汇票款"等。对于转账业务，会计人员应写明转账内容，如写"结转材料差异""转入库材料成本""转出库材料成本""转产品销售成本""收入转本年利润""购设备未付款"等。

二、字迹清楚,语法通顺

三、内容要与附件相符,不能照抄

在实际工作中,有的摘要写着"归还某单位的垫款",可实际凭证是汇出销货款,有的收入款计入了应付款,当然,实际工作中,有的是笔误所致,有的是对业务不十分理解,还有的是为了隐瞒业务真相。总之,附件能真正表明业务的发生及完成情况,应根据附件的内容总结业务的性质,概括其业务内容,给人以一目了然的感觉。但又不能照抄原始凭证,有的会计将原始凭证的内容全写入"摘要栏",过账时摘要写了半张账页,这大可不必。

四、红字冲账也应写明摘要内容

会计在更正错账时,遇到红字冲账内容没有原始凭证或附件的情况,也应在摘要写明冲账原因或业务内容,如写明"更正某号凭证错账""冲减退货进项税额"等。

总之,凭证摘要的书写虽不能像会计科目那样规范标准,但作为会计人员,应努力提高自己对会计业务事项的表达和概括能力,力求使摘要的书写标准化、规范化。

二、记账凭证的基本内容

无论采用何种格式,记账凭证都必须具备以下基本内容:

① 记账凭证的名称。

② 记账凭证的日期。

记账凭证日期是指记账凭证填制的日期。记账凭证的填制日期与原始凭证的填制日期可能相同,也可能不同。

③ 记账凭证的编号。

④ 经济业务事项的内容摘要。

⑤ 经济业务事项所涉及的会计科目及记账方向。

⑥ 经济业务事项的金额。

⑦ 记账标记。

⑧ 所附原始凭证的张数。

⑨ 会计主管、记账、审核、出纳、制单等有关人员签章。

 趣味故事

世界各国的会计年度

一、采用历年制(1月—12月)的有:中国、奥地利、比利时、保加利亚、捷克、芬兰、德国、希腊、匈牙利、冰岛、爱尔兰、挪威、波兰、葡萄牙、罗马尼亚、西班牙、瑞士、俄罗斯、白俄罗斯、乌克兰、墨西哥、哥斯达黎加、多米尼加、萨尔瓦多、危地马拉、巴拉圭、洪都拉斯、秘鲁、巴拿马、玻利维亚、巴西、智利、哥伦比亚、朝鲜、马来西亚、阿曼、阿尔及利亚、叙利亚、利比里亚、利比亚、塞内加尔、索马里、多哥、赞比亚等。

二、采用4月至次年3月制的有:丹麦、加拿大、英国、印度、印度尼西亚、伊拉克、日本、科威特、新加坡、尼日利亚等。

三、采用7月至次年6月制的有:瑞典、澳大利亚、孟加拉国、巴基斯坦、菲律宾、埃及、冈

比亚、加纳、肯尼亚、毛里求斯、苏丹、坦桑尼亚等。

四、采用 10 月至次年 9 月制的有：美国、海地、缅甸、泰国、斯里兰卡等。

三、记账凭证的填制要求

(一) 基本要求

填制记账凭证必须做到记录真实、内容完整、书写清楚规范、手续完备、填制及时。具体应符合以下要求：

1. 要以审核无误的原始凭证为依据

记账凭证必须附有经审核确认为真实、完整和合法的原始凭证为依据。除结账和更正错账的记账凭证可以不附原始凭证外，其他记账凭证必须附有原始凭证。

2. 正确使用记账凭证类型

使用专用记账凭证的单位，应当根据经济业务的性质，先确定使用收款凭证、付款凭证还是转账凭证。对于涉及现金和银行存款之间划转的业务，例如以现金存入银行或从银行提取现金，只需填制付款凭证，以免重复记账。

3. 记账凭证应当连续编号

记账凭证应根据经济业务发生的先后顺序按月连续编号，从 1 号编起，以便日后查阅，避免凭证散失。通用记账凭证按"记字第×号"编号；专用记账凭证既可以分别按"收字第×号""付字第×号""转字第×号"三类编号；也可以区别现金收入、银行存款收入、现金付出、银行存款付出和转账业务，分别用"现收字第×号""银收字第×号""现付字第×号""银付字第×号""转字第×号"进行五类编号。

一笔经济业务需要填制两张以上记账凭证的，可以采用分数编号法编号。例如，一笔转账业务需要填制两张凭证，凭证的连续编号为 8，则可以编为"转字第 $8\frac{1}{2}$ 号""转字第 $8\frac{2}{2}$ 号"。每月末最后一张记账凭证的编号旁应加注"全"字。

4. 恰当填写记账凭证"摘要"栏

记账凭证中"摘要"栏的填写应真实准确、简明扼要。对于冲销或者补充等错账更正事项，会计人员在其所编记账凭证"摘要"栏内应注明"注销某月某日某号凭证"或者"更正某月某日某号凭证"字样。

5. 正确确定记账凭证中会计分录

会计人员应按照现行会计制度的规定和借贷记账法的记账规则正确确定会计分录，不得任意变更会计科目的名称。会计科目应填写全称，不得简写或者只写编号不写名称，写明必要的二级科目和明细科目。

记账凭证中所编制的会计分录一般应是一借一贷或多借一贷，会计人员应避免多借多贷的会计分录。在填制记账凭证时，会计人员可以根据一张原始凭证填制记账凭证，也可以根据若干张同类原始凭证汇总填制记账凭证，还可以根据原始凭证汇总表填制记账凭证。但不得将不同内容和类别的原始凭证汇总填制在一张记账凭证上。否则，就会造成摘要无法填写，会计科目失去对应关系，记账时审核困难的问题，也容易造成记账错误。会计人员也不得人为地将一笔经济业务任意分割填制在几张记账凭证上。

6. 规范填写记账凭证"金额"栏

阿拉伯数字应当一个一个地写，不得连笔写，阿拉伯数字要写到格宽的1/2，并平行对准借贷栏次和科目栏次，防止串行。金额数字一律填写到角分，无角分的，角位和分位可写"00"，或者符号"—"；有角无分的，分位应当写"0"，不得用符号"—"代替。

在金额合计行中，会计人员应当填写合计金额，并在前面写上"￥"符号，非合计金额处，不填写货币符号。会计人员在记账凭证中填制完经济业务事项后，如有空行，应当自金额栏最后一笔金额数字下的空行处至合计数上的空行处划斜线或者"S"线注销。

7. 准确注明记账凭证所附原始凭证张数

除结账和更正错误的记账凭证可以不附原始凭证外，其他记账凭证必须附有原始凭证。每张记账凭证必须注明所附原始凭证的张数，以便日后查对。如果一张原始凭证涉及几张记账凭证，可以把原始凭证附在一张主要的记账凭证后面，并在其他记账凭证"摘要"栏内注明附有该原始凭证的记账凭证的编号或者附原始凭证复印件。

8. 正确处理填错的记账凭证

记账凭证如果在填制时发生错误，应当重新填制，如果已经登记入账，则按照规定的方法进行更正，具体处理方法如下：

（1）已经登记入账的记账凭证，在当年内发现填写错误时，可以用红字填写一张与原内容相同的记账凭证，在摘要栏注明"注销某月某日某号凭证"字样，同时再用蓝字重新填制一张正确的记账凭证，注明"订正某月某日某号凭证"字样。

（2）如果会计科目没有错误，只是金额错误，也可以将正确数字与错误数字之间的差额，另编一张调整的记账凭证，调增金额用蓝字，调减金额用红字。

（3）发现以前年度记账凭证有错误的，会计人员应当用蓝字填制一张更正的记账凭证。

（二）收款凭证的填制要求

收款凭证是根据有关现金和银行存款收入业务的原始凭证填制的。收款凭证左上角的"借方科目"按收款的性质填写"库存现金"或"银行存款"；"日期"填写的是编制本凭证的日期；右上角填写编制收款凭证的顺序号；"摘要"填写记录经济业务的简要说明；"贷方科目"填写与收入现金或银行存款相对应的一级科目和二级或明细科目，各一级科目应贷金额应等于所属各二级或明细科目应贷金额之和，借方科目应借金额应为"合计"行的合计金额；"记账"是指该凭证已登记入账的标记，可以划"√"表示已经登记入账；"金额"是指各项经济业务的发生额；"附件张"是指本记账凭证所附原始凭证的张数；最下边分别由有关人员签章。

（三）付款凭证的填制要求

付款凭证是根据有关现金和银行存款付款业务的原始凭证填制的。付款凭证左上角的"贷方科目"按付款的性质填写"库存现金"或"银行存款"；"借方科目"填写与付出现金或银行存款相对应的一级科目和二级或明细科目，各一级科目应借金额应等于所属各二级或明细科目应借金额之和，贷方科目应贷金额应为"合计"行的合计金额。其他内容与收款凭证的填制要求基本相同。涉及现金和银行存款之间的划转业务，为了避免重复记账，只填制付款凭证，不编收款凭证。

收付款凭证需要有出纳人员的签字。

(四) 转账凭证的填制要求

转账凭证是根据不涉及现金及银行存款收付的转账业务的原始凭证填制的。"会计科目"栏应当分别填写应借应贷的一级科目和所属二级或明细科目。"借方金额"栏合计数与"贷方金额"栏合计数相等。其他内容的填制方法与收款凭证、付款凭证基本相同。

在同一项经济业务中,如果既有现金或银行存款的收付业务,又有转账业务时,应分别填制收(或付)款凭证和转账凭证。

小知识

会计电算化软件中对记账凭证的修改方法

会计电算化下,在输入记账凭证时,尽管账务系统提供了多种控制错误的措施,但错误凭证的出现还是难免的,为此,系统必须能够提供对错误凭证进行修改的功能。目前,许多财务软件都提供了"反审核、反记账、反结账"功能,这三项功能的使用为错误凭证的修改带来了诸多方便。

所谓"无痕迹",即不留下任何曾经修改的线索和痕迹。在总账系统中,以下四种情况下的错误凭证可实现无痕迹修改。

第一种是输入后还未审核或审核未通过的凭证。对于未经过"审核"功能操作的错误记账凭证,可以由凭证填制操作员,直接进行修改并保存。

第二种是已通过审核但未记账的凭证。对于已"审核"但未"记账"的错误记账凭证,不能直接在记账凭证上进行修改,而应首先由审核操作员在"总账系统"/"凭证"/"审核凭证"功能窗口中,进行"取消审核"(也称为"反审核")操作后退出;然后由填制凭证操作员进入总账系统,在"填制凭证"功能中,调出该张错误凭证进行修改,修改完成后保存退出;最后由审核操作员再次进入总账系统,在"总账系统"/"凭证"/"审核凭证"功能窗口中,重新对该张已修改过的凭证进行"审核"操作。

第三种是已记账但未结账的凭证。对于此情况,欲实现无痕迹修改,可利用系统提供的"反记账、反审核"功能,即取消"记账""审核"后直接修改。具体而言,首先在"总账系统"窗口中,单击"期末"/"对账"菜单项,打开"对账"操作窗口,此时按下快捷键"Ctrl+H"键,即可激活"恢复记账前状态"功能,然后退出"对账"窗口;单击"凭证"/"恢复记账前状态"菜单项(此功能平时不显示,待退出"总账系统"后将隐蔽而不显示出来),弹出"恢复记账前状态"操作窗口,在"恢复方式"中选择"月初状态"项,输入主管口令,然后单击"确定"按钮,系统将恢复为记账前状态;最后,按照上述第二种凭证的方法,调用错误凭证进行修改,再进行"审核凭证"和"记账"功能的操作。

第四种是已结账的凭证。对于这种情况,可利用系统提供的"反记账、反审核"功能,在"结账"向导一的选择月份窗口中,首先单击要取消结账的月份,然后按"Ctrl+Shift+F6"键,系统弹出"确认口令"窗口,让拥有结转权限的用户,在该窗口中输入口令,然后单击"确认"按钮,系统将快速地取消结账操作,使各种账簿记录恢复到未结账时的状态。最后按上述第三种

凭证的方法,调用错误凭证进行修改,再进行"审核凭证""记账"和"结账"功能的操作。

四、企业主要经济业务核算

企业(制造业)的经营过程可以分为供应过程、生产过程和销售过程;从资金运动的角度看,企业资金的占用形态依次从货币资金转化为储备资金、生产资金、成品资金,最后又回到货币资金,从而完成一次资金循环(Capital Circulation)(见图4-40)。在资金循环过程中,不同的经营过程会发生不同的经济业务,主要包括资金筹集业务、供应过程业务、生产过程业务、销售过程业务、财务成果形成与分配过程业务等。

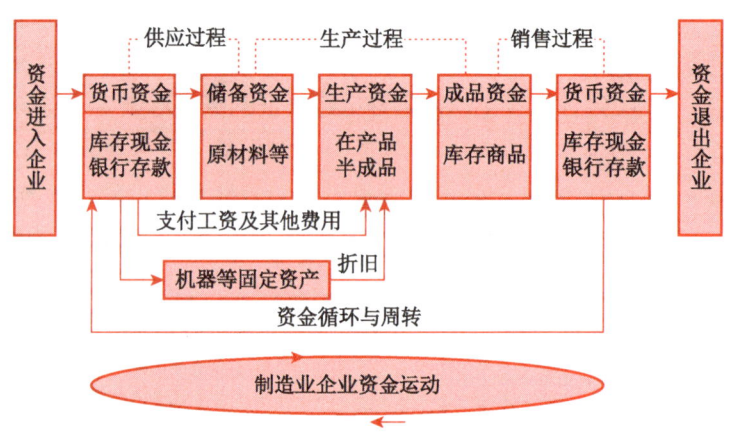

图4-40 企业主要经济业务核算

(一)资金筹集业务核算

资金是企业的血液,是企业设立、生存和发展的物质基础,是企业开展生产经营业务活动的基本前提。筹集资金是企业为了满足其经营活动、投资活动、资本结构调整等需要,运用一定的筹资方式,筹措和获取所需资金的一种行为。资金筹集是企业进行生产经营活动的前提条件,是资金运动的起点。企业筹集资金的渠道主要有两个:一是投资者投入的资金,即企业的资本金;另一种是向债权人借入的资金,即企业的负债。

1. 实收资本的核算

1)实收资本的概念

实收资本的概念见图4-41。

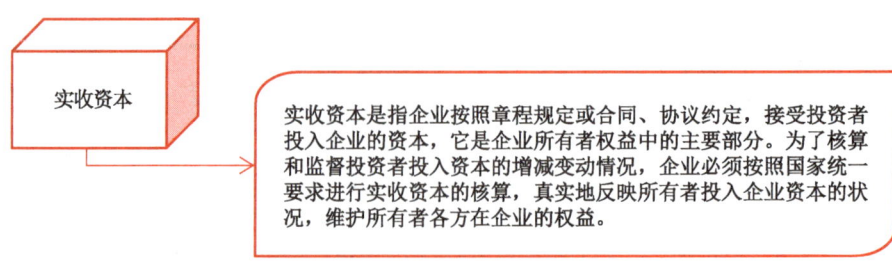

图4-41 实收资本的概念

我国目前实行的是注册资本制度,《企业法人登记管理条例》规定,除国家另有规定以外,企业的注册资本应当与实收资本相一致。因而,在投资者足额交纳资本之后,企业实收资本应该等于企业的注册资本。

2) 实收资本核算的账户设置

除股份有限公司外,其他企业应设置"实收资本"等账户,此种账户属于所有者权益类账户,用来核算投资者投入资本的增减变动情况。此种科目的贷方登记实收资本的增加数额,借方登记实收资本的减少数额,期末贷方余额反映企业实有的资本数额。此种账户可以按投资者进行明细核算。

3) 实收资本的账务处理

投资者以现金投入的资本,应以实际收到或者存入企业开户银行的金额,借记"银行存款"科目,贷记"实收资本"科目。

投资者以非现金资产投入的资本,应按投资各方确认的价值,借记"原材料""库存商品""固定资产""无形资产"等有关资产科目,贷记"实收资本"科目。

企业按照法定程序报经批准减少注册资本的,借记"实收资本"科目,贷记"库存现金""银行存款"等科目。

2. 短期借款的核算

1) 短期借款的概念

企业向银行或者其他金融机构借入的资金分为短期借款和长期借款两种。

短期借款是指企业向银行或其他金融机构等借入的期限在一年以下(含一年)的各种借款,主要用于弥补企业临时性经营周转或季节性等原因出现的资金不足。

2) 短期借款核算的账户设置

为了核算和监督企业短期借款的取得、偿还和结存情况,企业应当设置"短期借款""财务费用""应付利息"等账户。

"短期借款"账户属于负债类账户,用来核算企业借入的期限在一年以下(含一年)的各种借款。其贷方登记借入的短期借款本金数额,借方登记偿还的短期借款本金数额,期末贷方余额表示尚未偿还的短期借款。

"财务费用"账户属于损益类账户,用来核算企业为筹集生产经营所需资金等而发生的筹资费用。其借方登记企业发生的各项财务费用,贷方登记期末结转记入"本年利润"账户的金额,期末结转后该账户无余额。

"应付利息"账户属于负债类账户,用来核算企业按照合同约定应当支付的利息。其贷方登记资产负债表日按照合同利率计算确定的应付未付利息,借方登记实际支付的利息,期末贷方余额反映企业应付未付的利息。

3) 短期借款的账务处理

短期借款的账务处理见图 4-42。

(二) 供应过程业务核算

供应过程是制造企业经营活动的起点。在供应过程中,企业要用货币资金购建或购买厂房、机器设备和各种材料物资,完成生产准备工作。在这一过程中,企业要支付购买固定

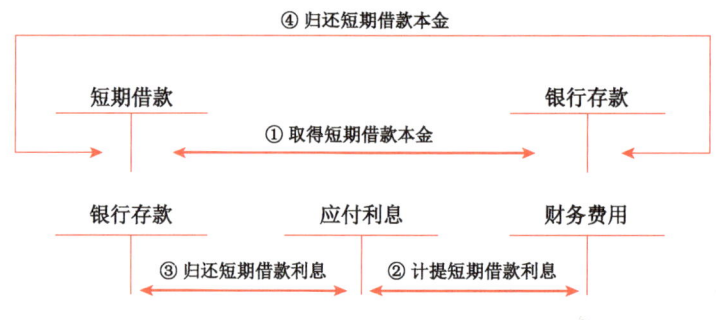

图 4-42 短期借款的账务处理

资产和材料物资的价税款,要支付采购费用,要与供应商发生货款结算业务。资金形态由货币资金形态转化为储备资金形态。供应过程核算的内容主要包括固定资产购置和材料采购两个方面,同时要计算固定资产成本和材料采购成本。

1. 固定资产成本的确定

1) 固定资产的概念

固定资产的概念见图 4-43。

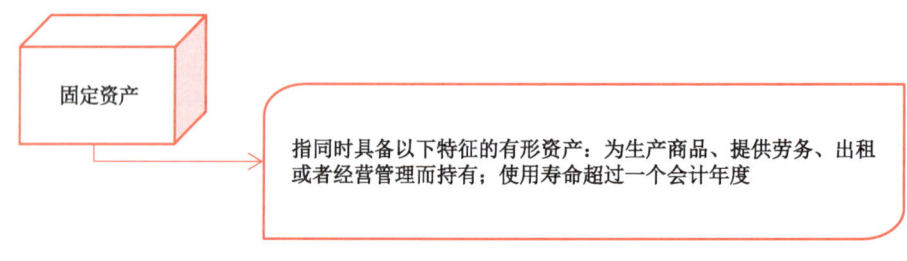

图 4-43 固定资产的概念

2) 固定资产成本的确定

固定资产成本(Fixed Asset Cost),是指企业购建某项固定资产达到预定可使用状态前所发生的一切合理、必要的支出。这些支出包括直接发生的价款、运杂费、包装费和安装成本等,也包括间接发生的费用,如应承担的借款利息,外币借款折算差额以及应分摊的其他间接费用。

不同来源的固定资产其取得成本的计算也不同。外购固定资产的成本以购买时发生的实际成本为基础,包括购买价款、相关税费、使固定资产达到预定可使用状态前所发生的可归属于该项资产的运输费、装卸费、安装费和专业人员服务费等;自行建造的固定资产的成本,由建造该项资产达到预定可使用状态前所发生的必要支出构成。

2. 材料采购成本的确定

材料采购成本(Materials Purchase Cost),是指企业从外部购入原材料等所实际发生的全部支出,包括购入材料支付的买价和采购费用(见图 4-44)。

3. 供应过程核算的账户设置

为了核算和监督供应过程的经济业务,企业应当设置"固定资产""材料采购""原材料""应付账款""预付账款""应交税费"等账户。

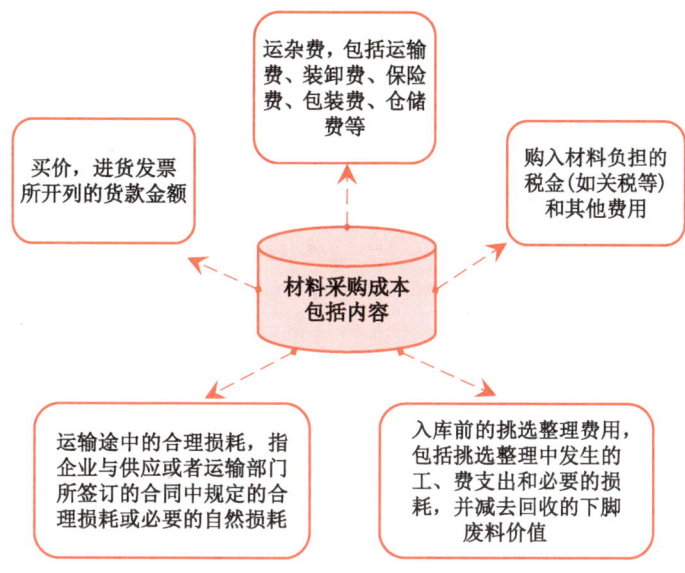

图 4-44 材料采购成本包括的内容

(1)"固定资产"账户属于资产类账户,用来核算企业所有固定资产的原价。其借方登记企业增加的固定资产的原价,贷方登记企业减少的固定资产的原价,期末借方余额反映企业所有固定资产的原价。该账户可以按照固定资产类别进行明细核算。

(2)"材料采购"账户属于资产类账户,用来核算企业购入材料、商品等的采购成本。其借方登记购入材料物资的买价和采购费用,贷方登记已验收入库材料物资的实际成本,期末若有借方余额表示已经付款但尚未验收入库的在途材料物资的实际成本。该账户按材料物资的类别、品种或者规格设置明细账,进行明细分类核算。

(3)"原材料"账户属于资产类账户,用来核算企业库存各种材料的收入、发出和结存情况。其借方登记已验收入库材料物资的实际成本,贷方登记发出领用材料物资的实际成本,期末借方余额表示结存材料物资的实际成本。该账户按材料物资的类别、品种或者规格设置明细账,进行明细分类核算。

(4)"应付账款"账户属于负债类账户,用来核算企业因购买材料、商品和接受劳务供应等而应付给供应单位的款项。其贷方登记应付材料供应单位的款项(包括价款、增值税和代垫运杂费),借方登记偿付的供应单位的款项,期末贷方余额表示企业尚欠供应单位的款项。该账户应按供应单位设置明细账,进行明细分类核算。

(5)"应付票据"账户属于负债类账户,用来核算企业采用商业汇票采购材料、商品和接受劳务供应等而应付给供应单位的款项。其贷方登记企业开出的承兑汇票款项,借方登记偿还的应付票据款项,期末贷方余额表示尚未到期的应付票据款项。

(6)"预付账款"账户属于资产类账户,用来核算企业按照购货合同规定预付给供应单位的款项。其借方登记按照合同规定预付给供应单位的货款和补付的款项,贷方登记收到所购货物冲销的款项和退回多付的款项,期末借方余额表示企业预付的款项。期末如为贷方余额,表示企业尚未补付的款项。该账户应按照供应单位设置明细账,进行明细分类核算。

(7)"应交税费"账户属于负债类账户,用来核算企业应当缴纳的各种税费,如增值税、消费税、营业税、所得税、城市维护建设税及教育费附加等。其贷方登记应当缴纳的各种税费,借方登记实际缴纳的税费,期末贷方余额表示企业尚未缴纳的税费。该账户应当按照税费的种类设置明细账,进行明细分类核算。

其中增值税是以商品(含应税劳务)在流转过程中产生的增值额作为计税依据而征收的一种流转税,其纳税人分为一般纳税人和小规模纳税人。

一般纳税人增值税适用16%的基本税率,应纳税额的计算公式为:应纳税额=当期销项税额-当期进项税额。在会计核算中为了核算企业应交增值税的发生、抵扣、缴纳、退税及转出等情况,在"应交税费"账户下设置"应交增值税"明细科目,并在"应交增值税"明细账内设置"进项税额""销项税额""已交税费""进项税额转出"等专栏。小规模纳税人适用3%的征收率,应纳税额的计算公式为:应纳税额=销售额×3%。

4. 供应过程的账务处理

(1)企业购入固定资产,按照固定资产的成本借记"固定资产",按照增值税专用发票中注明的增值税额借记"应交税费——应交增值税(进项税额)",按照实际支付的价款贷记"银行存款"等科目。

(2)企业购入材料物资,验收入库前,按照材料物资的成本借记"材料采购",按照增值税专用发票中注明的增值税额借记"应交税费——应交增值税(进项税额)",按照实际支付或未付的价款贷记"银行存款""应付账款"等科目。

(3)企业购入材料物资,验收入库时,按照验收入库材料物资的实际成本借记"原材料",贷记"材料采购"。

(4)企业预付货款,按照预付金额借记"预付账款",贷记"银行存款"。

(三)生产过程业务核算

生产过程是企业资金周转的第二个阶段。在生产过程中,生产工人需要借助机器设备对各种原材料进行加工,制造出各种产品,发生材料的消耗、固定资产的磨损、生产人工劳动的耗费等。这些费用需要按照产品的品种进行归集和分配,最终计算出产品的生产成本。在价值形态上,资金形态相应地由储备资金、货币资金等形态转化为生产资金形态,产品完工入库后,资金形态又从生产资金形态转化为成品资金形态。

1. 产品生产成本的构成

产品生产成本(Product Cost)是指企业为了生产产品而发生的各种耗费。可以指一定时期为生产一定数量产品而发生的成本总额,也可以指一定时期生产产品单位成本。产品生产成本的构成,包括生产过程中实际消耗的直接材料、直接人工和制造费用。

(1)直接材料(Direct Material),包括企业生产过程中实际消耗的原材料、辅助材料、外购半成品、燃料、动力、包装物以及其他直接材料。

(2)直接人工(Direct Labor),包括企业直接从事产品生产人员的工资及其他职工薪酬。

(3)制造费用(Manufacturing Expense),指企业各生产单位为组织管理生产所发生的各项间接费用,包括生产单位管理人员的工资和职工福利费、生产单位的固定资产折旧费、租入固定资产租赁费、机物料消耗、水电费、办公费、保险费、劳动保护费、季节性和修理期间的停工损失费等。

2. 制造费用的分配

在计算产品生产成本时,一般将产品生产过程中发生的各项生产费用按照产品类别分别进行归集和分配,以计算各种产品的总成本和单位成本。由于直接材料和直接人工是直接用于产品生产的费用,因而一般可以直接计入各种产品的生产成本中;而制造费用在发生时,一般难以分清应由哪种产品承担,所以应先归集,后分配。制造费用分配计算公式如下:

制造费用分配率=制造费用总额÷生产工人工资(工时)总额

某产品应分摊的制造费用=该产品生产工人工资(工时)×制造费用分配率

3. 生产过程核算的账户设置

为了核算和监督生产过程的经济业务,企业应当设置"生产成本""制造费用""管理费用""应付职工薪酬""累计折旧""库存商品"等账户。

(1)"生产成本"账户属于成本类账户,用来核算企业为生产产品而发生的各项生产费用。其借方登记为生产产品发生的直接材料、直接人工以及由"制造费用"账户归集后分配转入的制造费用,贷方登记已完工并验收入库的完工产品的实际生产成本;期末借方余额反映尚未完工的在产品成本。该账户一般按产品的品种或类别进行明细分类核算。

(2)"制造费用"账户属于成本类账户,用来核算企业为生产产品而发生的各项间接费用。其借方登记本期发生的制造费用,贷方登记月末分配结转到"生产成本"账户,应由各种产品负担的制造费用;除季节性生产以外,期末一般无余额。"制造费用"账户一般按不同的车间、部门进行明细分类核算。

(3)"管理费用"账户属于损益类账户,用来核算企业为组织和管理企业生产经营所发生的各项费用,包括企业管理部门人员的工资、办公费、折旧费、工会经费、职工教育经费、业务招待费、差旅费、房产税、土地使用税、印花税等。其借方登记发生的各项管理费用,贷方登记管理费用的期末结转数;期末,本账户余额应转入"本年利润"账户,月末结转后本账户无余额。该账户一般按费用项目进行明细分类核算。

(4)"应付职工薪酬"账户属于负债类账户,用来核算企业根据有关规定应付给职工的各种薪酬。其贷方登记已经分配计入有关成本费用项目的职工薪酬数额,借方登记实际发放的职工薪酬数额,期末贷方余额表示企业应付未付的职工薪酬。该账户一般按职工薪酬项目进行明细分类核算。

(5)"累计折旧"账户属于资产类账户,是"固定资产"账户的抵减账户,用来核算企业固定资产的累计折旧。其贷方登记企业按月计提的固定资产的折旧数,借方登记企业由于出售、报废、毁损及盘亏固定资产等原因而相应减少的折旧数,期末贷方余额表示企业现有固定资产已提取的折旧累计数。该账户可以按照固定资产的类别或项目进行明细分类核算。

(6)"库存商品"账户属于资产类账户,用来核算企业库存的各种商品的实际成本。其借方登记企业生产完工并验收入库产成品的实际成本,贷方登记发出各种产品的实际成本,期末借方余额表示企业各种库存商品的实际成本。该账户应按照库存商品的品种、类别和规格进行明细分类核算。

4. 生产过程的账务处理

(1)生产领用材料时,借记"生产成本"(生产产品领用)"制造费用"(车间一般耗用)"管理费用"(管理部门领用)"在建工程"(工程领用)等科目,贷记"原材料"科目。

(2) 计提职工薪酬时,借记"生产成本"(生产工人薪酬)、"制造费用"(车间管理人员薪酬)、"管理费用"(行政管理人员薪酬)、"在建工程"(建设工人薪酬)、"销售费用"(专设销售结构人员薪酬)等科目,贷记"应付职工薪酬"科目。

(3) 发放工资时,借记"应付职工薪酬"科目,贷记"银行存款"(或库存现金)、"其他应付款"、"应交税费——应交个人所得税"等科目。

(4) 计提固定资产折旧时,借记"制造费用"(生产用固定资产)、"管理费用"(管理用固定资产)、"其他业务成本"(经营租出固定资产)、"销售费用"(销售部门用固定资产)、"在建工程"(工程建设用固定资产)等科目,贷记"累计折旧"科目。

(5) 月末分配结转制造费用时,借记"生产成本"科目,贷记"制造费用"科目。

(6) 结转完工产品生产成本时,借记"库存商品"科目,贷记"生产成本"科目。

(四)销售过程业务核算

产品销售过程是企业资金周转的第三个阶段,也是企业产品价值和经验成果的实现过程。在产品销售过程中,企业要将所生产的产品对外销售,同时办理结算并及时收回货款。资金形态由成品资金形态又转化为货币资金形态,完成了一次资金循环。在这一过程中,企业在取得商品销售收入的同时,还会发生销售成本和销售费用,并依法缴纳税款。

1. 商品销售收入

商品销售收入(Revenue of Merchandise Sold),是指企业在销售商品、提供劳务等日常活动中所形成的经济利益的总流入。商品销售收入同时满足下列条件的,才能予以确认,见图4-45。

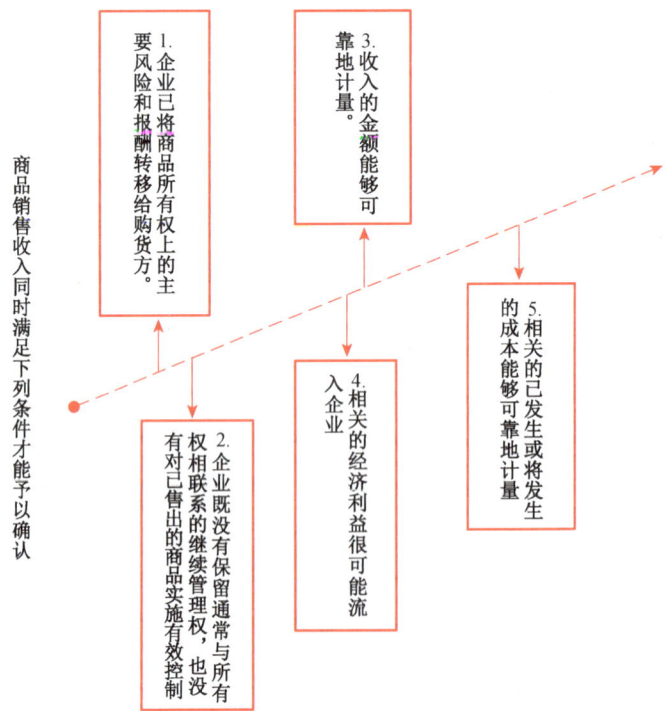

图4-45 商品销售收入确认条件

2. 商品销售成本

商品销售成本(Cost of Merchandise Sold),是指与商品销售收入相关的销售成本,即已销售商品的制造成本。产品销售成本的计算公式为:

$$本期应结转的产品销售成本＝本期销售商品的数量\times 单位产品生产成本$$

3. 销售过程核算的账户设置

为了核算和监督销售过程的经济业务,企业应当设置"主营业务收入""主营业务成本""其他业务收入""其他业务成本""税金及附加""销售费用""应收账款""应收票据""预收账款"等账户。

(1)"主营业务收入"账户属于损益类账户,用来核算企业在销售商品、提供劳务等日常活动中所产生的收入。其贷方登记企业销售商品、提供劳务所实现的收入;借方登记发生的销售退回和转入"本年利润"账户的收入,期末结转后,该账户应无余额。该账户可按照主营业务的种类进行明细分类核算。

(2)"主营业务成本"账户属于损益类账户,用来核算企业因销售商品、提供劳务等日常活动而发生的实际成本。该账户的借方登记已售商品、提供的各种劳务等的实际成本;贷方登记当月发生销售退回的商品成本和期末转入"本年利润"账户的当期销售成本,期末结转后该账户应无余额。

(3)"其他业务收入"账户属于损益类账户,用来核算企业其他业务所取得的收入,如材料销售收入、包装物出租收入、固定资产出租收入等。该账户的贷方登记企业获得的其他业务收入,借方登记期末结转到"本年利润"账户的其他业务收入,结转以后该账户应无余额。

(4)"其他业务成本"账户属于损益类账户,用来核算企业其他业务所发生各项支出。具体包括:销售材料成本、出租固定资产的累计折旧、出租无形资产的累计摊销、出租包装物的成本或摊销额。该账户借方登记其他业务所发生的各项支出;贷方登记期末结转到"本年利润"账户的其他业务成本,结转后本账户应无余额。

(5)"税金及附加"账户属于损益类账户,用来核算企业日常活动应负担的税金及附加。包括消费税、城市维护建设税、资源税、土地增值税和教育费附加等。该账户借方登记按照规定计算的与经营活动相关的税金及附加;贷方登记企业收到的先征后返的消费税等原记入本科目的各种税金,以及期末转入"本年利润"账户中的税金及附加。期末结转后本账户应无余额。

(6)"销售费用"账户属于损益类账户,用来核算企业销售商品过程中发生的费用,包括运输费、装卸费、包装费、保险费、展览费和广告费,以及为销售本企业商品而专设的销售机构(含销售网点、售后服务网点等)的职工工资及福利费、业务费等经营费用。该账户的借方登记发生的各种销售费用;贷方登记转入"本年利润"账户的销售费用;期末结转后该账户应无余额。

(7)"应收账款"账户属于资产类账户,用来核算企业因销售商品、提供劳务等应向购货单位或接受劳务单位收取的款项。不单独设置"预收账款"账户的企业,预收的账款也在本账户核算。该账户借方登记实现收入发生的应收款和已转作坏账损失又收回的应收款,以及代购货单位垫付的包装、运杂费等;贷方登记实际收到的应收款项和企业将应收款改用商业汇票结算而收到承兑的商业汇票,以及转作坏账损失的应收账款。月末借方余额表示应收但尚未收回的款项。该账户应按照购货单位设置明细科目,进行明细分类核算。

(8)"应收票据"账户属于资产类账户,用来核算企业因销售商品、提供劳务等而收到的商业汇票。该账户借方登记企业收到的应收票据;贷方登记票据到期收回的票面金额和持未到期票据向银行贴现的票面金额;月末借方余额表示尚未到期的应收票据金额。

(9)"预收账款"账户属于负债类账户,是用来核算企业按照合同规定向购货单位预收的款项。该账户的贷方登记预收购货单位的款项和购货单位补付的款项;借方登记购货单位发出商品销售实现和退回多付的款项。该账户月末余额一般在贷方,表示预收购货单位的款项。

4. 销售过程的账务处理

(1)销售商品时,借记"银行存款""应收账款""应收票据"等科目,贷记"主营业务收入""应交税费——应交增值税(销项税额)"等科目。

(2)结转商品销售成本时,借记"主营业务成本"科目,贷记"库存商品"科目。

(3)销售原材料时,借记"银行存款""应收账款""应收票据"等科目,贷记"其他业务收入""应交税费——应交增值税(销项税额)"等科目。

(4)结转材料销售成本时,借记"其他业务成本"科目,贷记"原材料"科目。

(5)支付展览费、广告费等销售商品过程中发生的各种费用时,借记"销售费用"科目,贷记"银行存款"科目。

(五)财务成果形成与分配过程业务核算

1. 财务成果形成的核算

1)利润的形成

利润是指企业在一定会计期间的经营成果,包括收入减去费用后的净额、直接计入当期利润的利得和损失。利润是企业经营成果的最终体现,是衡量一个企业经营活动是否有效的重要指标。

企业的利润分为营业利润、利润总额和净利润三种。

① 营业利润(Operating Profit)

营业利润=营业收入-营业成本-税金及附加-期间费用(销售费用、管理费用、财务费用)-资产减值损失+公允价值变动收益(-公允价值变动损失)+投资收益(-投资损失)

营业收入=主营业务收入+其他业务收入

营业成本=主营业务成本+其他业务成本

② 利润总额(Total Profits)

利润总额＝营业利润＋营业外收入－营业外支出

③ 净利润(Net Profit)

净利润＝利润总额－所得税费用

所得税费用＝应纳税所得额×适用税率

2) 财务成果形成核算的账户设置

为了核算和监督财务成果的形成,企业应当设置"投资收益""营业外收入""营业外支出""所得税费用""本年利润"等账户。

"营业外收入"账户属于损益类账户,用来核算企业发生的与企业生产经营活动没有直接关系的各项收入,包括固定资产盘盈、处置固定资产净收益、非货币性交易收益、出售无形资产收益、罚款净收入等。其贷方登记企业发生的各项营业外收入,借方登记期末转入"本年利润"账户的营业外收入数额,期末结转后该账户无余额。该账户应按收入项目设置明细账户,进行明细分类核算。

"营业外支出"账户属于损益类账户,用来核算企业发生的与企业生产经营活动没有直接关系的各项支出,包括固定资产盘亏、处置固定资产净损失、出售无形资产净损失、罚款支出、非常损失等。其借方登记企业发生的各项营业外支出,贷方登记期末转入"本年利润"账户的营业外支出数额,期末结转后该账户无余额。该账户应按支出项目设置明细账户,进行明细分类核算。

"所得税费用"账户属于损益类账户,用来核算企业按规定从本期损益中扣除的所得税费用。其借方登记本期发生的所得税费用,贷方登记期末转入"本年利润"账户借方的所得税费用,结转后该账户无余额。

"本年利润"账户属于所有者权益类账户,其贷方登记期末由"主营业务收入""其他业务收入""投资收益""营业外收入"等账户借方转入的数额,借方登记期末由"主营业务成本""其他业务成本""税金及附加""管理费用""销售费用""财务费用""营业外支出"及"所得税费用"账户贷方转入的数额。期末若为贷方余额,表示本期累计实现的净利润;期末若为借方余额,表示本期累计发生的亏损。净利润的余额从该账户的借方全部转入"利润分配"账户的贷方,如为亏损,则从该账户的贷方全部转入"利润分配"账户的借方,结转后"本年利润"账户无余额。

2. 财务成果分配的核算

1) 利润分配的顺序

利润分配(Profit Distribution),是将企业实现的净利润,按照国家财务制度规定的分配形式和分配顺序,在企业和投资者之间进行的分配。企业当年实现的净利润,一般应按照下列内容、顺序和金额进行分配:

(1) 计算可供分配的利润。

将本年净利润(或亏损)与年初未分配利润(或亏损)合并,计算出可供分配的利润。如果可供分配的利润为负数(即亏损),则不能进行后续分配;如果可供分配利润为正数(即本年累计盈利),则进行后续分配。

(2) 提取法定盈余公积。

在不存在年初累计亏损的前提下,法定盈余公积按照税后净利润的10%提取。法定盈余公积已达注册资本50%时可不再提取。提取的法定盈余公积用于弥补以前年度亏损或转增资本。但转增资本后留存的法定盈余公积不得低于注册资本的25%。

(3) 提取任意盈余公积。

(4) 向股东(投资者)支付股利(分配利润)。

2) 财务成果分配核算的账户设置

为了核算和监督财务成果的分配,企业应当设置"利润分配""盈余公积""应付股利"等账户。

"利润分配"账户属于所有者权益账户,用来核算企业利润的分配(或亏损的弥补)和历年分配(或弥补)后的结存数额。该账户的借方登记提取盈余公积、向投资者分配利润及年末由"本年利润"账户的贷方转入的本年累计亏损数,贷方登记盈余公积弥补亏损数及年末由"本年利润"账户的借方转入的本年累计净利润数。期末贷方余额表示尚未分配的利润;期末借方余额表示尚未弥补的亏损。该账户一般应按分配项目设置明细账户,进行明细分类核算。

"盈余公积"账户属于所有者权益账户,用来核算企业从净利润中提取的盈余公积,该账户的贷方登记企业提取的盈余公积数,借方登记盈余公积补亏或转增资本数。期末贷方余额表示盈余公积的结存数额。

"应付股利"账户属于负债类账户,用来核算企业应付给投资者的利润。该账户的贷方登记应支付给投资者的利润,借方登记实际支付的利润数,期末贷方余额表示尚未支付的利润。

3. 财务成果形成与分配过程的账务处理

(1) 结转各项收入时,借记"主营业务收入""其他业务收入""营业外收入"等科目,贷记"本年利润"科目。

(2) 结转各项成本、税金、费用、支出时,借记"本年利润"科目,贷记"主营业务成本""其他业务成本""税金及附加""管理费用""销售费用""财务费用""营业外支出""所得税费用"等科目。

(3) 年度终了,结转全年实现的净利润时,借记"本年利润"科目,贷记"利润分配"科目。如为净亏损,作相反的会计分录。

(4) 提取盈余公积时,借记"利润分配——提取法定盈余公积""利润分配——提取任意盈余公积"科目,贷记"盈余公积——法定盈余公积""盈余公积——任意盈余公积"科目。

(5) 批准分配给股东现金股利或利润时,借记"利润分配——应付普通股股利"科目,贷记"应付股利"科目。

(6) 结转"利润分配"账户所属明细科目时,借记"利润分配——未分配利润"科目,贷记"利润分配——提取法定盈余公积""盈余公积——任意盈余公积""利润分配——应付普通股股利"等科目。

 案例介绍

一、公司概况

北京便捷家具有限公司概况见第二章第二节案例介绍。

二、任务情况

便捷家具20××年12月份发生如下经济业务：

【业务1】 12月1日，归还中国银行短期贷款本金800 000元，利息12 000元。（附件2张：贷款还款凭证、贷款还息凭证）

【业务2】 12月3日销售给宏达公司A型办公桌200台，单价750元，增值税税率16%，万通公司开具增值税专用发票，商品当日发出，收到宏达公司签发的转账支票一张。（附件3张：增值税专用发票记账联、进账单、出库单）

【业务3】 12月4日在开户银行中国银行昌平区支行提取备用金12 000元，签发现金支票一张。（附件1张：现金支票存根）

【业务4】 12月4日从长丰公司购入甲型板材200千克，单价50元，增值税税率16%，收到长丰公司开具的增值税专用发票，开出中行转账支票支付货款，原材料当日验收入库，便捷家具材料按实际成本计价。（附件5张：增值税专用发票抵扣联、增值税专用发票发票联、购料单、转账支票存根、付款通知书）

【业务5】 12月6日，购买小轿车一部，买价为116 000元，车辆购置税为10 000元，汽车上户费为125元，印花税为50元，款项均从中国银行开出转账支票支付。（附件8张：机动车销售统一发票、中华人民共和国税收通用缴款书、北京市政府非税收入一般缴款书、中华人民共和国印花税票销售凭证、转账支票存根、固定资产验收单、新增固定资产登记表、付款通知书）

【业务6】 12月11日，与重庆联大公司签订采购合同，从工商银行一般存款户汇款，支付定金10 000元。[附件2张：委托收款凭证（付款通知）、付款通知书]

【业务7】 12月14日，发放上月工资18 000元，结转代扣五险一金500元，代扣个人所得税1 000元，开出中行基本户转账支票16 500元。（附件2张：工资结算单、转账支票存根）

【业务8】 12月14日缴纳上月增值税7 500元、城市维护建设税525元、教育费附加225元；缴纳本月代扣个人所得税1 000元。（附件2张：地税缴款单、国税缴款单）

【业务9】 12月28日，收到中行付款通知，支付电费5 000元，增值税专用发票中注明的增值税额为800元。其中车间分配4 000元，管理部门分配1 000元。（附件4张：增值税专用发票抵扣联、增值税专用发票发票联、委托收款凭证（付款通知）、电费分割单）

【业务10】 12月31日，计提本期借款利息，2017年10月从中国工商银行借入期限为3个月的短期借款500 000元，年利率为6%。（附件1张：应付利息计算表）

【业务11】 12月31日，计提本月工资，其中A型办公桌工人工资5 000元，B型办公桌工人工资4 000元，车间管理人员工资4 000元，管理人员工资5 000元。（附件1张：工资费用分配表）

【业务12】 12月31日,计提本月固定资产折旧费用,其中生产车间折旧费为2 000元,管理部门折旧费3 000元。(附件1张:固定资产折旧计算表)

【业务13】 12月31日,根据"领料单",编制"原材料发料汇总表",结转发出原材料成本,其中A型办公桌领用甲型板材成本4 000元,领用乙型板材成本6 000元,B型办公桌领用甲型板材成本2 000元,车间领用乙型板材成本2 000元。(附件3张:领料单2张、原材料发料汇总表)

【业务14】 12月31日,归集计算车间本月发生的制造费用,编制"制造费用计算表""制造费用分配表",分配结转制造费用,其中A型办公桌分配制造费用6 000元,B型办公桌分配制造费用6 000元。(附件1张:制造费用分配表)

【业务15】 12月31日,计算并结转完工产品成本,本月完工A型办公桌50台,单位成本420元。(附件2张:完工产品成本计算表、产成品入库单)

【业务16】 12月31日,计算并结转本月销售产品成本,本月销售A型办公桌200台,单位成本446.25元。(附件1张:主营业务成本计算单)

三、任务要求

请同学们根据经济业务描述及审核无误的原始凭证填制记账凭证。

四、任务解析

企业主要经济业务包括资金筹集业务、供应过程业务、生产过程业务、销售过程业务、财务成果形成与分配过程业务等。

资金筹集业务包括:业务1、业务10

供应过程业务包括:业务4、业务5、业务6

生产过程业务包括:业务7、业务9、业务11—16

销售过程业务包括:业务2

财务成果的形成与分配过程业务包括:业务8

应当根据主要经济业务核算方法及记账凭证填制要求填制记账凭证。

五、任务实施

【业务1】

步骤1:判断经济业务类型

该业务属于资金筹集业务,归还短期借款及利息的账务处理为:

借:短期借款　　　　　　　　　　　　　　　　　　　　　　　　800 000
　　应付利息　　　　　　　　　　　　　　　　　　　　　　　　 12 000
　　贷:银行存款　　　　　　　　　　　　　　　　　　　　　　812 000

步骤2:选择记账凭证类型

涉及现金和银行存款付款的经济业务应当填制付款凭证。

步骤3:填制记账凭证(见图4-46)

【业务2】

填制记账凭证(见图4-47):

付 款 凭 证

贷方科目：银行存款　　　　20XX年12月01日　　　　付字第1号

摘要	借方总科目	明细科目	借或贷	金额（千百十万千百十元角分）
归还中行贷款本金及利息	短期借款	中行	借	8 0 0 0 0 0 0 0
	应付利息		借	1 2 0 0 0 0 0
合　计				￥8 1 2 0 0 0 0 0

附单据 2 张

财务主管：　　　记账：　　　出纳：钱茹　　　审核：　　　制单：孙丽

图 4-46　付款凭证

收 款 凭 证

借方科目：银行存款　　　　20XX年12月03日　　　　收字第1号

摘要	贷方总科目	明细科目	借或贷	金额（千百十万千百十元角分）
销售A型设备办公桌	主营业务收入	A型设备	贷	1 5 0 0 0 0 0 0
	应交税费	应交增值税（销项税额）	贷	2 4 0 0 0 0 0
合　计				￥1 7 4 0 0 0 0 0

附单据 2 张

财务主管：　　　记账：　　　出纳：钱茹　　　审核：　　　制单：孙丽

图 4-47　收款凭证

【业务3】

填制记账凭证(见图4-48)：

付 款 凭 证

贷方科目：银行存款　　　　20XX年12月04日　　　　　　付字第2号

摘　要	借方总科目	明细科目	借或贷	金额(千百十万千百十元角分)	附单据
提取备用金	库存现金		借	1 2 0 0 0 0 0	1张
合　计				￥ 1 2 0 0 0 0 0	

财务主管：　　　记账：　　　出纳：钱茹　　　审核：　　　制单：孙丽

图4-48　付款凭证

【业务4】

填制记账凭证(见图4-49)：

付 款 凭 证

贷方科目：银行存款　　　　20××年12月04日　　　　　　付字第3号

摘　要	借方总科目	明细科目	借或贷	金额(千百十万千百十元角分)	附单据
支付甲基板材货款	原材料	甲基	借	1 0 0 0 0 0 0	2张
	应交税费	应交增值税(进项税额)	借	1 0 0 0 0 0	
合　计				￥ 1 1 0 0 0 0 0	

财务主管：　　　记账：　　　出纳：钱茹　　　审核：　　　制单：孙丽

图4-49　付款凭证

【业务5】

填制记账凭证(见图4-50)：

付 款 凭 证

贷方科目：银行存款　　　20XX年12月06日　　　付字第4号

摘　　要	借方总科目	明细科目	借或贷	金额 千 百 十 万 千 百 十 元 角 分	附单据
购买小轿车	固定资产	小轿车	借	1 1 0 1 2 5 0 0	8张
	应交税费	应交增值税（进项税额）	借	1 6 0 0 0 0 0	
	管理费用		借	5 0 0 0	
合　　计				¥ 　1 2 6 1 7 5 0 0	

财务主管：　　　记账：　　　出纳：钱茹　　　审核：　　　制单：孙丽

图 4-50　付款凭证

【业务6】

填制记账凭证(见图4-51)：

付 款 凭 证

贷方科目：银行存款　　　20XX年12月11日　　　付字第5号

摘　　要	借方总科目	明细科目	借或贷	金额 千 百 十 万 千 百 十 元 角 分	附单据
预付重庆联大公司货款	预付账款	重庆联大公司	借	1 0 0 0 0 0 0	2张
合　　计				¥ 　1 0 0 0 0 0 0	

财务主管：　　　记账：　　　出纳：钱茹　　　审核：　　　制单：孙丽

图 4-51　付款凭证

【业务7】

填制记账凭证(见图4-52、图4-53):

付 款 凭 证

贷方科目:银行存款　　20XX年12月14日　　付字第6号

摘要	借方总科目	明细科目	借或贷	金额 千百十万千百十元角分
支付11月职工工资	应付职工薪酬	工资	借	1 6 5 0 0 0 0
合　　计				¥ 1 6 5 0 0 0 0

附单据 2 张

财务主管:　　记账:　　出纳:钱茹　　审核:　　制单:孙丽

图4-52 付款凭证

转 账 凭 证

20XX年12月14日　　转字第1号

摘要	会计科目	明细科目	√	借方金额 千百十万千百十元角分	贷方金额 千百十万千百十元角分
支付11月职工工资	应付职工薪酬	工资		1 5 0 0 0 0	
	其他应付款	五险一金			5 0 0 0 0
	应交税费	应交个人所得税			1 0 0 0 0 0
合　　计				¥ 1 5 0 0 0 0	¥ 1 5 0 0 0 0

附单据 2 张

财务主管:　　记账:　　出纳:　　审核:　　制单:孙丽

图4-53 转账凭证

【业务8】

填制记账凭证(见图4-54、图4-55):

付 款 凭 证

贷方科目:银行存款　　　　20XX年12月14日　　　　付字第7号

摘要	借方总科目	明细科目	借或贷	金额 千百十万千百十元角分
支付11月份增值税	应交税费	未交增值税	借	7 5 0 0 0 0
合　　计				¥ 7 5 0 0 0 0

财务主管:　　　　记账:　　　　出纳:钱茹　　　　审核:　　　　制单:孙丽

图 4-54　付款凭证

付 款 凭 证

贷方科目:银行存款　　　　20XX年12月14日　　　　付字第8号

摘要	借方总科目	明细科目	借或贷	金额 千百十万千百十元角分
支付城建税及代扣个人所得税	应交税费	应交个人所得税	借	1 0 0 0 0 0
	应交税费	应交城建税	借	5 2 5 0 0
	应交税费	应交教育费附加	借	2 2 5 0 0
合　　计				¥ 1 7 0 0 0 0

财务主管:　　　　记账:　　　　出纳:钱茹　　　　审核:　　　　制单:孙丽

图 4-55　付款凭证

【业务 9】

填制记账凭证(图 4-56)：

付 款 凭 证

贷方科目:银行存款　　　　20XX年12月28日　　　　付字第9号

摘要	借方总科目	明细科目	借或贷	金额									
				千	百	十	万	千	百	十	元	角	分
支付12月份电费	制造费用	电费	借					4	0	0	0	0	0
	管理费用	电费	借					1	0	0	0	0	0
	应交税费	应交增值税（进项税额）	借						8	5	0	0	0
合计							¥	5	8	5	0	0	0

附单据 3 张

财务主管：　　记账：　　出纳：钱茹　　审核：　　制单：孙丽

图 4-56　付款凭证

【业务 10】

填制记账凭证(见图 4-57)：

转 账 凭 证

20XX年12月31日　　　　转字第2号

摘要	会计科目	明细科目	√	借方金额										贷方金额									
				千	百	十	万	千	百	十	元	角	分	千	百	十	万	千	百	十	元	角	分
计提12月贷款利息	财务费用							2	5	0	0	0	0										
	应付利息																	2	5	0	0	0	0
合计							¥	2	5	0	0	0	0				¥	2	5	0	0	0	0

附单据 1 张

财务主管：　　记账：　　出纳：　　审核：　　制单：孙丽

图 4-57　转账凭证

【业务11】

填制记账凭证(见图4-58)：

转 账 凭 证

20XX年12月31日　　　　　　　　　　　　　　转字第3号

摘要	会计科目	明细科目	✓	借方金额 千百十万千百十元角分	贷方金额 千百十万千百十元角分
计提12月职工工资	生产成本	A型办公桌		5 0 0 0 0 0	
	生产成本	B型办公桌		4 0 0 0 0 0	
	制造费用	工资		4 0 0 0 0 0	
	管理费用	工资		5 0 0 0 0 0	1 8 0 0 0 0 0
	应付职工薪酬	工资			
合　　　计				¥1 8 0 0 0 0 0	¥1 8 0 0 0 0 0

附单据 1 张

财务主管：　　　记账：　　　出纳：　　　审核：　　　制单：孙丽

图4-58　转账凭证

【业务12】

填制记账凭证(见图4-59)：

转 账 凭 证

20XX年12月31日　　　　　　　　　　　　　　转字第4号

摘要	会计科目	明细科目	✓	借方金额 千百十万千百十元角分	贷方金额 千百十万千百十元角分
计提12月折旧费	制造费用	折旧		2 0 0 0 0 0	
	管理费用	折旧		3 0 0 0 0 0	
	累计折旧				5 0 0 0 0 0
合　　　计				¥5 0 0 0 0 0	¥5 0 0 0 0 0

附单据 1 张

财务主管：　　　记账：　　　出纳：　　　审核：　　　制单：孙丽

图4-59　转账凭证

【业务13】

填制记账凭证(见图4-60)：

转 账 凭 证

20XX年12月31日　　　　　　　　　　　　　　　　转字第5号

摘 要	会计科目	明 细 科 目	✓	借方金额 千百十万千百十元角分	贷方金额 千百十万千百十元角分
结转发出材料成本	生产成本	A型办公桌		1 0 0 0 0 0 0	
	生产成本	B型办公桌		2 0 0 0 0 0	
	制造费用	原材料		2 0 0 0 0 0	
	原材料	甲型			6 0 0 0 0 0
	原材料	乙型			8 0 0 0 0 0
合 计				¥1 4 0 0 0 0 0	¥1 4 0 0 0 0 0

附单据 3 张

财务主管：　　　记账：　　　出纳：　　　审核：　　　制单：孙丽

图 4-60　转账凭证

【业务14】

填制记账凭证(见图4-61)：

转 账 凭 证

20XX年12月31日　　　　　　　　　　　　　　　　转字第6号

摘 要	会计科目	明 细 科 目	✓	借方金额 千百十万千百十元角分	贷方金额 千百十万千百十元角分
结转制造费用	生产成本	A型办公桌		6 0 0 0 0 0	
	生产成本	B型办公桌		6 0 0 0 0 0	
	制造费用				1 2 0 0 0 0 0
合 计				¥1 2 0 0 0 0 0	¥1 2 0 0 0 0 0

附单据 1 张

财务主管：　　　记账：　　　出纳：　　　审核：　　　制单：孙丽

图 4-61　转账凭证

【业务15】

填制记账凭证(见图4-62)：

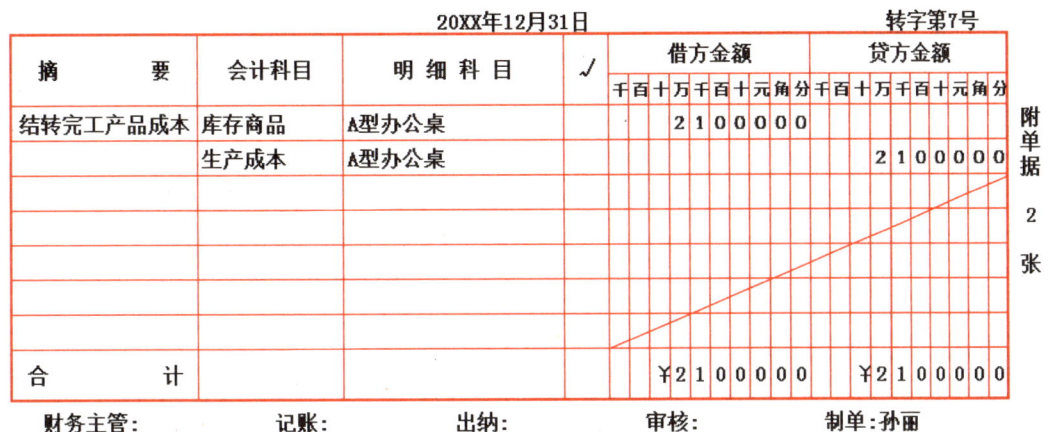

图4-62 转账凭证

【业务16】

填制记账凭证(见图4-63)：

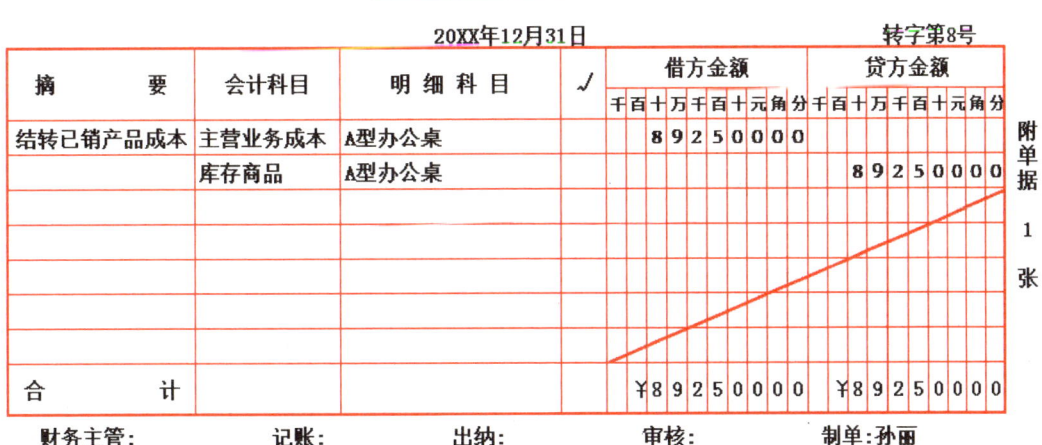

图4-63 转账凭证

 **实训**

根据图 4-64 进行记账凭证的填制能力实训。

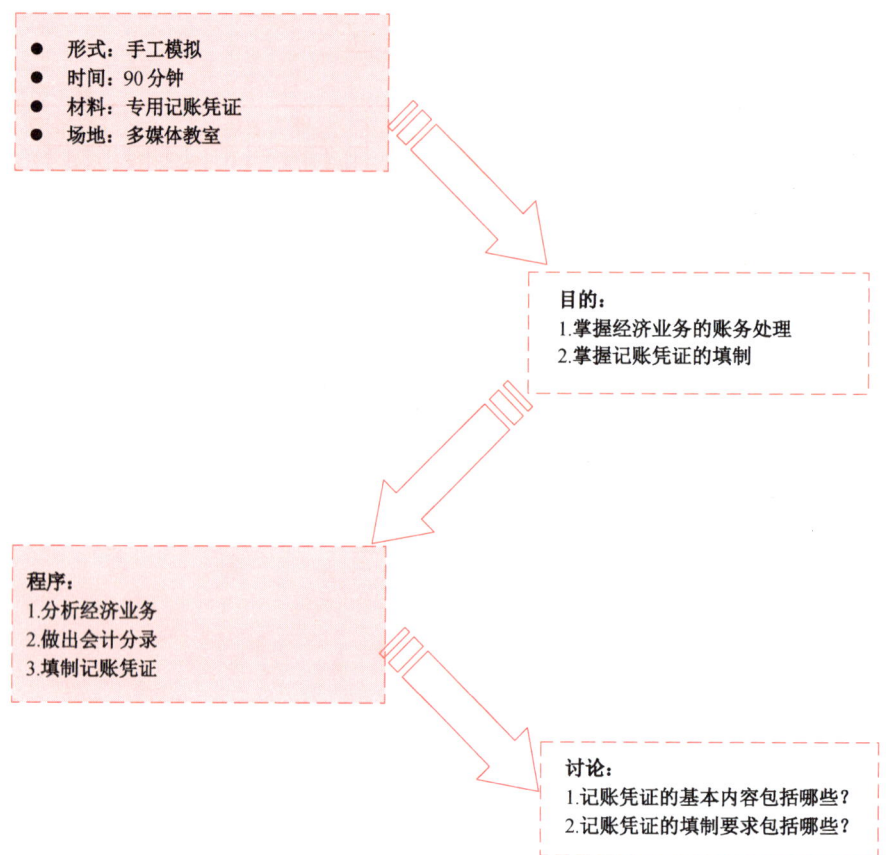

图 4-64 记账凭证的填制能力实训

第四节 记账凭证的审核

记账凭证是登记账簿的依据。为了保证账簿记录的正确性,任何记账凭证在登记入账前都应由专人对其进行认真、严格的审核。根据不相容职权分离原则,制单和审核不能为同一人。记账凭证审核的主要内容有:

(一)审核记账凭证内容是否真实

审核记账凭证是否附有原始凭证;所附原始凭证的内容是否与记账凭证记录的内容一致;所附原始凭证的张数与记账凭证所填写的附件张数是否一致。

(二)审核记账凭证项目是否齐全

审核记账凭证各项目的填写是否齐全,如日期、凭证编号、摘要、会计科目、金额、所附原始凭证张数及有关人员签章等。

(三)审核记账凭证所使用的账户是否正确

审核记账凭证中应借、应贷账户的名称是否正确;所用的会计科目及其核算内容是否符合会计制度的有关规定;账户的对应关系是否清晰合理。

(四)审核记账凭证的金额是否正确

审核记账凭证的借贷金额是否平衡;记账凭证所记录的金额与原始凭证的合计金额是否一致等。

(五)审核记账凭证的书写是否正确

审核记账凭证中的记录是否文字工整、数字清晰,是否按规定使用蓝黑墨水或碳素墨水填写等。

 案例介绍

一、公司概况

北京便捷家具有限公司概况见第二章第二节案例介绍。

二、业务及记账凭证填制情况

便捷家具20××年12月发生业务及记账凭证填制情况如下:

【业务1】 12月2日,办公室赵阳报销办公用品费,金额1 860.3元,出纳开出中行现金支票支付款项。(附件2张:现金支票存根、普通发票)

填制记账凭证(见图4-65):

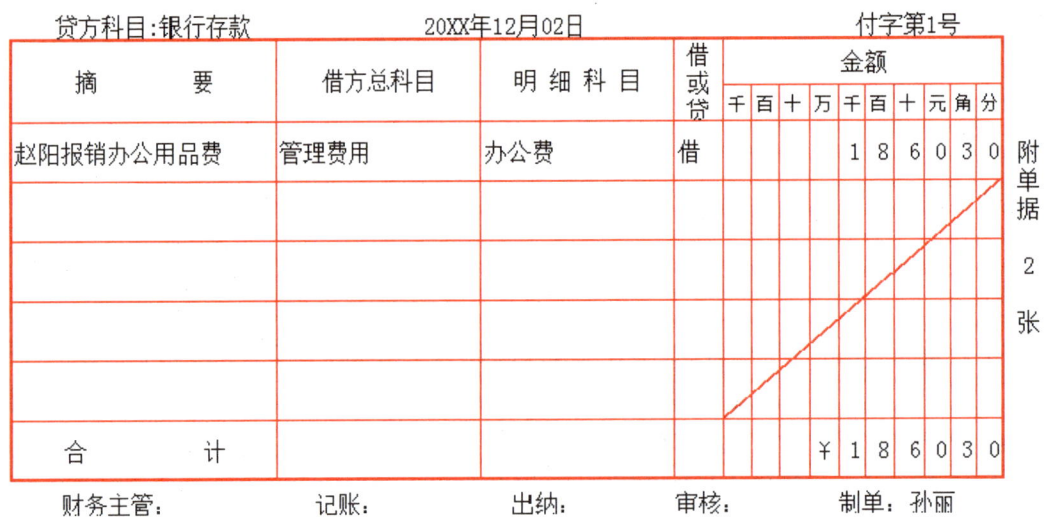

图 4-65 付款凭证

【业务2】 12月5日,采购部吴昊预借差旅费2 000元,支付现金。(附件2张:借款单、付款通知书)

填制记账凭证(见图4-66):

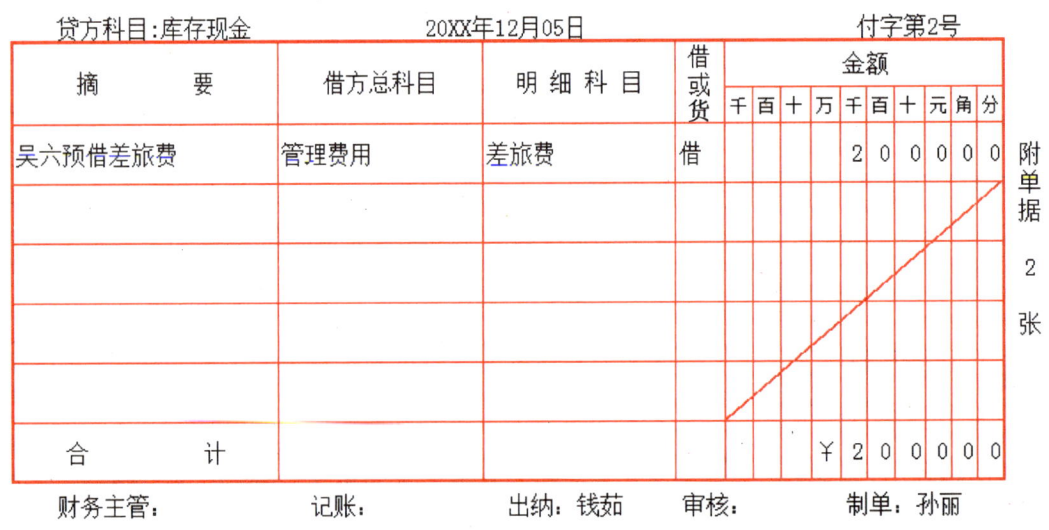

图 4-66 付款凭证

【业务3】 12月8日,缴纳上月未交增值税5 000元(国税)、城市维护建设税350元(地税)、教育费附加150元(地税)、个人所得税1 000元(地税)。[附件2张:税收电子转账专用

完税凭证(国税)、税收电子转账专用完税凭证(地税)]

填制记账凭证(见图4-67)：

转 账 凭 证

20XX年12月08日　　　　　　　　　　　　　　　　转字第1号

摘要	会计科目	明细科目	√	借方金额 千百十万千百十元角分	贷方金额 千百十万千百十元角分	附单据2张
缴纳11月份税费	应交税费	未交增值税		500000		
	应交税费	应交城建税		35000		
	应交税费	应交教育费附加		15000		
	应交税费	应交个人所得税		100000		
	银行存款	中行			650000	
合　　计				¥650000	¥650000	

财务主管：　　　记账：　　　出纳：　　　审核：　　　制单：孙丽

图4-67　转账凭证

【业务4】 12月10日,接受兴义公司投资的设备球磨机一台,评估确认价为400 000元;成型机一台,评估确认价为800 000元;已请会计师事务所出具了验资报告并到工商局办理了资金变更手续。合同中,兴义公司在便捷家具的资本确认为1 200 000元,占6.25%的股份。(附件3张:验资报告、固定资产验收单、新增固定资产登记表)

填制记账凭证(见图4-68)：

转 账 凭 证

20XX年12月10日　　　　　　　　　　　　　　　　转字第2号

摘要	会计科目	明细科目	√	借方金额 千百十万千百十元角分	贷方金额 千百十万千百十元角分	附单据5张
接受投资	固定资产	球磨机		4000000		
	固定资产	成型机		8000000		
	实收资本	义兴公司			12000000	
合　　计				¥12000000	¥12000000	

财务主管：　　　记账：　　　出纳：　　　审核：　　　制单：孙丽

图4-68　转账凭证

三、任务要求

请同学们根据任务资料中的业务描述审核会计人员填制的记账凭证。

四、任务解析

记账凭证填写完成后,需要由专人进行审核工作。通过审核,确保记账凭证的内容真实、项目齐全、分录正确、金额无误、书写合规。

五、任务实施

【业务1】 审核如下:

步骤1:经审核记账凭证的内容真实

步骤2:经审核记账凭证使用正确

步骤3:经审核记账凭证项目填写不齐全

付款凭证需要由出纳签字。

步骤4:经审核记账凭证所使用的账户正确

步骤5:经审核记账凭证的金额正确

步骤6:经审核记账凭证的书写正确

步骤7:出纳签字后,审核人会计主管李梅签字(见图4-69)

付 款 凭 证

贷方科目:银行存款　　20XX年12月02日　　付字第1号

摘要	借方总科目	明细科目	借或贷	金额 千百十万千百十元角分
赵阳报销办公用品费	管理费用	办公费	借	1 8 6 0 3 0
合　　计				￥　　1 8 6 0 3 0

附单据 2 张

财务主管:　　　记账:　　　出纳:钱茹　　　审核:李梅　　　制单:孙丽

图4-69 经审核的付款凭证

【业务2】 审核如下:

步骤1:经审核记账凭证的内容真实

步骤2:经审核记账凭证使用正确

步骤3:经审核记账凭证项目填写齐全

步骤4:经审核记账凭证所使用的账户不正确

预借差旅费,应当借记"其他应收款"科目,贷记"库存现金"等科目。

步骤5:经审核记账凭证的金额正确

步骤6:经审核记账凭证的书写正确

步骤7:修改借方科目后,审核人会计主管李梅签字(见图4-70)

付 款 凭 证

贷方科目:库存现金　　　　20XX年12月05日　　　　付字第2号

摘　要	借方总科目	明细科目	借或贷	金额 千 百 十 万 千 百 十 元 角 分	附单据2张
吴六预借差旅费	其他应收款	差旅费	借	2 0 0 0 0 0	
合　　　计				￥ 2 0 0 0 0 0	

财务主管:　　　　记账:　　　　出纳:钱茹　　　　审核:李梅　　　　制单:孙丽

图4-70　经审核的付款凭证

【业务3】　审核如下:
步骤1:经审核记账凭证的内容真实
步骤2:经审核记账凭证使用不正确
涉及现金和银行存款的付款业务应当使用付款凭证。
步骤3:经审核记账凭证项目填写齐全
步骤4:经审核记账凭证所使用的账户正确
步骤5:经审核记账凭证的金额正确
步骤6:经审核记账凭证的书写正确
步骤7:修改记账凭证后,审核人会计主管李梅签字(见图4-71、图4-72)

【业务4】　审核如下:
步骤1:经审核记账凭证的内容真实
步骤2:经审核记账凭证使用正确
步骤3:经审核记账凭证项目填写齐全
步骤4:经审核记账凭证所使用的账户正确
步骤5:经审核记账凭证的金额不正确
步骤6:经审核记账凭证的书写正确
步骤7:修改金额后,审核人会计主管李梅签字(见图4-73)

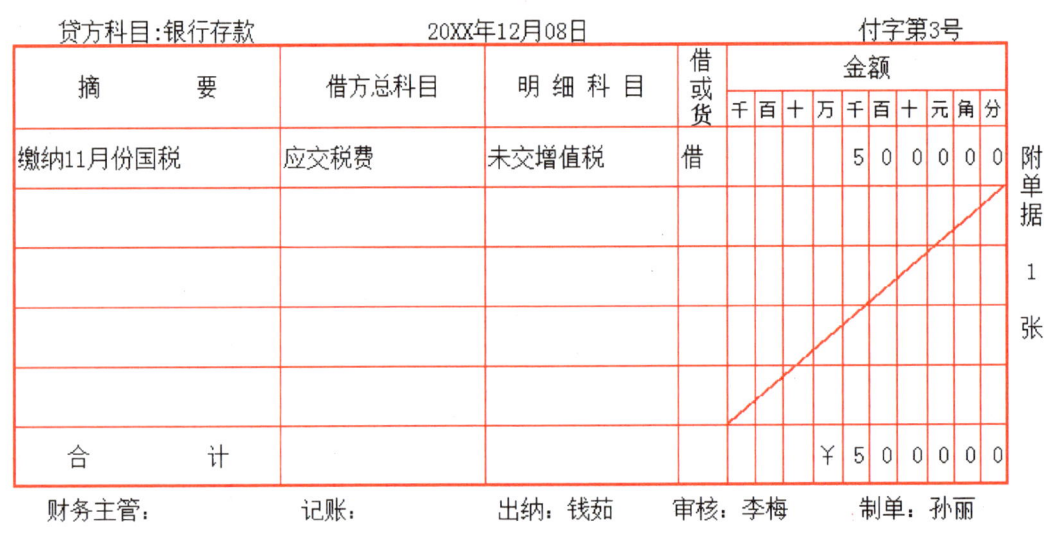

图 4-71 经审核的付款凭证

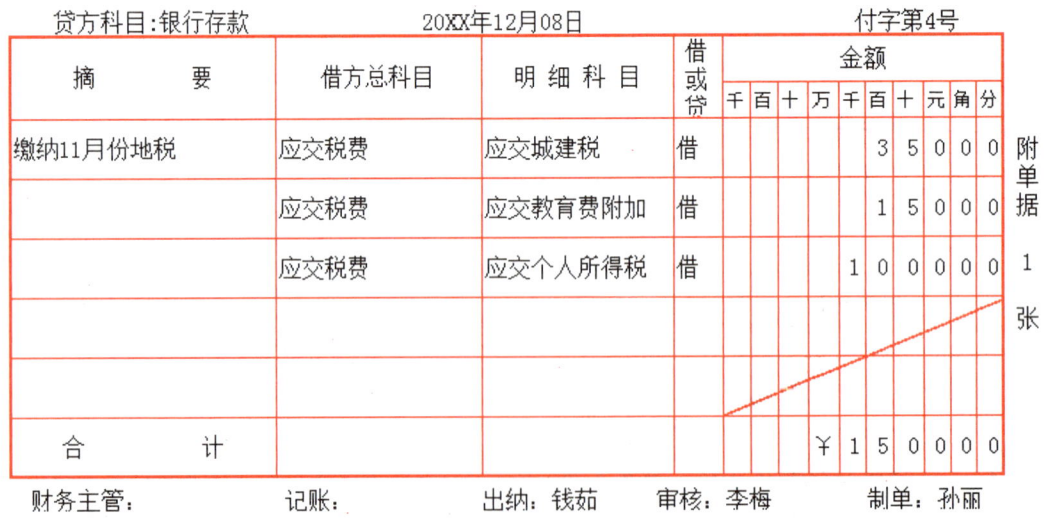

图 4-72 经审核的付款凭证

第四章 会计凭证

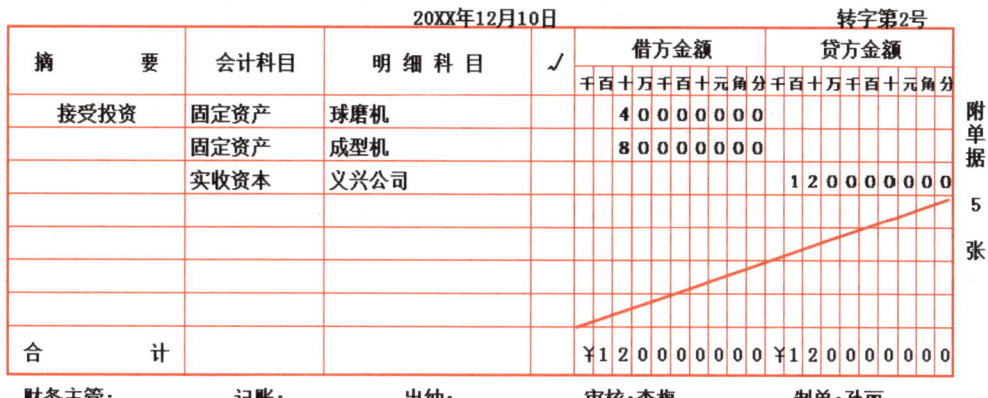

图 4-73 经审核的转账凭证

 实训

根据图 4-74 进行原始凭证审核能力实训。

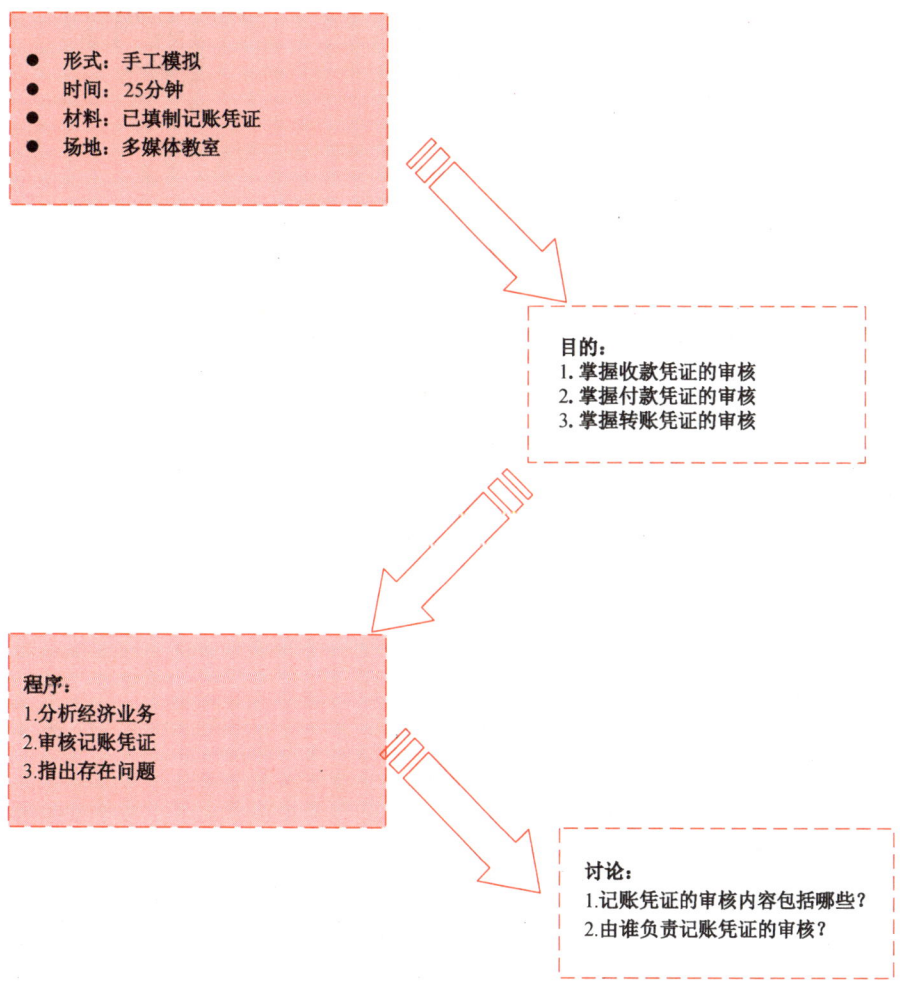

图 4-74 原始凭证的审核能力实训

第五节　会计凭证的传递、装订与保管

一、会计凭证的传递

(一) 会计凭证传递的作用

会计凭证的传递是指会计凭证从取得或编制时起到归档时止,在单位内部各有关部门及人员之间的传递程序和传递时间。

不同的企业由于经济业务不同、涉及的部门不同,传递会计凭证的程序和时间也不尽相同。任何单位对于经常发生的、需要有关部门办理的主要经济业务,如材料或产成品的收发、费用的发生、生产成本的计算、商品的销售等,都必须明确规定传递凭证的程序和时间。正确组织会计凭证的传递,对于及时处理和登记经济业务,明确经济责任,实行会计监督,具有重要作用。

(二) 会计凭证传递的注意事项

各种记账凭证所记载的经济业务内容不同,涉及的部门和人员不同,办理的经济业务手续也不尽一致。组织会计凭证传递,必须遵循内部牵制原则,力求做到及时反映、记录经济业务。会计凭证在传递过程中必须注意:

1. 会计凭证联数和传递程序的合理性

企业应根据每种经济业务的特点、内部组织机构和人员分工情况以及经营管理的需要,恰当规定会计凭证经由的必要环节,并据之恰当规定会计凭证的份数,做到让各有关部门和人员能即时了解经济业务的情况,及时办理凭证手续,避免凭证传递经过不必要的环节,以利于提高工作效率。

2. 会计凭证传递的及时性

一切会计凭证的传递和处理,必须在会计报告期内完成,应当及时传递,不得积压,不得跨期,否则势必影响会计核算的正确性和及时性。

要明确规定有关部门和经办人员在处理经济业务手续时各种会计凭证所停留的最长时间。既要防止时间过紧而影响业务手续的完成,又要防止时间过松而造成不必要的耽搁,影响凭证及时传递。

3. 会计凭证传递衔接手续的恰当性

会计凭证在传递过程中,既要做到完备严密,又要简便易行。凭证的签收、交接应当制定必要的制度,以保证会计凭证的安全与完整。

 趣味故事

会计分录的趣味运用

有3个人去投宿,三人房一晚30元,三人每人掏了10元,凑够30元交给老板,后来老板说今天优惠只要25元就够了,拿出5元让服务生退还给他们,服务生偷藏了2元,然后把剩下3元给了那三个人,每人分到1元,这样一开始每人掏了10元,现在又退回1元,每人只花了9元,3个人每人9元,3×9元+服务生藏的2元=29元,还有1元去了哪里?

把3人当作会计主体:

1. 交房费:

借:房租费用　　　　　　　　　　　　　　　　　　　　　　　　　　　30
　贷:库存现金　　　　　　　　　　　　　　　　　　　　　　　　　　　　　30

2. 退还3元房费时:

借:库存现金　　　　　　　　　　　　　　　　　　　　　　　　　　　　3
　贷:房租费用　　　　　　　　　　　　　　　　　　　　　　　　　　　　　3

此时,借方余额=库存现金3元+房租费用27元,贷方余额=库存现金30元,借贷平了;而伙计私藏的2元已经包含在27元之内。

把老板和伙计当作会计主体:

1. 收房租费用:

借:库存现金　　　　　　　　　　　　　　　　　　　　　　　　　　　30
　贷:租房收入　　　　　　　　　　　　　　　　　　　　　　　　　　　　　30

2. 退还房屋费用总共是3元:

借:租房收入(5-2)　　　　　　　　　　　　　　　　　　　　　　　　3
　贷:库存现金　　　　　　　　　　　　　　　　　　　　　　　　　　　　　3

此时,借方余额=现金27元,贷方余额=租房收入27元,借贷相等。

我们注意到:现金27元=(老板的25元+伙计2元)为什么会出现29元和30元的差

异呢?答案就是,把3人当作会计主体,伙计的现金2元代替3人的现金3元计入了3人的借方;而事实上这2元应该计入贷方之中(现金25元+2元+3元)。30元的去向是,3人的3元+老板25元+伙计2元。

二、会计凭证的装订

在登记账簿后,会计人员应当每日或定期对各种记账凭证连同所附原始凭证加以分类整理,按照顺序编号装订成册,并加具封面、封底,在封面上写明单位名称、年度、月份、记账凭证的种类、起讫日期、起讫号数以及记账凭证和原始凭证张数。为了防止故意拆装,会计人员应当在装订处加贴封签,在封签处由装订人员和会计主管加盖骑缝章,以明确责任。

如果采用单式记账凭证整理装订,财务人员必须保持会计分录的完整,应按凭证号码顺序还原装订成册,不得按科目归类装订。

会计凭证装订的封面见图4-75。

会计凭证封面

| 单位名称: |
| 日期:自　　年　　月　　日起至　　年　　月　　日止 |
| 凭证号数自　　号至　　号　　凭证类别 |
| 册数:　　本月共　　册　　本册是第　　册 |
| 原始凭证、汇总凭证张数:共　　张 |
| 全宗号:　　目录号:　　案卷号: |
| 会计:　　复核:　　装订人:　　年　月　日装订 |

图4-75 会计凭证封面

小知识

会计凭证的装订技巧

会计凭证装订的要求是既要美观大方又要便于翻阅,所以在装订时要先设计好装订册数及每册的厚度。一般来说,一本凭证厚度以1.5厘米至2.0厘米为宜,太厚了不便于翻阅核查,太薄时可用纸折一些三角形纸条,均匀地垫在此处,以保证它的厚度与凭证中间的厚度一致。

实际工作中一般使用角订法装订,角订法装订起来简单易行。它的具体操作步骤如下(见图4-76):

(1)将凭证封面和封底裁开,分别附在凭证前面和后面,再拿一张质地相同的纸(可以再找一张凭证封皮,裁下一半用,另一半为订下一本凭证备用)放在封面上角,做护角线。

(2)在凭证的左上角画一边长为5厘米的等腰三角形,用夹子夹住,用装订机在底线上分布均匀地打两个眼儿。

(3) 用大针引线绳穿过两个眼儿。如果没有针,可以将回形别针顺直,然后将两端折向同一个方向,将线绳从中间穿过并夹紧,即可把线引过来,因为一般装订机打出的眼儿是可以穿过的。

(4) 在凭证的背面打线结,线绳最好在凭证中端系上。

(5) 将护角向左上侧折,并将一侧剪开至凭证的左上角,然后抹上胶水。

(6) 向后折叠,并将侧面和背面的线绳扣粘死。

(7) 待晾干后,在凭证本的脊背上面写上"某年某月第几册共几册的字样。装订人在装订线封签处签名或者盖章。现金凭证、银行凭证和转账凭证最好依次顺序编号,一个月从头编一次序号,如果单位的凭证少,可以全年顺序编号。只有掌握熟悉了会计凭证装订方法,才能更好地提高会计人员工作效率。

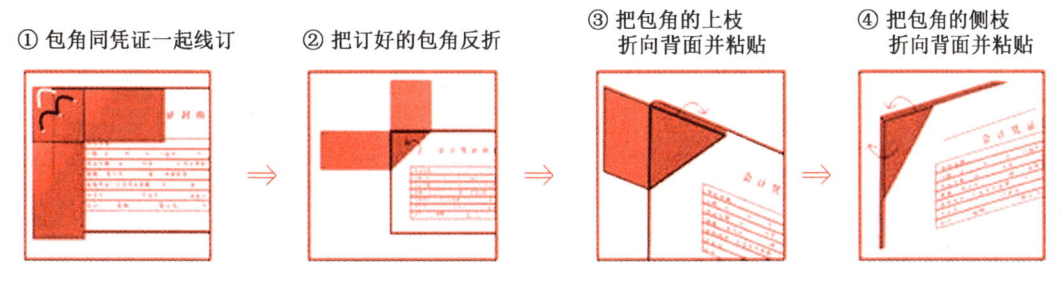

图 4-76

三、会计凭证的保管

会计凭证是重要的经济资料和会计档案。每个单位在完成经济业务手续和记账以后,须按规定的立卷归档制度,形成会计档案资料,以便日后查阅。

保管会计凭证,应做到以下几点:

(1) 对各种经济合同、存出保证金收据等重要的原始凭证以及各种需要随时查阅和退回的单据,应另编目录,单独登记保管,并在有关的记账凭证和原始凭证上相互注明日期和编号。

(2) 原始凭证不得外借,其他单位如因特殊原因需要使用原始凭证,经本单位会计机构负责人、会计主管人员批准,可以复制。向外单位提供的原始凭证复制件,应当在专设的登记簿上登记,并有提供人员和收取人员的共同签名或盖章。

(3) 从外单位取得的原始凭证如有遗失,应当取得原开出单位盖有公章的证明,并注明原来凭证的号码、金额和内容等,由经办单位会计机构负责人、会计主管和单位领导人批准后,才能代作原始凭证。如果确实无法取得证明的,如火车票、轮船票、飞机票等凭证,由当事人写出详细情况,由经办单位会计机构负责人、会计主管和单位领导人批准后,代作原始凭证。

(4) 严格遵守凭证保管期限要求以及销毁的有关规定。每年装订成册的会计凭证,在年度终了时暂由单位会计机构保管一年,期满后即应移送本单位档案机构登记归档统一保管;未设立档案机构的,应当在会计机构内部指定专人保管。会计凭证的保管期限见表4-1,销毁手续等保管内容见第七章。

表 4-1　　　　　　　　企业和其他组织会计档案保管期限

	档案名称	保管期限	备注
一	会计凭证类		
1	原始凭证	15 年	
2	记账凭证	15 年	
3	汇总凭证	15 年	
二	会计账簿类		
4	总账	15 年	包括日记总账
5	明细账	15 年	
6	日记账	15 年	现金和银行日记账 25 年
7	固定资产卡片		固定资产报废清理后 5 年
8	辅助账簿		
三	财务报告类		包括各级主管部门
9	月、季度财务报告	3 年	包括文字分析
10	年度财务报告(决算)	永久	包括文字分析
四	其他类		
11	会计移交清册	15 年	
12	会计档案保管清册	永久	
13	会计档案销毁清册	永久	
14	银行余额调节表	5 年	
15	银行对账单	5 年	

 案例介绍

一、公司概况

北京便捷家具有限公司概况见第二章第二节案例介绍。

二、任务要求

便捷家具销售收款循环中的主要业务活动包括：①接受顾客订单,开具销售单；②批准赊销信用；③按销售单供货；④按销售单装运货物；⑤向顾客开具销售发票；⑥办理和记录现金、银行存款收入；⑦办理和记录退货、销货折扣与折让；⑧坏账处理。

分析"销售单"在相关部门之间如何进行传递？

三、任务解析

销售单属于企业自制原始凭证,企业应当根据自身经济业务的特点,制订会计凭证传递的程序和传递的时间,确保传递程序合理、传递时间及时、传递手续恰当。

四、任务实施

便捷家具"销售单"在企业销售收款业务循环中的主要流程是:①企业销售管理部门审查顾客订单,批准销售,编制一式多联的"销售单";②企业信用管理部门根据企业的赊销政策和对该顾客已授权的信用额度,在"销售单"上签署是否同意赊销意见;③仓库按照经过批准的"销售单"供货;④装运部门按照经批准的"销售单"装运发货;⑤会计部门依据"销售单"、装运凭证以及价目表授权的价格,向客户开具销售发票;⑥会计部门依据连续编号的销售发票、批准的"销售单"、装运凭证,记录销售业务;⑦会计部门向顾客托收货款,记录现金、银行存款收入。

便捷家具"销售单"的传递程序为:销售管理部门开具一式多联的销售单,经信用管理部门赊销审批后,销售部门以经批准的销售单通知仓库备货、装运部门发货,最后会计部门依据销售单、装运凭证以及授权的价格开具销售发票,确认、记录销售业务,赊销快到期时向顾客托收货款。

本 章 小 结

- 原始凭证的填制
- 原始凭证的审核
- 记账凭证的填制
- 记账凭证的审核
- 会计凭证的传递、装订与保管

本 章 复 习 题

一、单项选择题

1. 下列原始凭证中,属于外来原始凭证的是( )。
   A. 销货发票　　　　　　　　B. 发出材料汇总表
   C. 购货发票　　　　　　　　D. 领料单

2. 在一定时期内多次记录若干同类经济业务、填制手续随着经济业务事项的发生而分次完成的原始凭证为( )。
   A. 一次凭证　　　　　　　　B. 累计凭证
   C. 科目汇总表　　　　　　　D. 汇总原始凭证

3. 由单位自行印制、仅在本单位内部使用的具有特定内容和专门用途的原始凭证为( )。
   A. 一次凭证　　　　　　　　B. 累计凭证
   C. 通用凭证　　　　　　　　D. 专用凭证

4. 下列属于通用凭证的是( )。
   A. 领料单　　　　　　　　　B. 工资计算表

C. 增值税专用发票　　　　　　　D. 借款单

5. 下列关于原始凭证填制的说法，错误的是(　　)。
A. 对外开出的原始凭证必须加盖本单位公章
B. 凭证填写的手续必须完备，符合内部牵制要求
C. 原始凭证在填写的时候可以将错误凭证撕毁，重新编制一张
D. 需要填一式数联的凭证，各联内容应当相同

6. 填制记账凭证时，错误的做法是(　　)。
A. 根据每一张原始凭证填列
B. 根据若干张同类原始凭证汇总填制
C. 将若干张不同内容和类别的原始凭证汇总填制在一张记账凭证上
D. 根据原始凭证汇总表填制

7. 开出转账支票支付购买材料价款50 000元时，应编制(　　)。
A. 收款凭证　　　　　　　　　　B. 付款凭证
C. 转账凭证　　　　　　　　　　D. 累计凭证

8. 可以不附原始凭证的记账凭证是(　　)。
A. 更正错误的记账凭证　　　　　B. 从银行提取现金的记账凭证
C. 以现金发放工资的记账凭证　　D. 职工临时性借款的记账凭证

9. 企业销售货物收到货款5 000元存入银行，这笔经济业务应编制的记账凭证是(　　)。
A. 收款凭证　　　　　　　　　　B. 付款凭证
C. 转账凭证　　　　　　　　　　D. 以上均可

10. 记账凭证填制完毕加计合计数以后，如有空行应(　　)。
A. 空置不填　　　　　　　　　　B. 划线注销
C. 盖章注销　　　　　　　　　　D. 签字注销

11. 付款凭证左上角的"贷方科目"可能登记的科目是(　　)。
A. 预付账款　　B. 银行存款　　C. 预收账款　　D. 其他应付款

12. 将库存现金送存银行，应填制的记账凭证是(　　)。
A. 库存现金收款凭证　　　　　　B. 库存现金付款凭证
C. 银行存款收款凭证　　　　　　D. 银行存款付款凭证

13. 下列各项中，不计入材料采购成本的是(　　)。
A. 材料买价　　　　　　　　　　B. 材料运输途中的合理损耗
C. 市内采购材料的运杂费　　　　D. 入库前的整理挑选费

14. 某企业外购A、B两种材料，A材料买价20万元，B材料买价30万元，两种材料共同发生运杂费5 000元。假定该企业的材料共同费用按买价比例分配，则B材料的实际采购成本为(　　)元。
A. 302 500　　　　　　　　　　B. 305 000
C. 303 000　　　　　　　　　　D. 300 000

第四章 会计凭证

15. 结转完工产品成本时,应贷记的账户是( )。
    A. "主营业务成本" B. "生产成本"
    C. "制造费用" D. "库存商品"

16. "材料采购"账户期末一般没有余额,如有余额,则该余额表示( )。
    A. 期末库存材料成本 B. 该企业设置在途材料账户
    C. 期末在途材料成本 D. 该企业不设在途材料账户

17. "生产成本"账户的期末余额表示( )。
    A. 期末产成品成本 B. 期末原材料成本
    C. 期末已售产品成本 D. 期末在产品成本

18. 某企业只生产一种A产品,本月产品领用材料100 000元,车间一般耗用10 000元,行政管理部门领用1 000元,则最终记入"生产成本"科目借方的金额为( )元。
    A. 111 000 B. 110 000 C. 100 000 D. 11 000

19. "生产成本"账户的贷方用来记录结转的是( )。
    A. 材料采购成本 B. 完工产品制造成本
    C. 售出产品销售成本 D. 产品制造费用

20. 月末对"制造费用"进行分配并转账,应转入( )账户。
    A. "生产成本" B. "管理费用" C. "主营业务成本" D. "财务费用"

21. 下列不属于审核记账凭证内容是否真实的是( )。
    A. 记账凭证是否附有原始凭证
    B. 记账凭证所附的原始凭证是否齐全
    C. 原始凭证内容是否与记账凭证内容一致
    D. 应借应贷的方向和金额是否正确

22. 下列不属于审核记账凭证填制是否正确的是( )。
    A. 所使用的会计科目是否符合会计准则和国家统一会计制度的要求
    B. 应借应贷的方向和金额是否正确
    C. 记账凭证所附的原始凭证是否齐全
    D. 文字是否按照规定使用蓝黑墨水或碳素墨水书写

23. 记账前,在审核过程中发现记账凭证填制有差错,应当( )。
    A. 更正 B. 补充 C. 充填 D. 涂改更正

24. 会计凭证的传递,是指从( ),在单位内部有关部门及人员之间的传递程序。
    A. 会计凭证的填制或取得时起至归档保管过程中
    B. 会计凭证的填制到登记账簿止
    C. 会计凭证审核后到归档止
    D. 会计凭证的填制或得到汇总登记账簿止

25. 甲企业2014年12月份的会计凭证,按照《会计档案管理办法》的规定,会计凭证保管期满之时应为( )。
    A. 2017年12月 B. 2019年12月 C. 2024年12月 D. 2029年12月

26. 关于会计凭证的保管,下列说法不正确的是( )。
A. 会计凭证应定期装订成册,防止失散
B. 装订人员和会计主管应在封面上签章
C. 原始凭证不得外借,其他单位如有特殊原因确实需要使用时,经本单位负责人批准,可以复制
D. 经单位领导批准,会计凭证在保管期满前可以销毁

二、多项选择题

1. 原始凭证的基本要素包括( )。
   A. 凭证名称　　　B. 经济业务内容　　C. 填制凭证日期　　D. 数量、单价和金额
   E. 经办人员的签名和盖章

2. 下列属于一次原始凭证的有( )。
   A. 限额领料单　　B. 领料单　　　　C. 领料登记表　　　D. 购货发票
   E. 销货发票

3. 下列单据中,可作会计核算的原始凭证有( )。
   A. 购销发票　　　B. 出差车票　　　C. 购销合同　　　　D. 现金支票存根
   E. 医药费报销单

4. 在原始凭证上书写阿拉伯数字,正确的有( )。
   A. 有角无分的,分位不得用"—"代替
   B. 无角分的,角位和分位写"00"或者符号"—"
   C. 有角无分的,分位应当写"0"
   D. 有角无分的,分位也可以用符号"—"代替

5. 对经审核有误的原始凭证,正确的处理方法有( )。
   A. 由出具单位重开或更正
   B. 由本单位的会计人员代为更正
   C. 金额错误的,可由出具单位在原始凭证上更正
   D. 金额错误的,应当由出具单位重开

6. 收款凭证的借方科目可能有( )。
   A. 应收账款　　　B. 库存现金　　　C. 银行存款　　　　D. 应付账款

7. 下列各项中,属于记账凭证的基本内容有( )。
   A. 填制凭证的日期和凭证的编号
   B. 会计科目的名称、记账方向和金额
   C. 所附原始凭证的张数
   D. 制单、复核、会计主管等有关人员的签章

8. 王明出差回来,报销差旅费1 000元,原预借1 500元,交回剩余现金500元,这笔业务应该编制的记账凭证有( )。
   A. 付款凭证　　　B. 收款凭证　　　C. 转账凭证　　　　D. 原始凭证

第四章 会 计 凭 证

9. 记账凭证可以根据(　　)编制。
A. 一张原始凭证　　　　　　　　B. 若干张同类原始凭证汇总
C. 原始凭证汇总表　　　　　　　　D. 明细账

10. 涉及现金与银行存款之间的划款业务时,可以编制的记账凭证有(　　)。
A. 银行存款收款凭证　　　　　　　B. 银行存款付款凭证
C. 现金收款凭证　　　　　　　　　D. 现金付款凭证

11. 构成产品制造成本的项目有(　　)。
A. 直接材料成本　　　　　　　　　B. 制造费用
C. 直接人工成本　　　　　　　　　D. 管理费用

12. 产品生产成本计算的一般程序包括(　　)。
A. 确定成本计算对象　　　　　　　B. 按成本项目归集生产费用
C. 分配间接生产费用　　　　　　　D. 计算完工产品和在产品的生产成本

13. 下列费用项目,属于期间费用的有(　　)。
A. 税金及附加　　B. 管理费用　　C. 销售费用　　D. 财务费用

14. 材料采购成本包括(　　)。
A. 买价　　　　　　　　　　　　　B. 采购过程中的运杂费
C. 途中合理损耗　　　　　　　　　D. 入库前整理挑选费

15. "生产成本"账户的对应账户可能有(　　)。
A. "原材料"　　　　　　　　　　　B. "银行存款"
C. "应付职工薪酬"　　　　　　　　D. "制造费用"

16. 企业接受投资入股时,可能借记的账户有(　　)。
A. "银行存款"　　　　　　　　　　B. "固定资产"
C. "无形资产"　　　　　　　　　　D. "库存商品"

17. 一般情况下,企业销售商品的业务可能借记的账户有(　　)。
A. "银行存款"　　　　　　　　　　B. "预收账款"
C. "应交税费——应交增值税"　　　D. "应收账款"

18. 公司计提固定资产的折旧可能记入的账户是(　　)。
A. "生产成本"　　　　　　　　　　B. "制造费用"
C. "管理费用"　　　　　　　　　　D. "财务费用"

19. 计提应付职工薪酬时,借方可能涉及的科目有(　　)。
A. 销售费用　　　　　　　　　　　B. 制造费用
C. 在建工程　　　　　　　　　　　D. 应付职工薪酬

20. 下列账户年末无余额的有(　　)。
A. 制造费用　　　　　　　　　　　B. 本年利润
C. 资本公积　　　　　　　　　　　D. 主营业务成本

21. 按照记账凭证的审核要求,下列属于记账凭证审核内容的是(　　)。
A. 记账凭证是否附有原始凭证

B. 会计科目是否使用正确
C. 凭证所列事项是否符合有关的计划和预算
D. 凭证项目是否填写齐全

22. 下列表述正确的是（　　）。
A. 制单和审核可以是同一人
B. 制单和记账可以是同一人
C. 制单可以是出纳或会计
D. 审核可以是会计或会计主管

23. 下列表述正确的是（　　）。
A. 如果在审核时发现记账凭证填制错误，应当重新填制
B. 已经登记入账的记账凭证，在当年内发现填写错误时，可以用红字填写一张与原内容相同的记账凭证，在摘要栏注明"注销某月某日某号凭证"字样，同时再用蓝字重新填制一张正确的记账凭证，注明"订正某月某日某号凭证"字样
C. 如果会计科目没有错误，只是金额错误，也可以将正确数字与错误数字之间的差额，另编一张调整的记账凭证，调增金额用蓝字，调减金额用红字
D. 发现以前年度记账凭证有错误的，可以用红字填写一张与原内容相同的记账凭证，在摘要栏注明"注销某月某日某号凭证"字样，同时再用蓝字重新填制一张正确的记账凭证，注明"订正某月某日某号凭证"字样

24. 制定科学的会计凭证传递程序时，应着重考虑（　　）。
A. 会计凭证的传递流程
B. 会计凭证在每个传递环节上停留的时间
C. 会计凭证交接的验收制度
D. 会计凭证的整理、归类和装订成册

25. 会计凭证封面应注明（　　）等事项。
A. 单位名称
B. 单位负责人
C. 会计主管
D. 凭证种类和张数

26. 下列关于企业会计档案保管期限表述正确的是（　　）。
A. 原始凭证保管期限为15年
B. 记账凭证保管期限为15年
C. 会计档案保管清册期限为15年
D. 会计档案销毁清册期限为15年

三、判断题

1. 所有的会计凭证都是登记账簿的直接依据。（　　）
2. 原始凭证是进行会计核算的原始资料。（　　）
3. 自制原始凭证都是一次凭证。（　　）
4. 在签发支票时，5 200.00元的汉字大写金额应写成"伍仟贰佰元"。（　　）
5. 由中国人民银行统一制定的支票、商业汇票等结算凭证属于专用凭证。（　　）
6. 所有的记账凭证都必须附有原始凭证。（　　）

7. 为了简化工作手续,可以将不同内容和类别的原始凭证汇总,填制在一张记账凭证上。（　　）

8. 记账凭证是否附有原始凭证、所附原始凭证的张数是否齐全,是审核记账凭证的一项内容。（　　）

9. 企业月份内发生的间接费用记入"制造费用"账户,不能记入"生产成本"账户。（　　）

10. 计提固定资产折旧意味着固定资产价值的减少,累计折旧的增加。（　　）

四、业务题

（一）根据业务描述填制相应的原始凭证

1. 20××年12月6日,便捷家具签发现金支票,金额9 800元,支付员工差旅费（图4-77）。

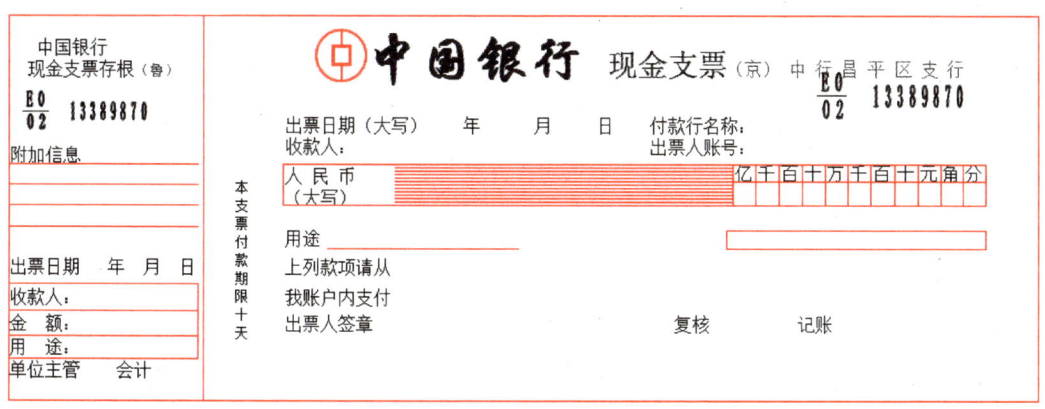

图4-77　现金支票

2. 20××年12月4日,便捷家具签发转账支票,金额11 600元,支付长丰公司货款（图4-78）。

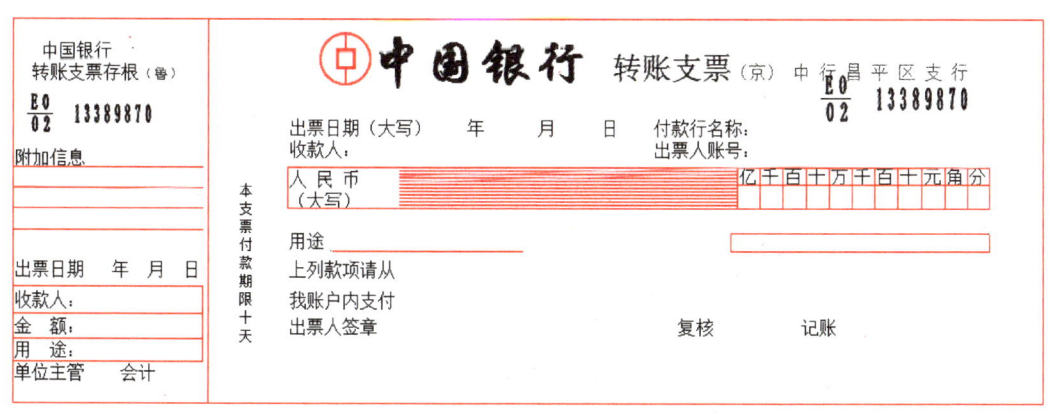

图4-78　转账支票

3. 20××年 12 月 8 日，便捷家具签发期限三个月的银行承兑汇票，金额 139 200 元，支付精锐达有限责任公司货款(图 4-79)。

银行承兑汇票　　2　　$\frac{DB}{01}$ 02496328

出票日期（大写）　　年　　月　　日

出票人全称		收款人	全　称	
出票人账号			账　号	
付款行全称			开户银行	
出 票 金 额	人民币（大写）			亿 千 百 十 万 千 百 十 元 角 分
汇票到期日（大写）		付款人	行 号	
承兑协议编号			地 址	
本汇票请你行承兑，到期无条件付款。 出票人签章： 年　月　日	本汇票已经承兑，到期日由本行付款。 承兑行签章： 承兑日期：　年　月　日		备注：	复核　　记账

此联收款人开户行随托收凭证寄付款行作借方凭证附件

图 4-79　银行承兑汇票

精锐达有限责任公司开户银行：中国农业银行淄博分行；账号：370311223344

(二) 根据经济业务描述编制会计分录

1. A 公司开出现金支票从其在工商银行开设的基本存款账户中提取现金 3 000 元。

2. A 公司以银行存款偿还银行短期借款 300 000 元。

3. A 公司计提本月应付职工工资 28 000 元，其中生产工人工资 18 000 元，车间管理人员工资 4 000 元，企业行政管理人员工资 6 000 元。

4. A 公司本月生产完工入库甲产品 100 台，每台单位成本 3 000 元。

5. A 公司购进原材料一批，买价 20 000 元，增值税 3 200 元，原材料已验收入库，款项未付。

6. A 公司购买一台无需安装的设备，买价 100 万元，增值税 16 万元，运杂费 3 万元。

7. A 公司向 B 公司销售产品一批，发票记载货款为 30 000 元，增值税额为 5 100 元，货已发出，成本为 25 000 元。

8. A 公司收回 B 公司上月所欠货款 35 100 元。

9. A 公司支付甲产品广告费 10 000 元。

10. A 公司发放上月工资 28 000 元。

> 生意人的账簿,记录收入与支出,两数相减,便是盈利。人生的账簿,记录爱与被爱,两数相加,就是成就。
>
> ——来源于网络

第五章 会计账簿

【本章要点】

通过对本章内容的学习,你应了解和掌握如下问题:
- 会计账簿的内容、启用与登记规则
- 会计账簿的格式和登记方法
- 对账与结账
- 错账的更正
- 账簿的更换与保管

会计账簿(Account Book),是指由一定格式账页组成的,以经过审核的会计凭证为依据,全面、系统、连续地记录各项经济业务的账簿。在形式上,会计账簿是若干账页的组合;在实质上,会计账簿是会计信息形成的重要环节,是会计资料的主要载体之一,也是会计资料的重要组成部分。

第一节 会计账簿概述

一、会计账簿的概念

会计账簿是指由一定格式账页组成的,以经过审核的会计凭证为依据,全面、系统、连续地记录各项经济业务的账簿。在形式上,会计账簿是若干账页的组合;在实质上,会计账簿是会计信息形成的重要环节,是会计资料的主要载体之一,也是会计资料的重要组成部分。各单位应当按照国家统一的规定和会计业务的需要设置会计账簿。

 小知识

"账簿"还是"帐簿"?

在日常文稿中,很多人容易把"账簿"与"帐簿"混淆,如将"账册""账户""转账"等关于货币、货物出入事项记载的"词汇"写成"帐册""帐户""转帐"。那么,帐、账究竟该怎样区分呢?为消除用字混乱,实现规范化,现将二字区别如下:

"帐"字专指用布或其他材料制作的起遮蔽作用的帷幕,如"蚊帐""帐篷""帐幕""营帐""帐子""青纱帐"等。"账"字则多指钱物出入的记录,如"记账""查账""算账""账目""账户""账单""账簿""账房""流水账"等,也可借指账簿或债务,如"一本账"或"欠账""放账""不认账"等。我们不要再以"帐"代"账"。

二、设置账簿的意义

每个企业、单位对所发生的经济业务,都必须取得、填制并审核原始凭证,对其详细内容加以记录,以反映和监督各项经济业务的完成情况。但会计凭证数量多而且分散,每张会计凭证只能各自反映其不同的经济业务,说明个别经济业务的内容而不能连续、系统、全面地反映企业、经济单位在一定时期内同类和全部资金增减变化情况,不能满足经济管理的要求。因此,我们有必要设置账簿,以便把会计凭证所提供的多而分散的会计资料加以归类整理,登记到有关会计账簿中。通过账簿记录,既能对经济活动进行序时核算,又能进行分类核算;既可提供各项总括的核算资料,又可提供明细核算资料。

合理设置和登记账簿,能系统地记录和提供企业经济活动的各种数据。它对加强企业经济核算,改善地提高经营者有着重要意义,这主要表现在以下三个方面:

(1)合理设置和登记账簿能系统、全面地反映财产物资和资金增减变动情况,为经济管理提供系统与完整的会计资料,并系统地归纳和积累会计核算的资料,为改善企业经营管

理,合理使用资金提供资料。账簿的序时核算和分类核算,能够把企业经营情况、收入的构成和支出的情况,财物的购置、使用、保管情况全面、系统地反映出来。

(2) 合理设置和登记账簿,可以为计算财务成果编制会计报表提供依据。根据账簿记录的费用、成本和收入及成果资料,可以计算一定时期的财务成果,检查费用、成本、利润计划的完成情况。经核对无误的账簿资料,及其加工的数据为编制会计报表提供总括和具体的资料,是编制会计报表的主要依据。

(3) 登记账簿是保证企业财产安全和合理使用的重要手段。通过账簿,可以反映各项财产物资的增减变动情况,将账实进行核对,既可检查财产物资是否完整和合理使用,又可监督财产物资的进、出情况,以保护各项财产物资的安全完整。

三、会计账簿的基本内容

由于会计主体的经济业务性质、特点不同,账簿的种类、形式和格式也不完全一样,但会计账簿一般都应包括以下基本内容。

(一) 封面

封面主要用来标明账簿的名称,如总分类账、各种明细分类账、库存现金日记账、银行存款日记账等,见图 5-1。

图 5-1 会计账簿封面

(二) 扉页

扉页主要列明科目索引、账簿启用和经管人员一览表,见图 5-2。

(三) 账页

账页是账簿用来记录经济业务事项的载体,包括账户的名称、登记账簿的日期栏、凭证种类和号数栏、摘要栏、金额栏、总页次、分户页次等基本内容,表 5-1 为总分类账的基本账页。

账簿名称：_____									单位名称：_____			
账簿页数：_____									账簿册数：_____			
账簿编号：_____									启用日期：_____			
会计主管(签章)：_____									记账员(签章)：_____			

移交日期			移交人		接管日期			接管人		会计主管	
年	月	日	姓名	盖章	年	月	日	姓名	盖章	姓名	盖章

图 5-2 账簿扉页

表 5-1

总 分 类 账

科目名称_____   第 页

2015 年		凭证编号	摘要	借方	贷方	借或贷	余额
月	日			百十万千百十元角分	百十万千百十元角分		百十万千百十元角分
1	1		上年结转			借	3 5 0 0 0 0 0 0

四、会计账簿的分类

在会计账簿体系中，各种不同功能和作用的账簿，它们各自独立又相互补充。为了便于了解和使用，我们从不同的角度对会计账簿进行分类。

（一）会计账簿按用途分类

会计账簿按其用途不同，可分为序时账簿、分类账簿和备查账簿。

1. 序时账簿

序时账簿又称日记账，是按经济业务发生和完成时间的先后顺序进行登记的账簿。按其记录的内容不同，序时日记账又分为普通日记账和特种日记账。

（1）普通日记账是指用来逐笔记录全部经济业务的序时账簿，即把发生的各项经济业务逐日逐笔地登记在日记账中，并确定会计分录，然后据以登记分类账。

（2）特种日记账是用来逐笔记录某一经济业务的序时账簿。目前在我国，大多数单位一般只设库存现金日记账和银行存款日记账。

2. 分类账簿

分类账簿是对全部经济业务按照依会计要素的具体类别而设置的分类账户进行分类登记的账簿。按照总分类账户分类登记经济业务事项的是总分类账簿,简称总账,按照明细分类账户分类登记经济业务事项的是明细分类账簿,简称明细账。分类账簿提供的核算信息是编制会计报表的主要依据。

在实际工作中,序时账簿和分类账簿还可以结合为一本,成为既进行序时登记,又进行总分类登记的联合账簿,称为"日记账"。

3. 备查账簿

备查账簿简称备查账,是对某些能在序时账簿和分类账簿等主要账簿中部进行登记或者登记不够详细的经济业务事项进行补充登记时使用的账簿,又称为辅助账簿。这些账簿可以对某些经济业务的内容提供必需的参考资料,但是它记录的信息不需编入会计报表中,所以也称表外记录。备查账簿没有固定格式,可由各单位根据管理的需要自行设置与设计,如租入固定资产登记簿、应收票据备查簿、受托加工来料登记簿等。备查账簿应根据各单位实际需要设置。

备查账簿与序时账簿和分类账簿相比,存在两点不同之处:一是登记依据可能不需要记账凭证,甚至可能不需要一般意义上的原始凭证;二是账簿的格式和登记方法不同,备查账簿的主要栏目一般不记录金额,它更注重用文字来表述某项经济业务的发生情况。

(二)会计账簿按账页的格式分类

会计账簿按其账页的格式不同,可以分为两栏式账簿、三栏式账簿、多栏式账簿、数量金额式账簿和横线登记式账簿。

1. 两栏式账簿

两栏式账簿是指只有借方和贷方两个基本金额栏目的账簿。普通日记账一般采用两栏式,见表5-2。

表5-2　　　　　　　　　　　　两栏式账簿

会计科目:

年		凭证编号	摘要	借方金额									贷方金额								
月	日			百	十	万	千	百	十	元	角	分	百	十	万	千	百	十	元	角	分

2. 三栏式账簿

三栏式账簿是指其账页的格式主要部分为借方、贷方和余额三栏或者收入、支出和余额三栏的账簿。三栏式账簿又可分为设对方科目和不设对方科目两种。区别是在摘要栏和借方科目栏之间是否有"对方科目"栏。有"对方科目"栏的,称为设对方科目的三栏式账簿;不设"对方科目"栏的,称为不设对方科目的三栏式账簿。它主要适用于各种日记账、总分类账以及资本、债权债务明细账等。三栏式账簿见表5-3。

表 5-3　　　　　　　　　　　　　三栏式账簿

会计科目：

年		凭证编号	摘要	借方 百十万千百十元角分	贷方 百十万千百十元角分	借或贷	余额 百十万千百十元角分
月	日						
1	1		上年结转			借	3 5 0 0 0 0 0 0

3. 多栏式账簿

多栏式账簿是指根据经济业务的内容和管理的需要，在账页的"借方"和"贷方"栏内再分别按照明细科目或某明细科目的各明细项目设置若干专栏的账簿。这种账簿可以按"借方"和"贷方"分别设专栏，也可以只设"借方"专栏，"贷方"的内容在相应的借方专栏内用红字登记，表示冲减。收入、费用明细账如生产成本、制造费用、管理费用等一般均采用这种格式的账簿。表 5-4 为借方多栏式的生产成本明细账。

表 5-4　　　　　　　　　　　明细分类账（借方多栏式）

会计科目：生产成本　　　　　　　编号（　　　　　）　　　　　　　　　　第　　页

2014 年		凭证编号	摘要	借方					贷方	余额
月	日			材料费	人工费	制造费用	…	合计		

4. 数量金额式账簿

数量金额式账簿是指在账页中分设"借方""贷方"和"余额"或者"收入""发出"和"结存"三大栏，并在每一大栏内分设数量、单价和金额等三小栏的账簿，数量金额式账簿能够反映出财产物资的实物数量和价值量。原材料和库存商品、产成品等明细账一般采用数量金额式账簿。其格式见表 5-5。

表 5-5　　　　　　　　　　　　　数量金额式明细账

年		凭证编号	摘要	借方（收入）			贷方（支出）			余额（结存）		
月	日			数量	单价	金额	数量	单价	金额	数量	单价	金额

5. 横线登记式账簿

横线登记式账簿又称平行式账簿,是指账页分为借方和贷方两个基本栏目,每一个栏目再根据需要分设若干栏次,在账页两方的同一行记录某一经济业务自始自终所有事项的账簿。它主要适用于需要逐笔结算的经济业务的明细账,如物资采购、应收账款等明细账。

(三) 会计账簿按外形特征分类

会计账簿按其外形特征不同,可以分为订本式账簿、活页式账簿和卡片式账簿。

1. 订本式账簿

订本式账簿也称订本账,是指在账簿启用前就把具有账户基本结构并连续编号的若干张账页固定地装订成册的账簿。这种账簿的优点是:可以避免账页散失,防止账页被随意抽换,比较安全;其缺点是:由于账页固定,不能根据需要增加或减少,不便于按需要调整各账户的账页,也不便于分工记账。这种账簿一般使用于总分类账、库存现金日记账和银行存款日记账。

2. 活页式账簿

活页式账簿也称活页账,是指年度内账页不固定装订成册,而是将其放置在活页账夹中的账簿。当账簿登记完毕之后(通常是一个会计年度结束之后),会计人员才能将账页予以装订,加具封面,并给各账页连续编号。这种账簿的优点是:随时取放,便于账页的增加和重新排列,便于分工记账和记账工作电算化;缺点是:账页容易散失和被随意抽换。活页账在年度终了时,应及时装订成册,妥善保管。各种明细分类账一般采用活页账式。

3. 卡片式账簿

卡片式账簿又称卡片账,是指由许多具有专设格式的卡片组成,存放在专设卡片箱内的账簿。卡片账的卡片一般装在卡片箱内,不用装订成册,随时可存放,也可跨年度长期使用。这种账簿的优点是:便于随时查阅,也便于按不同要求归类整理,不易损坏;其缺点是:账页容易散失和被随意抽换。因此,在使用时,会计人员应对账页连续编号,并加盖有关人员图章,卡片箱应由专人保管,更换新账后也应封扎保管,以保证其安全。在我国,单位一般只对固定资产和低值易耗品等资产明细账采用卡片账形式。

第二节 账簿的登记

根据《会计基础工作规范》的规定,各单位应据国家统一的会计准则规定和经济业务事项需要建立会计账簿。其基本流程见图5-3。

图5-3 建立账簿流程图

一、会计账簿登记的基本要求

会计人员应当根据审核无误的会计凭证登记会计账簿。登记账簿的基本要求是:

1. 准确完整

登记会计账簿时,会计人员应当将会计凭证日期、编号、业务内容摘要、金额和其他有关资料逐项记入账内;记账要做到数字准确、摘要清楚、登记及时、字迹工整。账簿记录中的日期,应该填与记账凭证上的日期;以自制的原始凭证如收料单、领料单等作为记账依据的,账簿记录中的日期应按有关自制凭证上的日期填列。

2. 注明记账符号

登记完毕后,会计人员要在记账凭证上签名或者盖章,并注明已经登账的符号(如"√"),表示已经记账,以免发生重记、漏记。

3. 书写整洁、规范

文字和数字必须整洁清晰,准确无误。在登记书写时,会计人员不得滥造简化字,不得使用同音异义字,不得写怪字体;摘要文字紧靠左线;数字要写在金额栏内,不得越格错位、参差不齐;文字、数字字体大小适中,紧靠下线书写,上面要留有适当空距,一般应占格距的1/2,以备按规定的方法改错。

4. 正常记账使用蓝黑墨水或者碳素墨水

登记账簿要用蓝黑墨水或者碳素墨水书写,不得使用圆珠笔(银行的复写账簿除外)或者铅笔书写。在会计的记账书写中,数字的颜色是重要的元素之一,它同数字和文字一起传达会计信息。如同数字和文字错误会表达错误的信息,书写墨水的颜色用错了,其导致的概念混乱不亚于数字和文字错误。

第五章 会计账簿

5. 特殊记账使用红墨水

下列情况,可以用红色墨水记账:

(1) 按照红字冲账的记账凭证,冲销错误记录;

(2) 在不设借贷等栏的多栏式账页中,登记减少数;

(3) 在三栏式账户的余额栏前,如未印明余额方面的,在余额栏内登记负数余额;

(4) 根据国家统一会计制度的规定可以用红字登记的其他会计记录。

例如,在"进项税额"专栏中用红字登记退回所购货物应冲销的进项税额;在"已交税费"专栏中用红字登记退回的多交的增值税额;在"销项税额"专栏中用红字登记退回销售货物应冲销的销项税额;以及在"出口退税"专栏中用红字登记出口货物办理退税后发生退货或者退关而补交的已退的税款。

6. 按顺序连续登记

各种账簿应按页次顺序连续登记,不得跳行、隔页。如果发生跳行、隔页,会计人员应当将空行、空页划线注销,或者注明"此行空白""此页空白"字样,并由记账人员签名或者盖章。

7. 结出余额

凡需要结出余额的账户,结出余额后,会计人员应当在"借或贷"等栏内写明"借"或者"贷"等字样。没有余额的账户,应当在"借或贷"等栏内写"平"字,并在余额栏内用"θ"表示。一般说来,没有余额的账户,在余额栏内标注的"0"应当放在"元"位。库存现金日记账和银行存款日记账必须逐日结出余额。

8. 过次承前

每一账页登记完毕结转下页时,会计人员应当结出本页合计数及余额,写在本页最后一行和下页第一行有关栏内,并在摘要栏内注明"过次页"和"承前页"字样;也可以将本页合计数及金额只写在下页第一行有关栏内,并在摘要栏内注明"承前页"字样。对需要结计本月发生额的账户,结计"过次页"的本页合计数应当为自本月初起至本页末止的发生额合计数;对需要结计本年累计发生额的账户,结计"过次页"的本页合计数应当为自年初起至本页末止的累计数;对既不需要结计本月发生额也不需要结计本年累计发生额的账户,会计人员可以只将每页末的余额结转次页。

9. 正确更正错误

登记发生错误时,会计人员必须按规定方法更正,严禁刮、擦、挖、补,或使用化学药剂清除字迹,必须根据差错的具体情况采用划线更正法、红字更正法、补充登记法等方法更正。

10. 定期打印

实行会计电算化的单位,总账和明细账应当定期打印。发生收款和付款业务的,在输入收款凭证和付款凭证的当天必须打印出库存现金日记账和银行存款日记账,并与库存现金核对无误。

二、会计账簿的格式和登记方法

(一) 日记账的格式和登记方法

1. 日记账的格式

日记账指库存现金日记账和银行存款日记账。格式见表5-6、表5-7。

表 5-6　　　　　　　　　　库存现金日记账

第　页

记账凭证			摘要	对方科目或编号	收入	支出	结余
月	日	种类编号			十万千百十元角分	十万千百十元角分	十万千百十元角分

表 5-7　　　　　　　　　　银 行 存 款 日 记 账

开户行及账号_____　　　　　　　　　　　　　　　　　　第　页

2014年		凭证编号	摘要	支票种类及号码	对方科目或编号	借方	贷方	余额
月	日					百十万千百十元角分	百十万千百十元角分	百十万千百十元角分

2. 日记账的登记方法

日记账由出纳人员根据同现金、银行存款收付有关的记账凭证，按时间顺序逐日逐笔进行登记，根据"上日余额＋本日收入－本日支出＝本日余额"的计算公式，逐日结出现金余额，并与库存现金实存数核对，以检查每日现金收付是否有误。具体登记时应注意以下几点：

（1）登记日记账时，会计人员要将会计凭证日期、编号、业务内容摘要、金额和其他有关资料逐项记入账内，做到数字准确、摘要清楚、登记及时、字迹工整。

（2）登记完毕后，会计人员要在记账凭证上签名或者盖章，并注明已经登账的符号，表示已经记账。

（3）账簿中书写的文字和数字应在账页格子上留有适当空间，不要写满格子，一般应占格距的1/2。

（4）登记日记账要用蓝黑墨水或者碳素墨水书写，不得使用圆珠笔（银行的复写账簿除外）或者铅笔书写。

（5）日记账一般采用订本式账簿，因此要按页次顺序连续登记，不得跳行、隔页。如果发生跳行、隔页，应当将空行、空页划线注销，或者注明"此行空白""此页空白"字样，并由记账人员签名或者盖章。

（6）会计人员每日要逐笔登记库存现金、银行存款的收入和支出数,每日终了,要分别结出当日的借、贷方发生额及当日余额,做到日清。结计余额时,会计人员应当在"借或贷"等栏内写明"借"或者"贷"等字样。对于没有余额的账户,会计人员应当在"借或贷"等栏内写"平"字,并在余额栏内用"0"表示。

（7）登记库存现金、银行存款日记账需要按月结计发生额,每月结账时,要在最后一笔经济业务事项记录下面通栏画红线,结出本月发生额和余额,在摘要栏内注明"本月合计"字样,在下面再通栏画红单线。

（8）登记库存现金、银行存款日记账还需要结计本年累计发生额,每月结账时,应在"本月合计"行下结出自年初起至本月末止的累计发生额,登记在月份发生额下面,在摘要栏内注明"本年累计"字样,并在下面再通栏划红单线。12月末的"本年累计"就是全年累计发生额,全年累计发生额下通栏画红双线。

（9）每一账页登记完毕结转下页时,会计人员应当结出本页合计数及余额,写在本页最后一行和下页第一行有关栏内,并在摘要栏内注明"过次页"和"承前页"字样;也可以将本页合计数及金额只写在下页第一行有关栏内,并在摘要栏内注明"承前页"字样。

对需要结计本月发生额的账户,结计"过次页"的本页合计数应当为自本月初起至本页末止的发生额合计数;对需要结计本年累计发生额的账户,结计"过次页"的本页合计数应当为自年初起至本年末止的累计数;对既不需要结计本月发生额也不需要结计本年累计发生额的账户,会计人员可以只将每页末的余额结转次页。

（二）总分类账的格式和登记方法

1. 总分类账的格式

总分类账一般采用订本账,如果采用活页账,年终必须装订成册,编号保管,以防止偷换和丢失账页。总分类的账页格式,一般有三栏式、多栏式等。三栏式总账是每一个会计科目设立一个账户,单独使用账页。

三栏式总账的格式见表5-8。

表5-8　　　　　　　　　　　　　　总　分　类　账

科目名称＿＿＿＿＿＿　　　　　　　　　　　　　　　　　　　　　　　　　　第　　页

年		凭证编号	摘要	借方	贷方	借或贷	余额
月	日			百十万千百十元角分	百十万千百十元角分		百十万千百十元角分

2. 总分类账的登记

总分类账的登记方法因登记的依据不同而有所不同。经济业务少的小型单位的分类账可以根据记账凭证逐笔登记;经济业务多的大中型单位的总分类账可以根据记账凭证汇总表(又称科目汇总表)或汇总记账凭证等定期登记。

登记时，会计人员在账页左上方的"科目名称"处填写账户的名称；"摘要"栏记载有关经济业务的简要说明；要按时间先后顺序连续登记，在经济业务发生比较少的情况下，可以根据记账凭证逐笔登记总账；在经济业务比较多的情况下，常常采用记账凭证汇总表登记总账。登记时间，一般是定期登记，有的5天或1周登记一次，有的10天或半月登记一次。登账时，根据记账凭证汇总表的数字登记。

（三）明细分类账的格式和登记方法

明细分类账是根据有关明细分类账户设置并登记的账簿。它能提供交易或事项比较详细、具体的核算资料，以补充总账所提供核算资料的不足。因此，各企业单位在设置总账的同时，还应设置必要的明细账。明细分类账一般采用活页式账簿、卡片式账簿。

1. 明细分类账的格式

根据实际需要，各种明细账应分别按二级科目或明细科目明细账的格式，根据它所反映经济业务的特点，以及财产物资管理的不同要求来设计，一般有数量金额式明细账、三栏式明细账、多栏式明细账和横线登记式明细分类账四种（具体格式见本章第一节）。

2. 明细分类账的登记方法

明细分类账登账一般以记账凭证的编号顺序一张一张地登记，也可以按明细账的排列顺序登记，即发生经济业务的账户排列在前就先登，排列在后就后登。在登记借方（贷方）金额的同时，会计人员要平行登记借（贷）方分析栏，并按日结出借（贷）方分析栏，并按日结出余额；月末登记时，借（贷）方分析栏用红字转出。

不同类型经济业务的明细分类账，可以根据原始凭证直接登记，也可以根据汇总原始凭证登记，还可以根据记账凭证登记。其中，固定资产、债权、债务等明细账应逐日逐笔登记；库存商品、原材料、产成品收发明细账以及收入、费用明细账可以逐笔登记，也可定期汇总登记。

三、总账和明细账的平行登记

总分类账户是所属的明细分类账户的综合，对所属明细分类账户起统驭作用。明细分类账户是有关总分类账户的补充，对有关总分类账户起着详细说明的作用。总分类账户和明细分类账户，登记的原始凭证依据相同，核算内容相同，两者结合起来既总括又详细地反映同一事物。因此，总分类账户和明细分类账户必须平行登记。

所谓平行登记就是对每一项经济业务，一方面要在有关的总分类账户中进行总括登记；另一方面还要在其所属的有关明细账户中进行明细登记，见图5-4。

第三节　错　账　更　正

错账是指在账务处理过程中，由于会计凭证填制错误或登账时发生笔误而导致的账簿记录差错。在会计实务中，尽管财会人员对原始凭证和记账凭证进行过多次复核，登记账簿又力求认真细致，但由于每日处理大量数据，分类、汇总和记录的手续繁杂，所以，账簿记录仍难免发生差错。出现错账以后，会计人员首先应尽快查找，其次是要按规范更正。查找和更正错账是会计实务中经常出现的特殊业务，是财会人员必须掌握的基本技能之一。

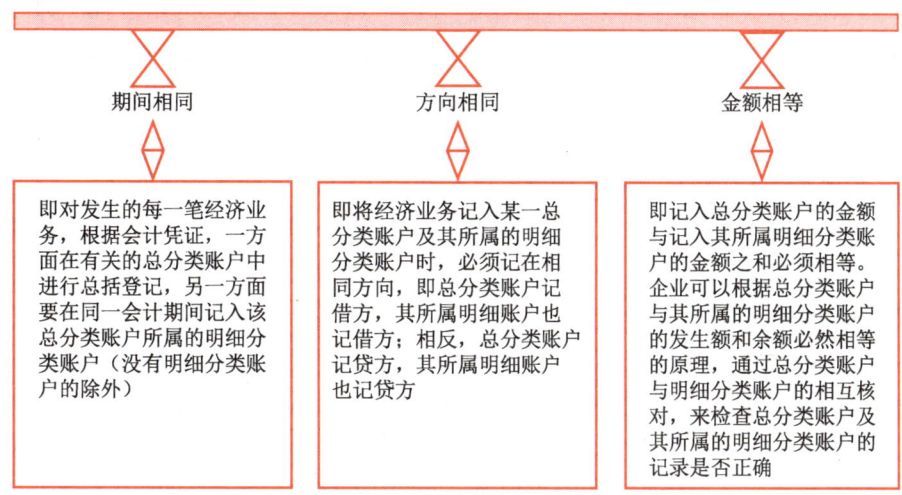

图 5-4 平行登记的要点

一、错账查找方法

错账的类型较多,经常发生的有错记、漏记和重记。

对账发现差错必须首先查明错误原因,以便进行更正。查找错误的工作量比制证、记账要大许多倍。所以,不仅要认真、耐心、细致,而且应掌握一定的技巧,讲求效率。

因记账工作是一个系统工程,发生错误的环节较多,具体情况较为复杂,因此,查找错账的方法没有固定模式。一般来说,财会人员应根据错账类型和错误数量多少,结合自己的记

账经验,选择采用不同的查找方法。错账查找的方法主要有:

(1) 差数法:按照错账的差数查找错账的方法。适用于查找在记账过程中只登记了会计分录借方或贷方,漏记了另一方,从而导致试算平衡中借方发生额合计与贷方发生额合计不相等的错误。其表现形式是:借方金额漏记,贷方合计数大于借方,其差额就是要找的漏记金额;贷方金额漏记,借方合计数大于贷方,其差额也是要找的漏记金额。此时会计人员通过回忆或查找与此金额相关的账簿记录来核对,可以迅速发现错账之所在。

(2) 尾数法:对于发生的角、分的差错,可以只查找带小数的记录,以提高查错的效率。

(3) 二除法:以差数除以2来查找错账的方法。该方法适用于查找将某个借方或贷方金额记反方向的错误,这种错误会导致试算平衡中借方发生额合计与贷方发生额合计不相等,或明细账合计与总账账户余额不相等,出现错账的差数表现为错误的2倍。将此差数用2去除,得出的商即是一方漏记而另一方重记的金额。例如应记入"库存商品——甲商品"账户借方的2 000元误记入贷方,则该明细账的期末余额将小于其总分类账户期末余额4 000元,应查找相应账户贷方有无2 000元(4 000÷2)的发生额,并判断其是否误记。如非此类错误,应另寻差错的原因。

(4) 九除法:以差数除以9来查找错账的方法,适用于以下三种情况:一是将数字写小,正确数字比错误数字大9倍。查找的方法是:以差数除以9后得出的商即为写错的数字,商数的10倍即为正确的数字。例如将1 000写成100,差数为900,除以9,商100即为错数,乘以10即可得出正确数字1 000。二是将数字写大,错误数字比正确数字大9倍。查找的方法是:以差数除以9后得出的商即为正确的数字,商数的10倍即为错误的数字。如将1 000写成10 000,差数为9 000,除以9,商1 000即为正确数字,乘以10即可得出错数字10 000。三是邻数颠倒。例如将16写成61,将52写成25等。查找的方法是:将差数除以9,得出的商连续加11,直到找出颠倒数字为止。如16和61的差数为45,除以9得5,连加11为16、27等,如有含数字16的业务,即有可能是颠倒的数字。

二、错账更正

账面记录发生错误时,会计人员既不能任意涂改,或用刮、擦、挖、补以及用化学药水后更正,也不能任意撕毁账页重新抄账,必须根据错账的具体情况,采用正确的方法进行更正。更正方法一般有划线更正法、补充登记法、红字更正法三种。

(一) 划线更正法

如果记账凭证填制正确,在记账或结账过程中发现账簿记录中文字或数字有错误,会计人员应采用划线更正法。具体做法是:先在错误的文字或数字上画一条红线,表示注销,划线时必须使原有字迹仍可辨认;然后将正确的文字或数字用蓝字写在划线处的上方,并由记账人员在更正处盖章,以明确责任。会计人员对于文字的错误,可以只划去错误的部分,并更正错误的部分,对于错误的数字,应当全部画红线更正,不能只更正其中的个别错误数字。例如,把"3 457"元误记为"8 457"元时,应将错误数字"8 457"全部用红线注销后,再写上正确的数字"3 457",而不是只删改一个"8"字。如记账凭证中的文字或数字发生错误,在尚未过账时,也可用划线更正法更正。

（二）红字更正法

在记账以后，发现记账凭证中应借、应贷科目或金额发生错误时，会计人员可以用红字更正法进行更正。具体做法是：先用红字金额，填写一张与错误记账凭证内容完全相同的记账凭证，且在摘要栏注明"更正某月某日第×号凭证"，并据以用红字金额登记入账，以冲销账簿中原有的错误记录，然后再用蓝字重新填制一张正确的记账凭证，登记入账。这样，原来的错误记录便得以更正。

红字更正法一般适用于以下两种情况下错账的更正：

（1）记账后，如果发现记账凭证中的应借、应贷会计科目有错误，那么可以用红字更正法予以更正。

【例 5-1】 A 车间领用甲材料 3 000 元用于一般消耗。

（1）填制记账凭证时，误将借方科目写成"生产成本"，并已登记入账。原错误记账凭证为：

借：生产成本　　　　　　　　　　　　　　　　　　　　　　　　　3 000
　　贷：原材料　　　　　　　　　　　　　　　　　　　　　　　　　3 000

（2）发现错误后，用红字填制一张与原错误记账凭证内容完全相同的记账凭证。

借：生产成本　　　　　　　　　　　　　　　　　　　　　　　　　3 000
　　贷：原材料　　　　　　　　　　　　　　　　　　　　　　　　　3 000

（3）用蓝字填制一张正确的记账凭证。

借：制造费用　　　　　　　　　　　　　　　　　　　　　　　　　3 000
　　贷：原材料　　　　　　　　　　　　　　　　　　　　　　　　　3 000

（2）记账后，发现记账凭证和账簿记录中应借、应贷的账户没有错误，只是所记金额大于应记金额。对于这种账簿记录的错误，更正的方法是：将多记的金额用红字填制一张与原错误记账凭证会计科目相同的记账凭证，并在摘要栏注明"更正某月某日第×号凭证"，并据以登记入账，以冲销多记的金额，使错账得以更正。

【例 5-2】 接[例 5-1]，假设在编制记账凭证时应借、应贷账户没有错误，只是金额由 3 000 元写成了 30 000 元，并且已登记入账。

该笔业务只需用红字更正法编制一张记账凭证将多记的金额 27 000 元用红字冲销即可。编制的记账凭证为：

借：制造费用　　　　　　　　　　　　　　　　　　　　　　　　　27 000
　　贷：原材料　　　　　　　　　　　　　　　　　　　　　　　　　27 000

（三）补充登记法

在记账之后，如果发现记账凭证中应借、应贷的账户没有错误，但所记金额小于应记金额，造成账簿中所记金额也小于应记金额，这种错账应采用补充登记法进行更正。更正的方法是：将少记金额用蓝笔填制一张与原错误记账凭证会计科目相同的记账凭证，并在摘要栏内注明"补记某月某日第×号凭证"并予以登记入账，补足原少记金额，使错账得以更正。

【例 5-3】 接[例 5-1]，假设在编制记账凭证时应借、应贷账户没有错误，只是金额由

3 000元写成了300元,并且已登记入账。

该笔业务只需用补充登记法编制一张记账凭证将少记的金额2 700元补足便可。其记账凭证为:

借:制造费用　　　　　　　　　　　　　　　　　　　　　　　　　2 700
　　贷:原材料　　　　　　　　　　　　　　　　　　　　　　　　　2 700

错账更正的红字更正法和补充登记法都是用来更正因记账凭证错误而产生的记账错误,如果非因记账凭证的差错而产生的记账错误,只能用划线更正法更正。

以上三种方法是对当年内发现填写记账凭证或者登记账错误而采用的更正方法,如果发现以前年度记账凭证中有错误(指会计科目和金额)并导致账簿登记出现差错,应当用蓝字或黑字填制一张更正的记账凭证。因错误的账簿记录已经在以前会计年度终了时进行结账或决算,不可能将已经决算的数字进行红字冲销,只能用蓝字或黑字凭证对除文字外的一切错误进行更正,并在更正凭证上特别注明"更正××年度错账"的字样。

第四节　对账、结账及账簿的保管

对账与结账是对会计记录的总结,是及时、准确、真实编制会计报表的前提;对账时发现记账错误,应按照错误的种类和规范的方法进行更正。因此,对账、结账和错账更正是会计人员必须掌握的基本技能。《会计法》第十七条规定:"各单位应当定期将会计账簿与实物、款项及有关资料相互核对,保证会计账簿记录与实物及款项的实有数额相符、会计账簿记录与会计凭证的有关内容相符、会计账簿之间相对应的记录相符、会计账簿记录与会计报表的有关内容相符"。这既是对对账、结账工作的基本要求,也指出了进行对账、结账工作的基本程序,即各单位应在编制报表之前先进行对账,发生错误应按照一定规范进行更正,核对、更正无误后应进行结账工作。

一、对账

各单位应当定期对会计账簿记录的有关数字与库存实物、货币资金、有价证券、往来单位或者个人等进行相互核对,保证账证相符、账账相符、账实相符。对账工作每年至少进行一次。

(一) 账证核对

账证核对是根据各种账簿记录与记账凭证及其所附的原始凭证进行核对,即核对会计账簿记录与原始凭证、记账凭证的时间、凭证字号、内容、金额是否一致,记账方向是否相符。账簿通常是根据审核之后的会计凭证登记的,但实际工作中仍然可能发生账证不符的情况。因此,这种核对应在日常制证、记账过程中进行,除此之外还应在每月终了时进行。如果发现账账不符,会计人员必须溯本追源,进行账簿与会计凭证的检查、核对或更正,以确保账证相符。但通常期末的账证核对是通过试算平衡发现记账错误之后,再按一定线索进行查找的。

(二) 账账核对

账账核对是指各种账簿之间的有关数字进行核对,其目的是通过账簿之间勾稽关系核对记账工作是否有误。账簿之间的核对主要包括以下内容:

(1) 总账有关账户的余额核对。将总账资产类科目各账户期末余额合计与负债所有者权益类科目各账户期末余额合计进行核对,结果应相等。即按照"资产=负债+所有者权益"这一会计等式和"有借必有贷,借贷必相等"的记账原则,总分类账簿各账户的期初余额、本期发生额和期末余额之间存在对应的平衡关系,各账户的期末借方余额合计和贷方余额合计也存在平衡关系。通过这种等式和平衡关系,会计员人可以检查总账记录是否正确、完整。这项核对工作通常采用编制"总分类账户本期发生额和余额对照表"(也称"试算平衡表")来完成。试算平衡表的格式见表5-9。

表5-9　　　　　　　总分类账户本期发生额和余额对照表
(试算平衡表)
年　月

项目	期初余额		本期发生额		期末余额	
	借	贷	借	贷	借	贷
现　金						
银行存款						
应收账款						
其他应收款						
……						
……						
……						
合　计						

(2)总账各账户与所属明细账户核对。总分类账各账户期末余额应与其所属有关明细分类账各账户余额合计数核对相符。

(3)总账与日记账核对。该种核对主要核对库存现金日记账和银行存款日记账的期末余额与总分类账各该账户期末余额是否相符。

(4)会计部门的财产物资明细账与财产物资保管和使用部门的有关明细核对。会计部门有关财产物资的明细分类账余额,应该同财产物资保管或使用部门的登记簿所记录的内容,按月或定期相互核对,保证相符。核对方法一般是由财产物资保管部门或使用部门定期编制收发结存汇总表报会计部门核对。

一旦发现错误,应立即更正,做到账账相符。

(三)账实核对

账实核对是指各种财产物资、债权债务等账面余额与实有数额之间相核对。具体内容包括:

(1)库存现金日记账账面余额与现金实际库存数相核对,核对时应对盘点过程在"现金盘点报告表"中进行记录,见表5-10。

表5-10　　　　　　　　　现金盘点报告表
年　月　日

	面值	数量	金额	盘点异常及建议事项
现金及周转零用金实际数额				
				盘点时间及盘点签名
小　计				
其他项目未转销费用				盘点人: 监盘人: 出纳员: 　年　月　日　时
员工借支				
总计				
账面数				
盘盈(盘亏)				

(2)银行存款日记账账面余额与开户银行对账单进行核对,并编制"银行存款余额调节表",见表5-11。

会计人员应于每月末核对一次,编制"银行存款余额调节表"后,如果结果一致,一般说明企业和银行记账无误,无需作任何处理;如果结果不一致,要再继续查找错账的原因。注意不能将该表作为调账的凭证。

表 5-11　　　　　　　　　　　银行存款余额调节表

××年××月 31 日

项　目	金额	项　目	金额
企业日记账余额 加:银行已收企业未收款 减:银行已付企业未付款		银行对账单余额 加:企业已收银行未收款 减:企业已付银行未付款	
调节后余额		调节后余额	

（3）各种财产物资明细分类账账面余额与财产物资实存数进行核对,并对盘点过程在"盘点盈亏报告表"上进行记录,见表 5-12。

表 5-12　　　　　　　　　　　存货盘点报告单

年　月　日

商品编号	品名	规格	单位	单位成本	账存数量	实存数量	盘盈		盘亏		盘亏原因	董事会审批
							数量	金额	数量	金额		
…	…	…	…	…	…	…			…	…		
合计												

董事长：　　　　　　经理：　　　　　　部门负责人：　　　　　　制表：

（4）各种应收、应付款明细账账面余额与有关债务、债权单位或者个人进行核对等。对各种往来款项,会计人员一般采取"函证核对法"进行清查,即向每一单位发出"往来款项对账单",对账单一式两份,其中一份作为回联,经核对后加盖公章寄回,如有核对不符的情况应在回联上注明,并进一步查明原因,再行核对直至相符。

二、结账

结账,是在把一定时期内发生的全部经济业务登记入账的基础上,按规定的方法对各种账簿的记录进行小结,计算并记录本期发生额和期末余额。

为了正确反映一定时期内在账簿中已经记录的经济业务,总结有关经济活动和财务状况,为编制会计报表提供资料,各单位应在会计期末进行结账。会计期间一般按日历时间划分为年、季、月,结账于各会计期末进行,所以分为月结、季结、年结。

（一）结账的基本程序

结账前,必须将属于本期内发生的各项经济业务和应由本期受益的收入、负担的费用全部登记入账。在此基础上,才可保证结账的有用性,确保会计报表的正确性。不得把将要发生的经济业务提前入账,也不得把已经在本期发生的经济业务延至下期(甚至以后期)入账,见图5-5。

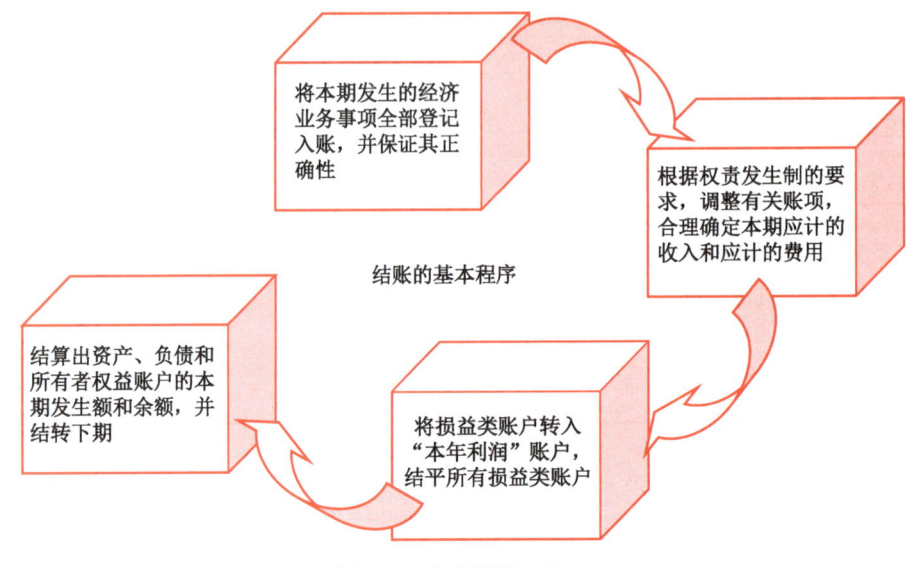

图5-5 结账的基本程序

(二)结账的基本方法

结账时,会计人员应当结出每个账户的期末余额。需要结出当月(季、年)发生额的账户,如各项收入、费用账户等,会计人员应单列一行登记发生额,在摘要栏内注明"本月(季)合计"或"本年累计"。结出余额后,余额前的"借或贷"栏内应写"借"或"贷"字样,没有余额的账户,余额栏前的"借或贷"栏内应写"平"字,并在余额栏内用"0"表示。为了突出本期发生额及期末余额,表示本会计期间的会计记录已经截止或者结束,本期与下期的会计记录应明显分开,结账一般都划"结账线"。划线时,月结、季结用单线,年结划双线。画线应画红线并应画通栏线,不能只在账页中的金额部分画线。

结账时会计人员应根据不同的账户记录,分别采用不同的结账方法:

1. 总账账户的结账方法

总账账户平时只需结计月末余额,不需要结计本月发生额。每月结账时,会计人员应将月末余额计算出来并写在本月最后一笔经济业务记录的同一行内,并在下面通栏画单红线。年终结账时,为了反映全年各会计要素增减变动的全貌,便于核对账目,会计人员要将所有总账账户结计全年发生额和年末余额,在摘要栏内注明"本年累计"字样,并在"本年累计"行下画双红线。

2. 库存现金日记账、银行存款日记账和需要按月结计发生额的收入、费用等明细账的结账方法

会计人员对现金日记账、银行存款日记账和需要按月结计发生额的各种明细账,在每月结账时,要在每月的最后一笔经济业务下面通栏画单红线,结出本月发生额和月末余额写在红线下面,并在摘要栏内注明"本月合计"字样,再在下面通栏画单红线以示区别,见表5-13。

表 5-13　　　　　　　　　　　银行存款日记账

工商银行北京分行　　　　　　　　　　　　　　　　　　　　　　　　　　　　第 1 页

2015年		记账凭证号数	摘要	对方科目	页数	借方	贷方	借或贷	余额
月	日					百十万千百十元角分	百十万千百十元角分		百十万千百十元角分
11	1		上年结转					借	8 4 1 3 0 0 0 0
11	2	银付1	支付购料款	原材料			3 3 0 0 0 0 0	借	8 0 8 3 0 0 0 0
11	5	银付2	支付到期票据	应付票据			1 0 0 0 0 0 0	借	7 9 8 3 0 0 0 0
11	9	银收1	从银行取得借款	长期借款		3 0 0 0 0 0 0 0 0		借	3 7 9 8 3 0 0 0 0
11	30	银付19	支付短期借款利息	财务费用			6 0 0 0 0	借	3 0 5 6 2 0 6 0 0
			本月合计			3 7 1 3 2 7 5 0 0	1 4 9 8 3 6 9 0 0	借	3 0 5 6 2 0 6 0 0

3. 不需要按月结计发生额的债权、债务和财产物资等明细分类账的结账方法

对这类明细账,会计人员每次记账后,都要在该行余额栏内随时结出余额,每月最后一笔余额即为月末余额。也就是说,月末余额就是本月最后一笔经济业务记录的同一行内的余额。月末结账时会计人员只需在最后一笔经济业务记录之下通用栏画单红线即可,无须再结计一次余额。

4. 需要结计本年累计发生额的收入、成本等明细账的结账方法

对这类明细账,会计人员先按照需按月结计发生额的明细账的月结方法进行月结,再在"本月合计"行下的摘要栏内注明"本年累计"字样,并结出自年初起至本月末止的累计发生额,再在下通栏划单红线。12月末的"本年累计"就是全年累计发生额,全年累计发生额下面通栏画双红线,以示封账。

5. 格式要求

年度终了结账时,对有余额的账户,会计人员要将其余额结转到下一会计年度,并在摘要栏内注明"结转下年"字样;在下一会计年度新建有关会计账簿的第一行余额栏内填写上年结转的余额,并在摘要栏内注明"上年结转"字样。结转下年时,会计人员既不需要编制记账凭证,也不必将余额再记入本年账户的借方或贷方,使本年有余额的账户的余额变为零,而是使有余额的账户的余额如实反映在账户中,以免混淆有余额账户和无余额的账户。

另外需要注意:结计数字本身不得以红字书写;发生额只有一笔的账户,可以不予结计。年终结账后,总账和日记账应当更换新账,明细账一般也应更换。但有些明细账,如固定资产明细账(卡)等可以连续使用,不必每年更换。

三、账簿的装订与保管

(一) 会计账簿的装订

每本账簿封面的颜色同一年力求一致,每年更换一色,便于区别年度,使用方便。账簿内部应编好目录,建立索引。在年度终了更换新账簿后,会计人员应将使用过的各种账簿(跨年度使用的账簿除外)按时装订整理立卷。

(1) 装订前,会计人员首先要按账簿启用和经管人员一览表的使用页数核对各个账户是否相符,账页数是否齐全,序号排列是否连续;然后将其按会计账簿封面、账簿启用表、账户目录、该账簿按页数顺序排列的账页、封底的顺序装订。

(2) 对活页账簿,会计人员要保留已使用过的账页,将账页数填写齐全,除去空白页并撤掉账夹,用质地好的牛皮纸做封面和封底,装订成册。多栏式、三栏式、数量金额式等活页账不得混装,应按同类业务、同类账页装订在一起。装订好后,应在封面上填明账目的种类,编好卷号,并由会计主管人员和装订人员签章。

(3) 装订后会计账簿的封口要严密,封口处要加盖有关印章。封面要齐全、平整,并注明所属年度和账簿名称和编号。账簿不得有折角、缺角、错页、掉页、加空白纸的现象。会计账簿要按保管期限分别编制卷号。

(二) 会计账簿的保管

会计账簿同会计凭证和会计报表一样,都属于会计档案,是重要的经济档案,各单位必须按规定妥善保管,确保其安全与完整,并充分加以利用。

年度结账后,更换下来的账簿,可暂由本单位财务会计部门保管一年,期满后原则上应由财务会计部门移交本单位档案部门保管。移交时需要编制移交清册,填写交接清单,交接人员按移交清册和交接清单项目核查无误后签章,并在账簿使用日期栏内填写移交日期。

已归档的会计账簿作为会计档案为本单位提供利用,原件不得借出,如有特殊需要,须经上级主管单位或本单位领导、会计主管人员批准,在不拆散原卷册的前提下,提供查阅或者复制,并要办理登记手续。

会计账簿是重要的会计档案之一,必须严格按《会计档案管理办法》规定的保管年限妥善保管,不得丢失和任意销毁。通常总账(包括日记总账)和明细账保管期限为15年;日记账保管期限为15年,但库存现金和银行存款日记账保管期限为25年;固定资产卡片账在固定资产报废清理后保管5年;辅助账簿保管期限为15年。实际工作中,各单位可以根据实际利用的经验、规律和特点,适当延长有关会计档案的保管期限,但必须有较为充分的理由。

本 章 小 结

- 会计账簿的分类
- 会计账簿的登记
- 错账更正
- 对账与结账
- 账簿的装订与保管

本 章 复 习 题

一、单项选择题

1. 从银行提取现金,登记库存现金日记账的依据是(　　)。

A. 现金收款凭证　　　　　　　　　B. 银行存款收款凭证
C. 现金付款凭证　　　　　　　　　D. 银行存款付款凭证

2. 记账后发现记账凭证科目正确，但所记金额大于应记金额，可采用的更正方法是(　　)。
A. 划线更正法　　　　　　　　　　B. 红字更正法
C. 补充登记法　　　　　　　　　　D. 平行登记法

3. 用来记录某一特定种类经济业务发生情况的序时账簿是(　　)。
A. 普通日记账　　　　　　　　　　B. 明细分类账
C. 专栏日记账　　　　　　　　　　D. 特种日记账

4. "生产成本"明细账应该采用的格式是(　　)。
A. 三栏式　　B. 多栏式　　C. 数量金额式　　D. 任意格式

5. "应交税费——应交增值税"明细账应采用的格式是(　　)。
A. 借方多栏式　　　　　　　　　　B. 贷方多栏式
C. 借方贷方多栏式　　　　　　　　D. 三栏式

6. "营业外收入"明细账的格式应是(　　)。
A. 三栏式　　B. 多栏式　　C. 数量金额式　　D. 任意格式

7. 总账、明细账都可以采用的格式是(　　)。
A. 三栏式　　B. 二栏式　　C. 单栏式　　D. 数量金额式

8. 下列科目的明细账格式应采用"借方多栏式"的是(　　)。
A. 营业外收入　　B. 材料　　C. 应交税费　　D. 营业外支出

9. 企业开出转账支票1 690元购买办公用品，编制记账凭证时，误记金额为1 960元，并已记账，应采用的更正方法是(　　)。
A. 补充登记270元　　　　　　　　B. 红字冲销270元
C. 在凭证中划线更正　　　　　　　D. 把错误凭证撕掉重编

10. 期末根据账簿记录，计算并记录出各账户的本期发生额和期末余额，在会计上叫(　　)。
A. 对账　　B. 结账　　C. 调账　　D. 查账

二、多项选择题

1. 设置和登记账簿的意义是(　　)。
A. 可以为企业的经济管理提供系统、完整的会计信息
B. 可以为定期编制会计报表提供数据资料
C. 为编制会计分录提供依据
D. 是考核企业经营成果、加强经济核算、分析经济活动情况的重要依据
E. 以上都不对

2. 账簿按用途不同可以分为(　　)。
A. 序时账簿　　B. 分类账簿　　C. 联合账簿　　D. 备查账簿
E. 卡片式账簿

3. 明细账的格式有三栏式、多栏式和数量金额式,相应地各适用于( )。

A. 债权债务明细账

B. 卡片式明细账

C. 收入、费用成本类明细账

D. 活页式明细账

E. 材料物资类明细账

4. 总账和明细账之间的登记应该做到( )。

A. 登记的原始依据相同　　　　　　B. 登记的方向相同

C. 登记的金额相等　　　　　　　　D. 登记的人员相同

E. 登记的时点相同

5. 对账的内容包括( )。

A. 账证核对　　　B. 账表核对　　　C. 表表核对　　　D. 账账核对

E. 账实核对

三、判断题

1. 账簿是按照会计科目开设账户、账页,用来序时地、分类地记录和反映重点经济业务的簿籍。( )

2. 序时账簿也称日记账,是按照经济业务发生时间的先后顺序,逐日逐笔登记经济业务的账簿。( )

3. 分类账簿是指对全部经济业务按照收款业务、付款业务和转账业务进行分类登记的账簿。( )

4. 特种日记账是专门用来记录某一特定项目经济业务发生情况的日记账。包括库存现金日记账、固定资产明细账和银行存款日记账。( )

5. 总分类账是按照总分类账户和明细分类账户分类登记的账簿。( )

> 一分一毫，一点一滴，一丝不苟；百种理由，千般狡缠，吾众一心。

第六章　会计核算程序

【本章要点】

通过对本章内容的学习，你应了解和掌握如下问题：
- 会计核算程序概述
- 记账凭证会计核算程序
- 科目汇总表会计核算程序
- 汇总记账凭证会计核算程序

会计循环（Accounting Cycle）是指一个会计主体在一定的会计期间内，在经济业务事项发生时，从填制和审核会计凭证开始，到登记账簿，直至编制财务会计报告的会计处理全过程。

会计核算程序（Bookkeeping Procedures）是指对会计数据的记录、归类、汇总、呈报的步骤和方法，即从原始凭证的整理、汇总，记账凭证的填制、汇总，日记账、明细分类账的登记，到会计报表的编制的步骤和方法。会计核算程序的基本模式可以概括为：原始凭证—记账凭证—会计账簿—会计报表。

第一节　会计核算程序概述

一、会计核算程序的概念

会计核算程序（Bookkeeping Procedures）是指对会计数据的记录、归类、汇总、呈报的步骤和方法。即从原始凭证的整理、汇总，记账凭证的填制、汇总，日记账、明细分类账的登记，到会计报表的编制的步骤和方法。

会计核算程序与会计核算方法的关系

会计核算程序以账簿组织为核心，包括填制会计凭证、登记会计账簿、编制会计报表，是会计工作的核心任务。为了连续、全面、系统地反映企业的经济活动，为会计信息使用者提供系统的会计信息，合理、科学地组织会计核算工作，企业必须根据自身的具体情况，确定相应的会计核算程序，使会计凭证的填制、会计账簿的登记和会计报表的编制能够有机地结合起来，做到相互配合，相互衔接，从而形成一个严密的核算体系。

会计核算方法是对会计对象进行完整的、连续的、系统的反映和监督所应用的方法。主要包括：设置账户、复式记账、填制和审核凭证、登记账簿、成本计算、财产清查、编制会计报表等一系列专门方法。

二、会计核算程序的设计原则

会计核算程序的设计原则见图6-1。

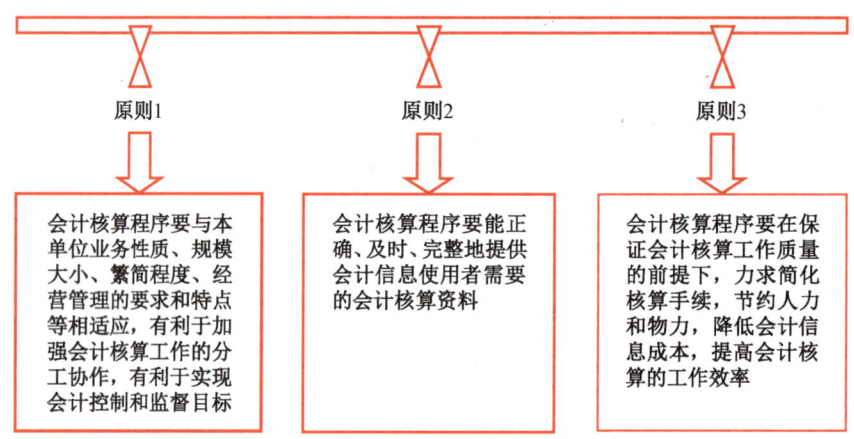

图6-1 会计核算程序的设计原则

三、会计核算程序的分类

会计核算程序有多种形式，我国通常采用的会计核算程序有：记账凭证会计核算程序、汇总记账凭证会计核算程序、科目汇总表会计核算程序、多栏式日记账会计核算程序、日记总账会计核算程序等。

（一）共同点

会计核算程序的共同点见图6-2。

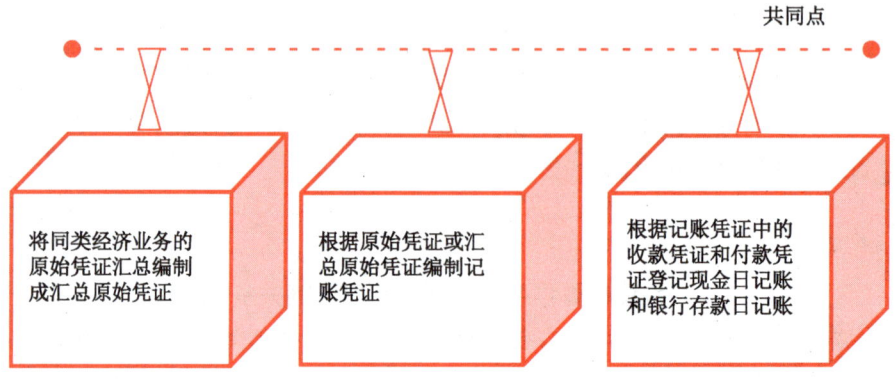

第六章 会计核算程序

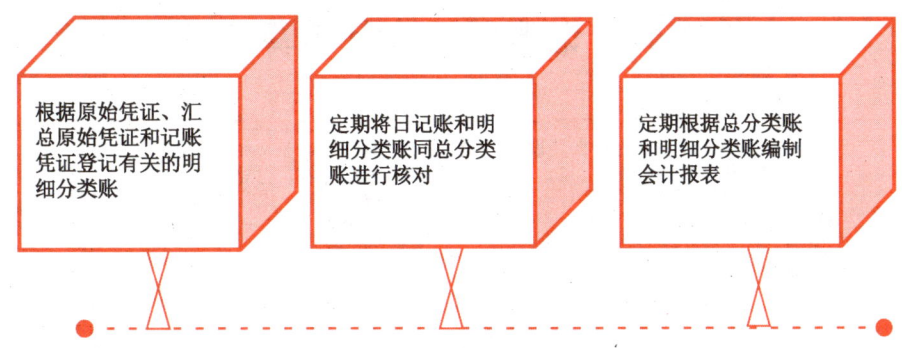

图 6-2 会计核算程序的共同点

(二) 不同点

会计核算程序的主要区别是登记总分类账的依据和方法不同。

各单位应采用何种账务处理程序,由各单位自主选择。

 案例介绍

一、公司概况

北京便捷家具有限公司概况见第二章第二节案例介绍。

二、任务要求

北京便捷家具有限公司(简称便捷家具)是一家小型工业企业,被主管税务机关核定为增值税一般纳税人。企业设基本生产车间一个,主要生产 A、B 两种办公桌,经济业务量较少,便捷家具在选择和应用会计核算程序时应当考虑哪些因素?可选择的会计核算程序有哪些?

三、任务解析

科学、合理地选择适用于本单位的账务处理程序,对于提高会计核算工作效率,保证会计核算工作质量,有效地组织会计核算具有重要意义。

四、任务实施

便捷家具在选择和应用会计核算程序时应当遵循以下原则:

(1) 会计核算程序与本单位的业务性质、规模大小、繁简程度、经营管理的要求和特点等相适应,有利于加强会计核算工作的分工协作,有利于实现会计控制和监督目标。

(2) 会计核算程序要能正确、及时、完整地会计信息使用者提供需要的会计核算资料。

(3) 会计核算程序要在保证会计核算工作质量的前提下,力求简化核算手续,节约人力和物力,降低会计信息成本,提高会计核算的工作效率。

便捷家具可选择的会计核算程序有:

记账凭证会计核算程序、汇总记账凭证会计核算程序、科目汇总表会计核算程序、多栏式日记账会计核算程序、日记总账会计核算程序等。

第二节 记账凭证会计核算程序

一、记账凭证会计核算程序的概念

记账凭证会计核算程序（Bookkeeping Procedure Using Vouchers）是指对发生的经济业务事项，根据原始凭证或汇总原始凭证编制记账凭证，然后直接根据记账凭证逐笔登记总分类账并定期编制会计报表的一种会计核算程序。

二、记账凭证会计核算程序的凭证及账簿设置

（一）凭证设置

采用记账凭证会核算程序时，记账凭证的设置有两种方式，见图 6-3。

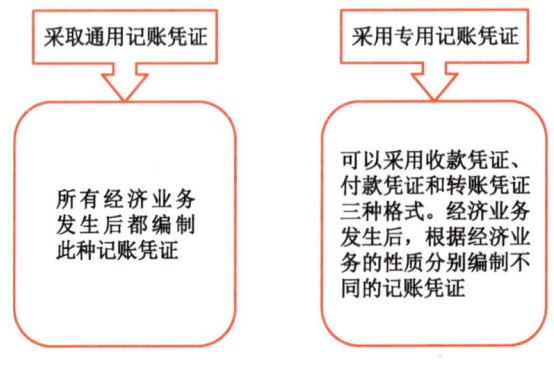

图 6-3 记账凭证设置的两种方式

(二)账簿设置

采用记账凭证会计核算程序一般设置三类账簿,见图6-4。

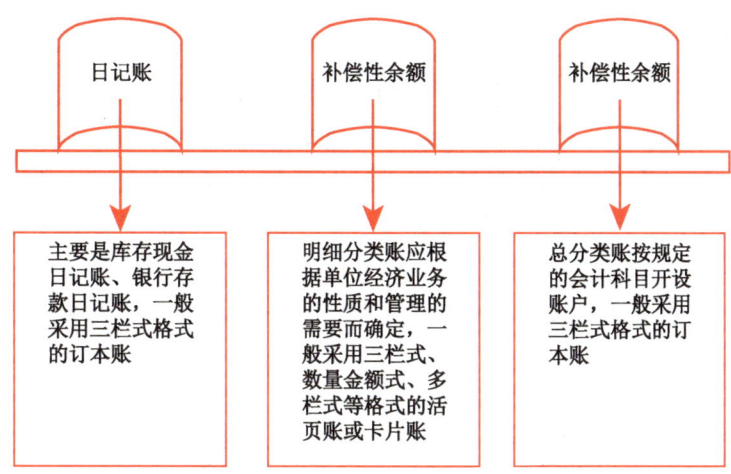

图6-4 采用记账凭证会计核算程序一般设置三类账簿

三、记账凭证会计核算程序的核算步骤

记账凭证会计核算程序是最基本的会计核算程序,其他各种会计核算程序都是在此基础上发展形成的,其核算步骤见图6-5,说明如下:

(1)根据原始凭证编制汇总原始凭证;
(2)根据原始凭证或汇总原始凭证,编制记账凭证;
(3)根据收款凭证、付款凭证逐笔登记库存现金日记账和银行存款日记账;
(4)根据原始凭证、汇总原始凭证和记账凭证,登记各种明细分类账;
(5)根据记账凭证逐笔登记总分类账;
(6)期末,将库存现金日记账、银行存款日记账以及各种明细分类账的余额与总分类账的余额进行核对;

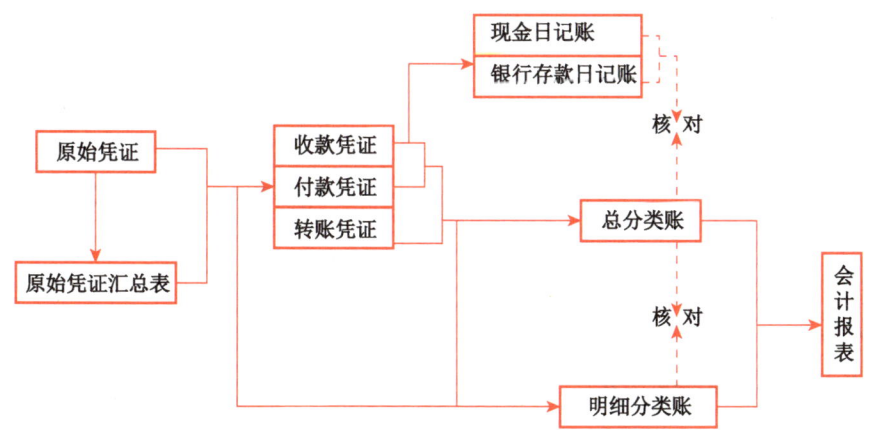

图6-5 记账凭证会计核算程序的核算步骤

(7) 期末,根据核对无误的总分类账和明细分类账的记录,编制会计报表;

(8) 根据会计报表资料进行会计分析。

 小知识

手工账务处理业务流程分析

(1) 日常经济业务发生时,业务人员将原始凭证提交给财会部门,由凭证录入人员在企业基础会计信息的支持下,直接根据原始单据编制凭证,并保存在凭证文件中。

(2) 对凭证文件中的凭证进行审核;如果审核通过,则对记账凭证作审核标记,否则,将审核未通过的凭证提交给录入人员。

(3) 登记日记账:出纳人员根据收款凭证和付款凭证,登记库存现金日记账和银行存款日记账。

(4) 登记各种明细账:一般单位根据业务量的大小设置各个会计岗位,即分别由多个财会人员登记多本明细账,如一个会计专门登记应收账款明细账,一个会计专门登记材料明细账等。

(5) 总账会计根据记账凭证、科目汇总表或者汇总记账凭证登记总账。

(6) 月末处理:由于总账、日记账、明细账分别由多个财会人员登记,不可避免地存在着这样或那样的错误。因此,每月月末,财会人员要进行对账,将日记账与总账核对,明细账与总账核对,做到账账相符。此外,财会人员月末还要进行结账,即计算会计账户的本期发生额和余额,结束账簿记录。

(7) 根据企业银行存款日记账银行对账单中的银行业务进行自动对账,并生成余额调节表。

(8) 查询与生成报表:根据日记账、明细账和总账编制管理者所需的会计报表和内部分析表。

四、记账凭证会计核算程序的优缺点及适用范围

(一) 优缺点

1. 优点

(1) 记账凭证会计核算程序简单明了,易于理解和运用;

(2) 总分类账是直接根据各种记账凭证逐笔登记的,因此总分类账可以较详细地反映经济业务的发生情况,便于查账。

2. 缺点

登记总分类账的工作量较大。

(二) 适用范围

记账凭证会计核算程序一般适用于规模较小、经济业务量较少、记账凭证数量不多的单位。

 案例介绍

一、公司概况

北京便捷家具有限公司概况见第二章第二节案例分析。

二、任务情况

便捷家具20××年12月1日总分类账余额见表6-1。

表 6-1　　　　　　　　　　　　　总分类账余额

资产	借方余额	负债和所有者权益	贷方余额
库存现金	2 000.00	短期借款	1 300 000.00
银行存款	2 125 500.54	应付票据	200 000.00
应收账款	240 000.00	应付账款	20 000.00
坏账准备	5 000.00（贷）	预收账款	15 000.00
预付账款	12 000.00	应付职工薪酬	18 000.00
其他应收款	2 000.00	应交税费	8 250.00
原材料	10 000.00	应付利息	12 000.00
库存商品	157 500.00	实收资本	1 000 000.00
固定资产	623 000.00	资本公积	200 000.00
累计折旧	27 600.00（贷）	盈余公积	230 000.00
无形资产	200 000.00	本年利润	196 150.54
累计摊销	40 000.00（贷）	利润分配——未分配利润	100 000.00
合计	3 299 400.54	合计	3 299 400.54

20××年12月1日明细分类账余额如下：

1. 应收账款——万达公司：　　　　　　　　　　　　　　　　　　240 000.00
2. 预付账款——重庆联大：　　　　　　　　　　　　　　　　　　12 000.00
3. 原材料见表 6-2。

表 6-2　　　　　　　　　　　　　原材料

名称	单位	数量	单价	金额
乙型板材	千克	100	100.00	10 000.00
合计				10 000.00

4. 库存商品见表 6-3

表 6-3　　　　　　　　　　　　　库存商品

名称	单位	数量	单价	金额
A型办公桌	台	350	450.00	157 500.00
合计				157 500.00

便捷家具20××年12月份发生如下经济业务：

【业务1】　12月1日，归还中国银行短期贷款本金800 000元，利息12 000元。（附件2张：贷款还款凭证、贷款还息凭证）

【业务2】　12月3日销售给宏达公司A型办公桌200台，单价为750元，增值税税率为

16%,便捷家具开具增值税专用发票,商品当日发出,收到宏达公司签发的转账支票一张。(附件3张:增值税专用发票记账联、进账单、出库单)

【业务3】 12月4日在开户银行中国银行昌平区支行提取备用金12 000元,签发现金支票一张。(附件1张:现金支票存根)

【业务4】 12月4日从长丰公司购入甲型板材200千克,单价为50元,增值税税率为16%,收到长丰公司开具的增值税专用发票,开出中行转账支票支付货款,原材料当日验收入库,便捷家具材料按实际成本计价。(附件5张:增值税专用发票抵扣联、增值税专用发票发票联、购料单、转账支票存根、付款通知书)

【业务5】 12月6日,购买小轿车一部,买价116 000元,车辆购置税10 000元,汽车上户费125元,印花税50元,款项均从中国银行开出转账支票支付。(附件8张:机动车销售统一发票、中华人民共和国税收通用缴款书、北京市政府非税收入一般缴款书、中华人民共和国印花税票销售凭证、转账支票存根、固定资产验收单、新增固定资产登记表、付款通知书)

【业务6】 12月11日,与重庆联大公司签订采购合同,从工商银行一般存款户汇款,支付定金10 000元。[附件2张:委托收款凭证(付款通知)、付款通知书]

【业务7】 12月14日,发放上月工资18 000元,结转代扣五险一金500元,代扣个人所得税1 000元,开出中行基本户转账支票16 500元。[附件2张:工资结算单、转账支票存根]

【业务8】 12月14日缴纳上月增值税7 500元、城市维护建设税525元、教育费附加225元;缴纳本月代扣个人所得税1 000元。(附件2张:地税缴款单、国税缴款单)

【业务9】 12月28日,收到中行付款通知,支付电费5 000元,增值税专用发票中注明的增值税额为800元。其中车间分配4 000元,管理部门分配1 000元。[附件4张:增值税专用发票抵扣联、增值税专用发票发票联、委托收款凭证(付款通知)、电费分割单]

【业务10】 12月31日,计提本期借款利息,2014年10月从中国工商银行借入期限为3个月的短期借款500 000元,年利率为6%。(附件1张:应付利息计算表)

【业务11】 12月31日,计提本月工资,其中A型办公桌工人工资5 000元,B型办公桌工人工资4 000元,车间管理人员工资4 000元,管理人员工资5 000元。(附件1张:工资费用分配表)

【业务12】 12月31日,计提本月固定资产折旧费用,其中生产车间折旧费为2 000元,管理部门折旧费为3 000元。(附件1张:固定资产折旧计算表)

【业务13】 12月31日,根据"领料单",编制"原材料发料汇总表",结转发出原材料成本,其中A型办公桌领用甲型板材成本4 000元,领用乙型板材成本6 000元,B型办公桌领用甲型板材成本2 000元,车间领用乙型板材成本2 000元。(附件3张:领料单2张、原材料发料汇总表)

【业务14】 12月31日,归集计算车间本月发生的制造费用,编制"制造费用计算表""制造费用分配表",分配结转制造费用,其中A型办公桌分配制造费用6 000元,B型办公桌分配制造费用6 000元。(附件1张:制造费用分配表)

【业务15】 12月31日,计算并结转完工产品成本,本月完工A型办公桌50台,单位成

本为420元。(附件2张:完工产品成本计算表、产成品入库单)

【业务16】 12月31日,计算并结转本月销售产品成本,本月销售A型办公桌200台,单位成本为446.25元。(附件1张:主营业务成本计算单)

【业务17】 12月31日,计算并结转本月未交增值税,计算应交城建税及教育费附加。(附件2张:增值税计算单、附加税费计算单)

【业务18】 12月31日,结转本月损益类账户。(附件1张:损益类账户结转表)

【业务19】 12月31日,计算并结转本月所得税费用。(附件1张:月度所得税费用计算表)

三、任务要求

(1) 根据上述业务编制12月份相关记账凭证,记账凭证采用收、付、转三种,按三类顺序编号。

(2) 登记库存现金日记账、银行存款日记账。

(3) 登记应收账款、预付账款、原材料、库存商品、生产成本明细账。月末只做月结,年结省略。

(4) 根据记账凭证逐笔登记总分类账。

(5) 编制12月份资产负债表和利润表。

四、任务解析

便捷家具采用记账凭证会计核算程序,需根据记账凭证逐笔登记总分类账。

五、任务实施

步骤1:根据原始凭证或汇总原始凭证,编制记账凭证

【业务1】

编制记账凭证,见图6-6。

付 款 凭 证

贷方科目:银行存款　　　　20××年12月01日　　　　付字第1号

摘要	借方总科目	明细科目	借或贷	金额 千百十万千百十元角分
归还中行贷款本金及利息	短期借款	中行	借	8 0 0 0 0 0 0 0
	应付利息		借	1 2 0 0 0 0 0
合　计				¥ 8 1 2 0 0 0 0 0

附单据 2 张

财务主管:　　　记账:　　　出纳:钱茹　　　审核:　　　制单:孙丽

图6-6　付款凭证

【业务2】

编制记账凭证,见图6-7。

收 款 凭 证

借方科目：银行存款　　　　20××年12月03日　　　　　　　　收字第1号

摘　要	贷方总科目	明细科目	借或贷	金额 千 百 十 万 千 百 十 元 角 分
销售A型设备办公桌	主营业务收入	A型设备	贷	1 5 0 0 0 0 0 0
	应交税费	应交增值税（销项税额）	贷	2 4 0 0 0 0 0
合　计				￥ 1 7 4 0 0 0 0 0

附单据 2 张

财务主管：　　　记账：　　　出纳：钱茹　　　审核：　　　制单：孙丽

图6-7　收款凭证

【业务3】

编制记账凭证,见图6-8。

付 款 凭 证

贷方科目：银行存款　　　　20××年12月04日　　　　　　　　付字第2号

摘　要	借方总科目	明细科目	借或贷	金额 千 百 十 万 千 百 十 元 角 分
提取备用金	库存现金		借	1 2 0 0 0 0 0
合　计				￥ 　 1 2 0 0 0 0 0

附单据 1 张

财务主管：　　　记账：　　　出纳：钱茹　　　审核：　　　制单：孙丽

图6-8　付款凭证

【业务4】

编制记账凭证,见图6-9。

付 款 凭 证

贷方科目:银行存款　　20××年12月04日　　付字第3号

摘　要	借方总科目	明　细　科　目	借或贷	金额 千 百 十 万 千 百 十 元 角 分	附单据
支付甲型板材货款	原材料	甲型	借	1 0 0 0 0 0 0	4张
	应交税费	应交增值税（进项税额）	借	1 6 0 0 0 0	
合　　　计				¥ 1 1 6 0 0 0 0	

财务主管：　　　记账：　　　出纳：钱茹　　　审核：　　　制单：孙丽

图 6-9　付款凭证

【业务5】

编制记账凭证,见图6-10。

付 款 凭 证

贷方科目:银行存款　　20××年12月06日　　付字第4号

摘　要	借方总科目	明　细　科　目	借或贷	金额 千 百 十 万 千 百 十 元 角 分	附单据
购买小轿车	固定资产	小轿车	借	1 1 0 1 2 5 0 0	8张
	应交税费	应交增值税（进项税额）	借	1 6 0 0 0 0 0	
	管理费用		借	5 0 0 0	
合　　　计				¥ 1 2 6 1 7 5 0 0	

财务主管：　　　记账：　　　出纳：钱茹　　　审核：　　　制单：孙丽

图 6-10　付款凭证

【业务6】

编制记账凭证,见图6-11。

付 款 凭 证

贷方科目:银行存款　　　　20××年12月11日　　　　付字第5号

摘　　要	借方总科目	明细科目	借或贷	金额 千百十万千百十元角分
预付重庆联大公司货款	预付账款	重庆联大公司	借	1 0 0 0 0 0 0 0
合　　计				¥ 1 0 0 0 0 0 0 0

附单据 2 张

财务主管:　　　　记账:　　　　出纳:钱茹　　　　审核:　　　　制单:孙丽

图6-11　付款凭证

【业务7】

编制记账凭证,见图6-12、图6-13。

付 款 凭 证

贷方科目:银行存款　　　　20××年12月14日　　　　付字第6号

摘　　要	借方总科目	明细科目	借或贷	金额 千百十万千百十元角分
支付11月职工工资	应付职工薪酬	工资	借	1 6 5 0 0 0 0 0
合　　计				¥ 1 6 5 0 0 0 0 0

附单据 2 张

财务主管:　　　　记账:　　　　出纳:钱茹　　　　审核:　　　　制单:孙丽

图6-12　付款凭证

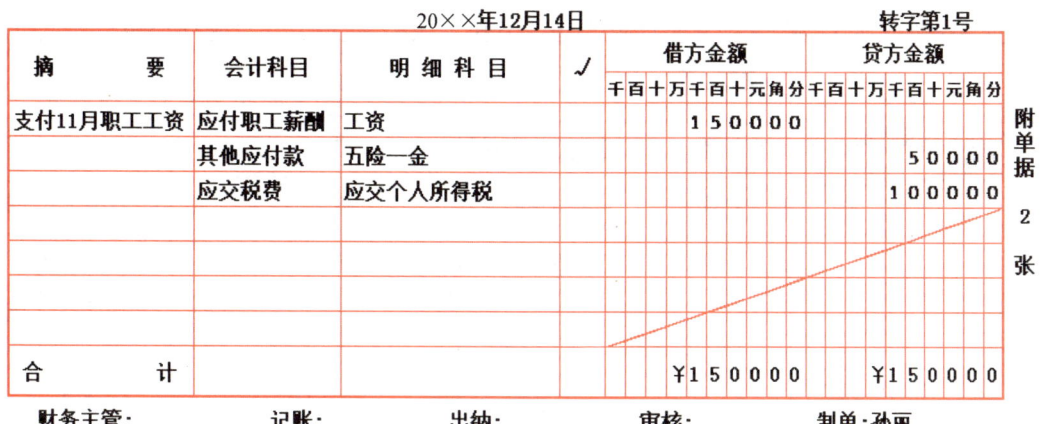

图 6-13 转账凭证

【业务8】

编制记账凭证,见图 6-14、图 6-15。

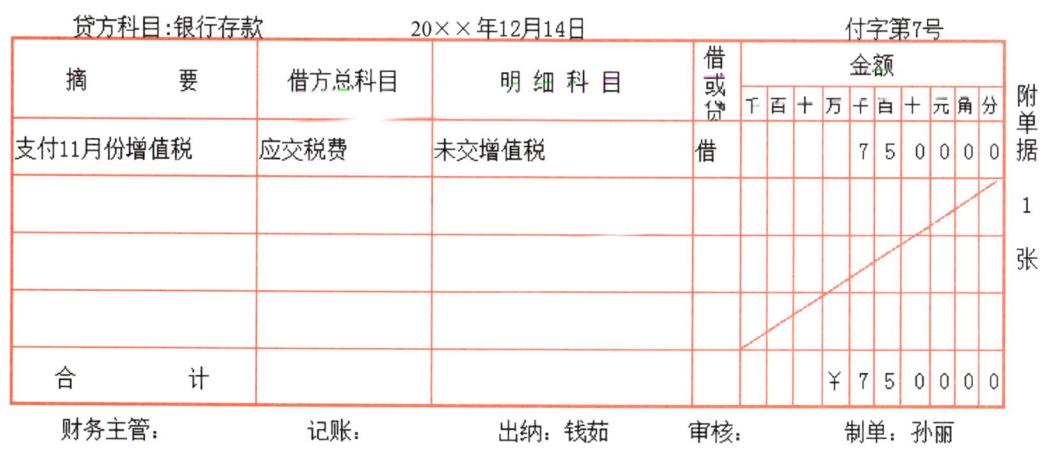

图 6-14 付款凭证

付 款 凭 证

贷方科目：银行存款　　　　20××年12月14日　　　　　　付字第8号

摘　要	借方总科目	明细科目	借或贷	金额 千 百 十 万 千 百 十 元 角 分	附单据
支付城建税及代扣个人所得税	应交税费	应交个人所得税	借	1 0 0 0 0 0	1张
	应交税费	应交城建税	借	5 2 5 0 0	
	应交税费	应交教育费附加	借	2 2 5 0 0	
合　计				¥ 1 7 5 0 0 0	

财务主管：　　　　记账：　　　　出纳：钱茹　　　　审核：　　　　制单：孙丽

图 6-15　付款凭证

【业务9】

编制记账凭证，见图 6-16。

付 款 凭 证

贷方科目：银行存款　　　　20××年12月28日　　　　　　付字第9号

摘　要	借方总科目	明细科目	借或贷	金额 千 百 十 万 千 百 十 元 角 分	附单据
支付12月份电费	制造费用	电费	借	4 0 0 0 0 0	3张
	管理费用	电费	借	1 0 0 0 0 0	
	应交税费	应交增值税（进项税额）	借	8 0 0 0 0	
合　计				¥ 5 8 0 0 0 0	

财务主管：　　　　记账：　　　　出纳：钱茹　　　　审核：　　　　制单：孙丽

图 6-16　付款凭证

【业务10】

编制记账凭证,见图6-17。

转 账 凭 证

20××年12月31日　　　　　　　转字第2号

摘要	会计科目	明细科目	√	借方金额 千百十万千百十元角分	贷方金额 千百十万千百十元角分
计提12月贷款利息	财务费用			2 5 0 0 0 0	
	应付利息				2 5 0 0 0 0
合　　计				¥ 2 5 0 0 0 0	¥ 2 5 0 0 0 0

财务主管：　　记账：　　出纳：　　审核：　　制单：孙丽

附单据 1 张

图6-17 转账凭证

【业务11】

编制记账凭证,见图6-18。

转 账 凭 证

20××年12月31日　　　　　　　转字第3号

摘要	会计科目	明细科目	√	借方金额 千百十万千百十元角分	贷方金额 千百十万千百十元角分
计提12月职工工资	生产成本	A型办公桌		5 0 0 0 0 0	
	生产成本	B型办公桌		4 0 0 0 0 0	
	制造费用	工资		4 0 0 0 0 0	
	管理费用	工资		5 0 0 0 0 0	1 8 0 0 0 0 0
	应付职工薪酬	工资			
合　　计				¥ 1 8 0 0 0 0 0	¥ 1 8 0 0 0 0 0

财务主管：　　记账：　　出纳：　　审核：　　制单：孙丽

附单据 1 张

图6-18 转账凭证

【业务12】

编制记账凭证,见图 6-19。

转 账 凭 证

20××年12月31日　　　　　　　　　　　　转字第4号

摘要	会计科目	明细科目	√	借方金额 千百十万千百十元角分	贷方金额 千百十万千百十元角分
计提12月折旧费	制造费用	折旧		2 0 0 0 0 0	
	管理费用	折旧		3 0 0 0 0 0	
	累计折旧				5 0 0 0 0 0
合　　　计				¥ 5 0 0 0 0 0	¥ 5 0 0 0 0 0

附单据 1 张

财务主管:　　　记账:　　　出纳:　　　审核:　　　制单:孙丽

图 6-19　转账凭证

【业务13】

编制记账凭证,见图 6-20。

转 账 凭 证

20××年12月31日　　　　　　　　　　　　转字第5号

摘要	会计科目	明细科目	√	借方金额 千百十万千百十元角分	贷方金额 千百十万千百十元角分
结转发出材料成本	生产成本	A型办公桌		1 0 0 0 0 0 0	
	生产成本	B型办公桌		2 0 0 0 0 0	
	制造费用	原材料		2 0 0 0 0 0	
	原材料	甲型			6 0 0 0 0 0
	原材料	乙型			8 0 0 0 0 0
合　　　计				¥ 1 4 0 0 0 0 0	¥ 1 4 0 0 0 0 0

附单据 3 张

财务主管:　　　记账:　　　出纳:　　　审核:　　　制单:孙丽

图 6-20　转账凭证

【业务14】

编制记账凭证,见图6-21。

转 账 凭 证

20××年12月31日　　　　　　　　　　　转字第6号

摘要	会计科目	明细科目	√	借方金额 千百十万千百十元角分	贷方金额 千百十万千百十元角分
结转制造费用	生产成本	A型办公桌		6 0 0 0 0 0	
	生产成本	B型办公桌		6 0 0 0 0 0	
	制造费用				1 2 0 0 0 0 0
合　　计				¥1 2 0 0 0 0 0	¥1 2 0 0 0 0 0

财务主管：　　记账：　　出纳：　　审核：　　制单:孙丽

附单据 1 张

图 6-21　转账凭证

【业务15】

编制记账凭证,见图6-22。

转 账 凭 证

20××年12月31日　　　　　　　　　　　转字第7号

摘要	会计科目	明细科目	√	借方金额 千百十万千百十元角分	贷方金额 千百十万千百十元角分
结转完工产品成本	库存商品	A型办公桌		2 1 0 0 0 0 0	
	生产成本	A型办公桌			2 1 0 0 0 0 0
合　　计				¥2 1 0 0 0 0 0	¥2 1 0 0 0 0 0

财务主管：　　记账：　　出纳：　　审核：　　制单:孙丽

附单据 2 张

图 6-22　转账凭证

【业务16】

编制记账凭证,见图6-23。

转 账 凭 证

20××年12月31日　　　　　　　　　　　转字第8号

摘要	会计科目	明细科目	√	借方金额	贷方金额
结转已销产品成本	主营业务成本	A型办公桌		8925000	
	库存商品	A型办公桌			8925000
合　　计				¥8925000	¥8925000

财务主管：　　记账：　　出纳：　　审核：　　制单：孙丽

图6-23　转账凭证

【业务17】

编制记账凭证,见图6-24、图6-25。

转 账 凭 证

20××年12月31日　　　　　　　　　　　转字第9号

摘要	会计科目	明细科目	√	借方金额	贷方金额
结转12月份未交增值税	应交税费	应交增值税（转出未交增值税）		555000	
	应交税费	未交增值税			555000
合　　计				¥555000	¥555000

财务主管：　　记账：　　出纳：　　审核：　　制单：孙丽

图6-24　转账凭证

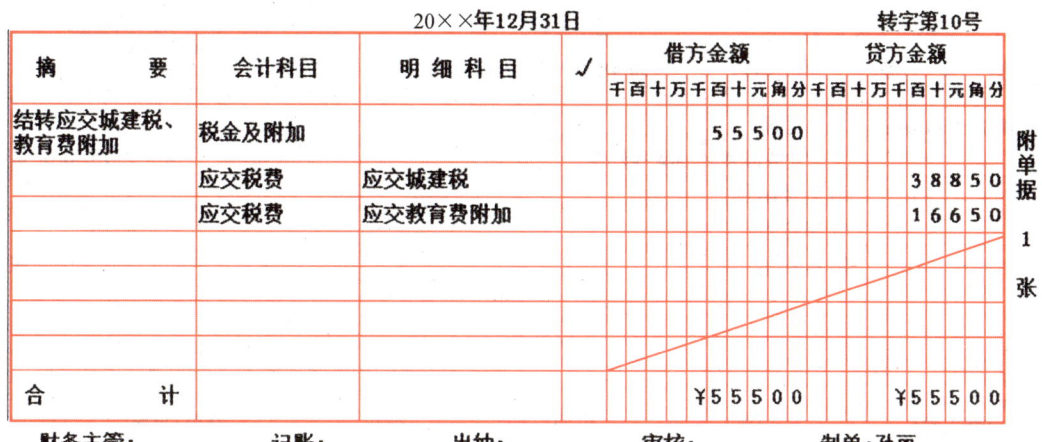

图 6-25 转账凭证

【业务18】

编制记账凭证,见图 6-26、图 2-27。

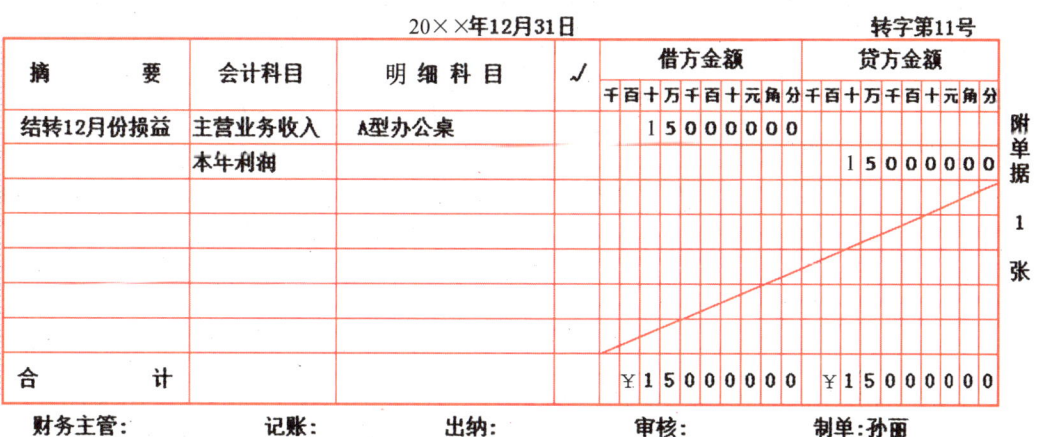

图 6-26 转账凭证

转 账 凭 证

20××年12月31日　　　　　　　　　　　　　　　　　　转字第12号

摘要	会计科目	明细科目	√	借方金额 千百十万千百十元角分	贷方金额 千百十万千百十元角分
结转12月份损益	本年利润			1 0 1 3 5 5 0 0	
	主营业务成本	A型办公桌			8 9 2 5 0 0 0
	税金及附加				5 5 5 0 0
	管理费用				9 0 5 0 0 0
	财务费用				2 5 0 0 0 0
合　　　计				1 0 1 3 5 5 0 0	1 0 1 3 5 5 0 0

财务主管：　　　记账：　　　出纳：　　　审核：　　　制单：孙丽

附单据 1 张

图6-27　转账凭证

【业务19】

编制记账凭证，见图6-28、图6-29。

转 账 凭 证

20××年12月31日　　　　　　　　　　　　　　　　　　转字第13号

摘要	会计科目	明细科目	√	借方金额 千百十万千百十元角分	贷方金额 千百十万千百十元角分
计提12月份所得税	所得税费用			1 2 1 6 1 2 5	
	应交税费	应交所得税			1 2 1 6 1 2 5
合　　　计				¥ 1 2 1 6 1 2 5	¥ 1 2 1 6 1 2 5

财务主管：　　　记账：　　　出纳：　　　审核：　　　制单：孙丽

附单据 1 张

图6-28　转账凭证

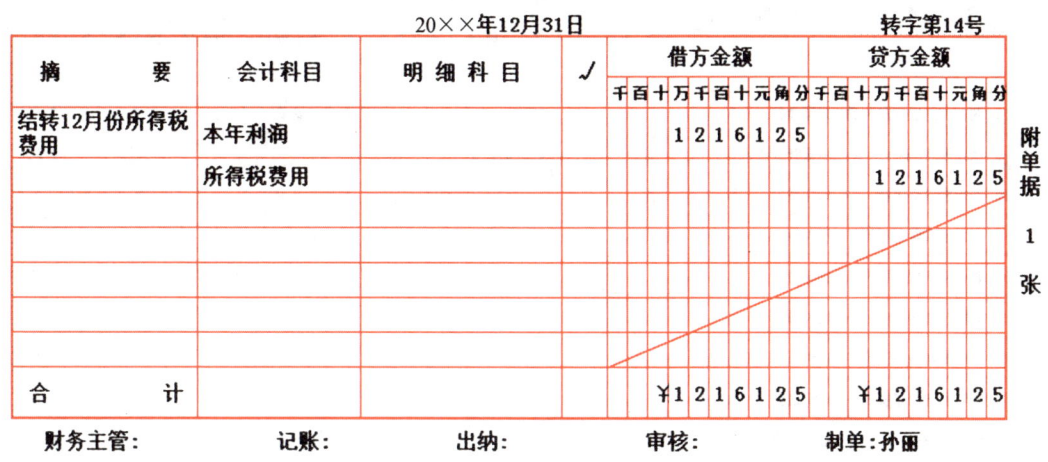

图 6-29 转账凭证

步骤 2：根据收款凭证、付款凭证逐笔登记现金日记账，见图 6-30，登记银行存款日记账，见图 6-31、图 6-32。

库存现金 日记账　　　　第1页

20××年		凭证号	摘要	对方科目	借方	贷方	核对号	余额
月	日				千百十万千百十元角分	千百十万千百十元角分		千百十万千百十元角分
12	1		期初余额					2 0 0 0 0 0
	4	付2	提取备用金	银行存款	1 2 0 0 0 0			1 4 0 0 0 0
12	31		本月合计		1 2 0 0 0 0			1 4 0 0 0 0

图 6-30 库存现金日记账

银行存款 日记账   第1页

月	日	凭证号	摘要	对方科目	凭证种类	凭证票号	借方	核对号	贷方	核对号	余额
12	1		期初余额								2125500.54
	1	付1	借还借款及利息	短期借款					812000.00		1313500.54
	3	收2	销售A型办公桌	主营业务收入			174000.00				1487500.54
	4	付2	提取备用金	库存现金					12000.00		1475500.54
		付3	购买甲型材料	原材料					11600.00		1463900.54
	6	付4	购买固定资产	固定资产					126175.00		1337725.54
	11	付5	预付货款	预付账款					10000.00		1327725.54
	14	付6	支付11月工资	应付职工薪酬					16500.00		1311225.54
		付7	缴纳增值税	应交税费					7500.00		1303725.54
		付8	缴纳地税	应交税费					1750.00		1301975.54
			过次页				174000.00		997525.00		1301975.54

图6-31 银行存款日记账

银行存款 日记账   第2页

月	日	凭证号	摘要	对方科目	凭证种类	凭证票号	借方	核对号	贷方	核对号	余额
			承前页				174000.00		997525.00		1301975.54
	28	付9	支付电费	制造费用					5000.00		1296975.54
	28	付9	支付电费	应交税费					800.00		1296175.54
	31		本月合计				174000.00		1033750.9		1296175.54

图6-32 银行存款日记账

步骤3：根据原始凭证、汇总原始凭证和记账凭证，登记各种明细分类账，见图6-33～图6-39。

应收账款　　明细账

二级　科目 万达公司

20××年		凭证		摘要	对方科目	借方	贷方	借或贷	余额
月	日	种类	号数			千百十万千百十元角分	千百十万千百十元角分		千百十万千百十元角分
12	1			期初余额				借	2 4 0 0 0 0 0 0
12	31			本月合计				借	2 4 0 0 0 0 0 0

图6-33　应收账款明细账

预付账款　　明细账

二级　科目 重庆联大

20××年		凭证		摘要	对方科目	借方	贷方	借或贷	余额
月	日	种类	号数			千百十万千百十元角分	千百十万千百十元角分		千百十万千百十元角分
12	1			期初余额				借	1 2 0 0 0 0 0
12	11	付	5	预付重庆联大货款		1 0 0 0 0 0 0		借	2 2 0 0 0 0 0
12	31			本月合计		1 0 0 0 0 0 0		借	2 2 0 0 0 0 0

图6-34　预付账款明细账

最高储量
最低储量
编号 101　　规格

原材料　　明细账

单位 千克　名称 甲型板材

20××年		凭证		摘要	对方科目	借方			贷方			借或贷	结存		
月	日	种类	号数			数量	单价	千百十万千百十元角分	数量	单价	千百十万千百十元角分		数量	单价	千百十万千百十元角分
12	1			期初余额											0 0 0
	4	付	3	采购	银行存款	200	50.00	1 0 0 0 0 0 0					200	50.00	1 0 0 0 0 0 0
	31	转	5	领料	生产成本				120	50.00	6 0 0 0 0 0		80	50.00	4 0 0 0 0 0
12	31			本月合计		200	50.00	1 0 0 0 0 0 0	120	50.00	6 0 0 0 0 0		80	50.00	4 0 0 0 0 0

图6-35　原材料明细账

最高储量
最低储量
编号 102　　规格

原材料　　明细账

单位 千克　名称 乙型板材

20××年		凭证		摘要	对方科目	借方			贷方			借或贷	结存		
月	日	种类	号数			数量	单价	千百十万千百十元角分	数量	单价	千百十万千百十元角分		数量	单价	千百十万千百十元角分
12	1			期初余额									100	100.00	1 0 0 0 0 0 0
	31	转	5	领料	生产成本				80	100.00	8 0 0 0 0 0		20	100.00	2 0 0 0 0 0
12	31			本月合计					80	100.00	8 0 0 0 0 0		10	100.00	2 0 0 0 0 0

图6-36　原材料明细账

库存商品 明细账

编号 201　规格　　　　　　　　　　　　　　　　　　　　　　　　单位 台　名称 A型办公桌

20××年		凭证		摘要	对方科目	借方			贷方			借或贷	结存		
月	日	种类	号数			数量	单价	千百十万千百十元角分	数量	单价	千百十万千百十元角分		数量	单价	千百十万千百十元角分
12	1			期初余额									350	450.00	15750000
	31	转	7	入库	生产成本	50	420.00	2100000					400	446.25	17850000
	31	转	8	销售					200	446.25	8925000		200	446.25	8925000
12	31			本月合计		50	420.00	2100000	200	446.25	8925000		200	446.25	8925000

图 6-37　库存商品明细账

生产成本 明细账

二级 科目 A型办公桌

20××年		凭证		摘要	直接材料	直接人工	制造费用		合计
月	日	种类	号数		千百十万千百十元角分	千百十万千百十元角分	千百十万千百十元角分		千百十万千百十元角分
12	1			期初余额					000
	31	转	3	分配工资		500000			500000
	31	转	5	结转发出材料成本	1000000				1000000
	31	转	6	结转制造费用			600000		600000
	31	转	7	结转完工产品成本	1000000	500000	600000		2100000
12	31			月末在产品成本					000

图 6-38　生产成本明细账

生产成本 明细账

二级 科目 B型办公桌

20××年		凭证		摘要	直接材料	直接人工	制造费用		合计
月	日	种类	号数		千百十万千百十元角分	千百十万千百十元角分	千百十万千百十元角分		千百十万千百十元角分
12	1			期初余额					000
	31	转	3	分配工资		400000			400000
	31	转	5	结转发出材料成本	200000				200000
	31	转	6	结转制造费用			600000		600000
	31			月末在产品成本	200000	400000	600000		1200000

图 6-39　生产成本明细账

步骤4:根据记账凭证逐笔登记总分类账,见图6-40～图6-71。

库存现金　　总账

20××年		记账凭证号数	摘要	对方科目	借方 千百十万千百十元角分	贷方 千百十万千百十元角分	借或贷	余额 千百十万千百十元角分
月	日							
12	1		期初余额				借	2000 00
	4	付2	提取备用金	银行存款	12000 00		借	14000 00
12	31		本月合计		12000 00		借	14000 00

图6-40　库存现金总账

银行存款　　总账

20××年		记账凭证号数	摘要	对方科目	借方 千百十万千百十元角分	贷方 千百十万千百十元角分	借或贷	余额 千百十万千百十元角分
月	日							
12	1		期初余额				借	2125500 54
	1	付1	偿还借款及利息	短期借款		812000 00	借	1313500 54
	3	收2	销售A设备	主营业务收入	174000 00		借	1487500 54
	4	付2	提取备用金	库存现金		12000 00	借	1475500 54
		付3	购买甲型材料	原材料		11600 00	借	1463900 54
	6	付4	购买固定资产	固定资产		126175 00	借	1337725 54
	11	付5	预付货款	预付账款		10000 00	借	1327725 54
	14	付6	支付11月工资	应付职工薪酬		16500 00	借	1311225 54
		付7	缴纳增值税	应交税费		7500 00	借	1303725 54
		付8	缴纳地税	应交税费		1750 00	借	1301975 54
	28	付9	支付电费	制造费用		5000 00	借	1296975 54
		付9	支付电费	应交税费		800 00	借	1296175 54
12	31		本月合计		174000 00	1003325 00	借	1296175 54

图6-41　银行存款总账

应收账款　　总账

20××年		记账凭证号数	摘要	对方科目	借方 千百十万千百十元角分	贷方 千百十万千百十元角分	借或贷	余额 千百十万千百十元角分
月	日							
12	1		期初余额				借	24000 00

图6-42　应收账款总账

坏账准备　　总账

20××年		记账凭证号数	摘要	对方科目	借方	贷方	借或贷	余额
月	日				千百十万千百十元角分	千百十万千百十元角分		千百十万千百十元角分
12	1		期初余额				贷	5 0 0 0 0 0

图 6-43　坏账准备总账

预付账款　　总账

20××年		记账凭证号数	摘要	对方科目	借方	贷方	借或贷	余额
月	日				千百十万千百十元角分	千百十万千百十元角分		千百十万千百十元角分
12	1		期初余额				借	1 2 0 0 0 0 0
	11	付5	预付重庆联大货款	银行存款	1 0 0 0 0 0 0		借	2 2 0 0 0 0 0
12	31		本月合计		1 0 0 0 0 0 0		借	2 2 0 0 0 0 0

图 6-44　预付账款总账

其他应收款　　总账

20××年		记账凭证号数	摘要	对方科目	借方	贷方	借或贷	余额
月	日				千百十万千百十元角分	千百十万千百十元角分		千百十万千百十元角分
12	1		期初余额				借	2 0 0 0 0 0

图 6-45　其他应收款总账

原材料　　总账

20××年		记账凭证号数	摘要	对方科目	借方	贷方	借或贷	余额
月	日				千百十万千百十元角分	千百十万千百十元角分		千百十万千百十元角分
12	1		期初余额				借	1 0 0 0 0 0 0
	4	付3	购买甲型板材	银行存款	1 0 0 0 0 0 0		借	2 0 0 0 0 0 0
	31	转5	结转发出材料成本	生产成本		1 4 0 0 0 0 0	借	6 0 0 0 0 0
12	31		本月合计		1 0 0 0 0 0 0	1 4 0 0 0 0 0	借	6 0 0 0 0 0

图 6-46　原材料总账

制造费用　　总账

20××年 月	日	记账凭证号数	摘要	对方科目	借方 千百十万千百十元角分	贷方 千百十万千百十元角分	借或贷	余额 千百十万千百十元角分
12	1		期初余额				平	0 0 0
	28	付9	支付12月份电费	银行存款	4 0 0 0 0 0		借	4 0 0 0 0 0
	31	转3	计提12月份职工工资	应付职工薪酬	4 0 0 0 0 0		借	8 0 0 0 0 0
	31	转4	计提12月份折旧	累计折旧	2 0 0 0 0 0		借	1 0 0 0 0 0 0
	31	转5	结转发出材料成本	原材料	2 0 0 0 0 0		借	1 2 0 0 0 0 0
	31	转6	结转制造费用	制造费用		1 2 0 0 0 0 0	平	0 0 0
12	31		本月合计		1 2 0 0 0 0 0	1 2 0 0 0 0 0	平	0 0 0

图 6-47　制造费用总账

生产成本　　总账

20××年 月	日	记账凭证号数	摘要	对方科目	借方 千百十万千百十元角分	贷方 千百十万千百十元角分	借或贷	余额 千百十万千百十元角分
12	1		期初余额				平	0 0 0
	31	转3	计提12月职工工资	应付职工薪酬	9 0 0 0 0 0		借	9 0 0 0 0 0
	31	转5	结转发出材料成本	原材料	1 2 0 0 0 0 0		借	2 1 0 0 0 0 0
	31	转6	结转制造费用	制造费用	1 2 0 0 0 0 0		借	3 3 0 0 0 0 0
	31	转7	结转完工产品成本	库存商品		2 1 0 0 0 0 0	借	1 2 0 0 0 0 0
12	31		本月合计		3 3 0 0 0 0 0	2 1 0 0 0 0 0	借	1 2 0 0 0 0 0

图 6-48　生产成本总账

库存商品　　总账

20××年 月	日	记账凭证号数	摘要	对方科目	借方 千百十万千百十元角分	贷方 千百十万千百十元角分	借或贷	余额 千百十万千百十元角分
12	1		期初余额				借	1 5 7 5 0 0 0 0
	31	转7	结转完工产品成本	银行存款	2 1 0 0 0 0 0		借	1 7 8 5 0 0 0 0
	31	转8	结转已销产品成本	生产成本		8 9 2 5 0 0 0	借	8 9 2 5 0 0 0
12	31		本月合计		2 1 0 0 0 0 0	8 9 2 5 0 0 0	借	8 9 2 5 0 0 0

图 6-49　库存商品总账

固定资产　　总账

20××年		记账凭证号数	摘要	对方科目	借方 千百十万千百十元角分	贷方 千百十万千百十元角分	借或贷	余额 千百十万千百十元角分
月	日							
12	1		期初余额				借	6 2 3 0 0 0 0 0
	6	付4	购买小汽车	银行存款	1 1 0 1 2 5 0 0		借	7 0 0 5 2 5 0 0
12	31		本月合计		1 1 0 1 2 5 0 0		借	7 0 0 5 2 5 0 0

图 6-50　固定资产总账

累计折旧　　总账

20××年		记账凭证号数	摘要	对方科目	借方 千百十万千百十元角分	贷方 千百十万千百十元角分	借或贷	余额 千百十万千百十元角分
月	日							
12	1		期初余额				贷	2 7 6 0 0 0 0
	31	转4	计提折旧	制造费用		5 0 0 0 0 0	贷	3 2 6 0 0 0 0
12	31		本月合计			5 0 0 0 0 0	贷	3 2 6 0 0 0 0

图 6-51　累计折旧总账

无形资产　　总账

20××年		记账凭证号数	摘要	对方科目	借方 千百十万千百十元角分	贷方 千百十万千百十元角分	借或贷	余额 千百十万千百十元角分
月	日							
12	1		期初余额				借	2 0 0 0 0 0 0 0

图 6-52　无形资产总账

累计摊销　　总账

20××年		记账凭证号数	摘要	对方科目	借方 千百十万千百十元角分	贷方 千百十万千百十元角分	借或贷	余额 千百十万千百十元角分
月	日							
12	1		期初余额				贷	4 0 0 0 0 0 0

图 6-53　累计摊销总账

第六章 会计核算程序

短期借款　总账

20××年		记账凭证号数	摘要	对方科目	借方 千百十万千百十元角分	贷方 千百十万千百十元角分	借或贷	余额 千百十万千百十元角分
月	日							
12	1		期初余额				贷	1 3 0 0 0 0 0 0 0
	1	付1	偿还短期借款	银行存款	5 0 0 0 0 0 0 0		贷	8 0 0 0 0 0 0 0
	31		本月合计		5 0 0 0 0 0 0 0		贷	8 0 0 0 0 0 0 0

图 6-54　短期借款总账

应付票据　总账

20××年		记账凭证号数	摘要	对方科目	借方 千百十万千百十元角分	贷方 千百十万千百十元角分	借或贷	余额 千百十万千百十元角分
月	日							
12	1		期初余额					0 0 0 0 0 0 0

图 6-55　应付票据总账

应付账款　总账

20××年		记账凭证号数	摘要	对方科目	借方 千百十万千百十元角分	贷方 千百十万千百十元角分	借或贷	余额 千百十万千百十元角分
月	日							
12	1		期初余额				贷	2 0 0 0 0 0 0

图 6-56　应付账款总账

预收账款　总账

20××年		记账凭证号数	摘要	对方科目	借方 千百十万千百十元角分	贷方 千百十万千百十元角分	借或贷	余额 千百十万千百十元角分
月	日							
12	1		期初余额				贷	1 5 0 0 0 0 0

图 6-57　预收账款总账

其他应付款　　总账

20××年 月	20××年 日	记账凭证号数	摘要	对方科目	借方	贷方	借或贷	余额
12	1		期初余额				平	0.00
	14	转1	代扣11月份五险一金	应付职工薪酬		500.00	贷	500.00
12	31		本月合计			500.00	贷	500.00

图 6-58　其他应付款总账

应付职工薪酬　　总账

20××年 月	20××年 日	记账凭证号数	摘要	对方科目	借方	贷方	借或贷	余额
12	1		期初余额				贷	18000.00
	14	转1	发放11月份工资	银行存款	18000.00		平	0.00
	31	转3	计提12月份工资	生产成本		18000.00	贷	18000.00
12	31		本月合计		18000.00	18000.00	贷	18000.00

图 6-59　应付职工薪酬总账

应交税费　　总账

20××年 月	20××年 日	记账凭证号数	摘要	对方科目	借方	贷方	借或贷	余额
12	1		期初余额				贷	8250.00
	3	收1	销售A型设备	银行存款		24000.00	贷	32250.00
	4	付3	购买甲型板材	银行存款	1600.00		贷	30650.00
	6	付4	购买固定资产	银行存款	16000.00		贷	14650.00
	14	转1	代扣职工个人所得税	应付职工薪酬		1000.00	贷	15650.00
		付7	支付上月未交增值税	银行存款	7500.00		贷	8150.00
		付7	支付上月城建税、附加税	银行存款	750.00		贷	7400.00
		付7	支付代扣职工个人所得税	银行存款	1000.00		贷	6400.00
	28	付9	支付上月电费	银行存款	800.00		贷	5600.00
	31	转10	计算应交城建税、附加税	税金及附加		555.00	贷	6155.00
	31	转13	计提12月份应交所得税	所得税费用		12161.25	贷	18316.25
12	31		本月合计		27650.00	37716.25	贷	18316.25

图 6-60　应交税费总账

应付利息　　总账

20××年		记账凭证号数	摘要	对方科目	借方 千百十万千百十元角分	贷方 千百十万千百十元角分	借或贷	余额 千百十万千百十元角分
月	日							
12	1		期初余额				贷	1 2 0 0 0 0 0
	1	付1	偿还短期借款利息	银行存款	1 2 0 0 0 0 0		平	0 0 0
	31	转2	计提12月份利息	财务费用		2 5 0 0 0 0	贷	2 5 0 0 0 0
12	31		本月合计		1 2 0 0 0 0 0	2 5 0 0 0 0	贷	2 5 0 0 0 0

图6-61　应付利息总账

实收资本　　总账

20××年		记账凭证号数	摘要	对方科目	借方 千百十万千百十元角分	贷方 千百十万千百十元角分	借或贷	余额 千百十万千百十元角分
月	日							
12	1		期初余额				贷	1 0 0 0 0 0 0 0 0

图6-62　实收资本总账

资本公积　　总账

20××年		记账凭证号数	摘要	对方科目	借方 千百十万千百十元角分	贷方 千百十万千百十元角分	借或贷	余额 千百十万千百十元角分
月	日							
12	1		期初余额				贷	2 0 0 0 0 0 0 0

图6-63　资本公积总账

盈余公积　　总账

20××年		记账凭证号数	摘要	对方科目	借方 千百十万千百十元角分	贷方 千百十万千百十元角分	借或贷	余额 千百十万千百十元角分
月	日							
12	1		期初余额				贷	2 3 0 0 0 0 0 0

图6-64　盈余公积总账

本年利润　　总账

20××年		记账凭证号数	摘要	对方科目	借方	贷方	借或贷	余额
月	日				千百十万千百十元角分	千百十万千百十元角分		千百十万千百十元角分
12	1		期初余额				贷	1 9 6 1 5 0 5 4
	31	转11	结转12月份损益	主营业务收入		1 5 0 0 0 0 0 0	贷	3 4 6 1 5 0 5 4
	31	转12	结转12月份损益	主营业务成本	1 0 1 3 5 5 0 0		贷	2 4 4 7 9 5 5 4
	31	转14	结转12月份所得税	所得税费用	1 2 1 6 1 2 5		贷	2 3 2 6 3 4 2 9
12	31		本月合计		1 1 3 5 1 6 2 5	1 5 0 0 0 0 0 0	贷	2 3 2 6 3 4 2 9

图 6-65　本年利润总账

主营业务收入　　总账

20××年		记账凭证号数	摘要	对方科目	借方	贷方	借或贷	余额
月	日				千百十万千百十元角分	千百十万千百十元角分		千百十万千百十元角分
12	1		期初余额				平	0 0 0
	3	收1	销售A型设备	银行存款		1 5 0 0 0 0 0 0	贷	1 5 0 0 0 0 0 0
	31	转11	结转12月份损益	本年利润	1 5 0 0 0 0 0 0		平	0 0 0
12	31		本月合计		1 5 0 0 0 0 0 0	1 5 0 0 0 0 0 0	平	0 0 0

图 6-66　主营业务收入总账

主营业务成本　　总账

20××年		记账凭证号数	摘要	对方科目	借方	贷方	借或贷	余额
月	日				千百十万千百十元角分	千百十万千百十元角分		千百十万千百十元角分
12	1		期初余额				平	0 0 0
	31	转8	结转已销产品成本	库存商品	8 9 2 5 0 0 0		借	8 9 2 5 0 0 0
	31	转12	结转12月份损益	本年利润		8 9 2 5 0 0 0	平	0 0 0
12	31		本月合计		8 9 2 5 0 0 0	8 9 2 5 0 0 0	平	0 0 0

图 6-67　主营业务成本总账

税金及附加　　总账

20××年		记账凭证号数	摘要	对方科目	借方	贷方	借或贷	余额
月	日				千百十万千百十元角分	千百十万千百十元角分		千百十万千百十元角分
12	1		期初余额				平	0 0 0
	31	转10	计算应交附加税费	应交税费	5 5 5 0 0		借	5 5 5 0 0
	31	转12	结转12月份损益			5 5 5 0 0	平	0 0 0
12	31		本月合计		5 5 5 0 0	5 5 5 0 0	平	0 0 0

图 6-68　税金及附加总账

管理费用　总账

20××年		记账凭证号数	摘要	对方科目	借方	贷方	借或贷	余额
月	日				千百十万千百十元角分	千百十万千百十元角分		千百十万千百十元角分
12	1		期初余额				平	0 0 0
	6	付4	购买固定资产	银行存款	5 0 0 0 0		借	5 0 0 0 0
	28	付9	支付12月份电费	银行存款	1 0 0 0 0 0		借	1 0 5 0 0 0
	31	转3	计提12月份职工工资	应付职工薪酬	5 0 0 0 0 0		借	6 0 5 0 0 0
	31	转4	计提12月份折旧	累计折旧	3 0 0 0 0 0		借	9 0 5 0 0 0
	31	转12	结转12月份损益	本年利润		9 0 5 0 0 0	平	0 0 0
12	31		本月合计		9 0 5 0 0 0	9 0 5 0 0 0	平	0 0 0

图 6-69　管理费用总账

财务费用　总账

20××年		记账凭证号数	摘要	对方科目	借方	贷方	借或贷	余额
月	日				千百十万千百十元角分	千百十万千百十元角分		千百十万千百十元角分
12	1		期初余额				平	0 0 0
	31	转2	计提12月份利息	应付利息	2 5 0 0 0 0		借	2 5 0 0 0 0
	31	转12	结转12月份损益	本年利润		2 5 0 0 0 0	平	0 0 0
12	31		本月合计		2 5 0 0 0 0	2 5 0 0 0 0	平	0 0 0

图 6-70　财务费用总账

所得税费用　总账

20××年		记账凭证号数	摘要	对方科目	借方	贷方	借或贷	余额
月	日				千百十万千百十元角分	千百十万千百十元角分		千百十万千百十元角分
12	1		期初余额				平	0 0 0
	31	转13	计提12月份应交所得税	应交税费	1 2 1 6 1 2 5		借	1 2 1 6 1 2 5
	31	转14	结转12月份所得税费用	本年利润		1 2 1 6 1 2 5	平	0 0 0
12	31		本月合计		1 2 1 6 1 2 5	1 2 1 6 1 2 5	平	0 0 0

图 6-71　所得税费用总账

步骤5:根据核对无误的总分类账和明细分类账的记录,编制会计报表,见表6-4、表6-5。

表 6-4　　　　　　　　　　　　　　资产负债表

编制单位:北京便捷家具有限公司　　　　20××年12月31日　　　　　　　　　单位:元

资　产	期末余额	期初余额	负债和所有者权益	期末余额	期初余额
流动资产:		(略)	流动负债:		(略)
货币资金	1 310 175.54		短期借款	500 000.00	
交易性金融产资产			应付票据	200 000.00	
应收票据			应付账款	20 000.00	
应收账款	235 000.00		预收账款	15 000.00	
预付账款	22 000.00		应付职工薪酬	18 000.00	
应收利息			应交税费	18 316.25	
应收股利			应付利息	2 500.00	
其他应收款	2 000.00		应付股利		
存货	107 250.00		其他应付款	500.00	
其他流动资产			其他流动负债		
流动资产合计	1 675 725.54		流动负债合计	773 241.25	
非流动资产:			非流动负债:		
可供出售金融资产			长期借款		
持有至到期投资			应付债券		
长期应收款			长期应付款		
长期股权投资			预计负债		
投资性房地产			非流动负债合计	0.00	
固定资产	700 525.00		负债合计	773 191.25	
在建工程			所有者权益:		
工程物资			实收资本	1 100 000.00	
固定资产清理			资本公积	200 000.00	
无形资产	160 000.00		盈余公积	230 000.00	
开发支出			未分配利润	232 634.29	
非流动资产合计	860 525.00		所有者权益合计	1 762 709.29	
资产总计	2 536 950.54		负债和所有者权益总计	2 536 950.54	

表 6-5 利 润 表

编制单位:北京便捷家具有限公司　　　20××年12月　　　　　　　　单位:元

项　目	本期金额	上年金额
一、营业收入	150 000.00	(略)
减:营业成本	89 250.00	
税金及附加	555.00	
销售费用	0.00	
管理费用	9 050.00	
财务费用	2 500.00	
资产减值损失	0.00	
加:公允价值变动收益(损失以"－"号填列)	0.00	
投资收益(损失以"－"号填列)	0.00	
其中:对联营企业和合营企业的投资收益		
二、营业利润(亏损以"－"号填列)	48 645.00	
加:营业外收入	0.00	
减:营业外支出	0.00	
其中:非流动资产处置损失		
三、利润总额(亏损总额以"－"号填列)	48 645.00	
减:所得税费用	12 161.25	
四、净利润(净亏损以"－"号填列)	36 483.75	
五、每股收益:		
(一)基本每股收益		
(二)稀释每股收益		

 **实训**

根据图 6-72 进行记账凭证会计核算程序能力实训。

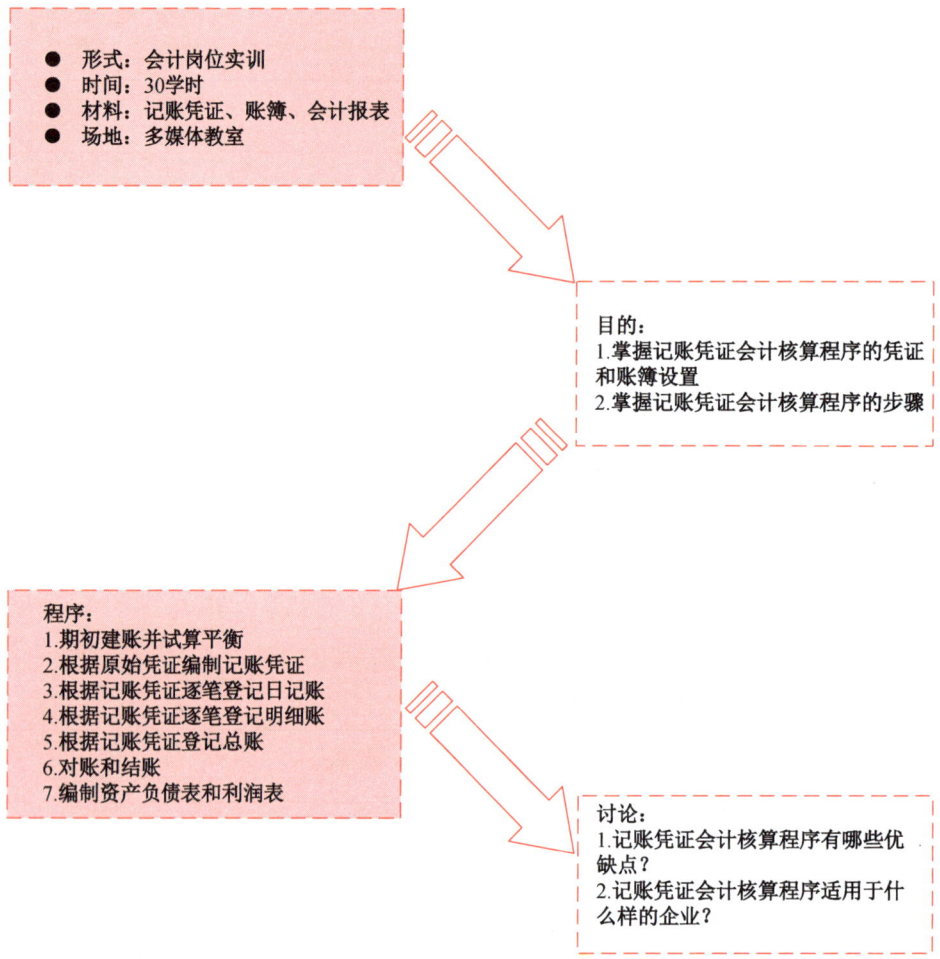

图 6-72　记账凭证会计核算程序能力实训

第三节　科目汇总表会计核算程序

一、科目汇总表会计核算程序的概念

科目汇总表会计核算程序（Bookkeeping Procedure Using Categorized Account Summary）又称记账凭证汇总表会计核算程序，它是根据各种记账凭证先按会计科目定期编制科目汇总表，再根据科目汇总表登记总分类账并定期编制会计报表的一种会计核算程序。

二、科目汇总表会计核算程序的凭证及账簿设置

（一）凭证设置

采用科目汇总表账务处理程序时，记账凭证的设置如下：

采用收款凭证、付款凭证和转账凭证三种格式（经济业务量较多的单位可以采用现金收款凭证和银行存款收款凭证、现金付款凭证和银行存款付款凭证及转账凭证五种格式。）经济业务发生后，根据经济业务的性质分别编制不同的记账凭证。

（二）账簿设置

采用科目汇总表会计核算程序一般应该设置以下账簿：

（1）日记账：主要是库存现金日记账、银行存款日记账，一般采用三栏式格式的订本账。

（2）明细分类账：明细分类账应根据单位经济业务的性质和管理的需要而确定，一般采用三栏式、数量金额式、多栏式等格式的活页账或卡片账。

（3）总分类账：总分类账按规定的会计科目开设账户，一般采用三栏式格式的订本账。

三、科目汇总表会计核算程序的核算步骤

科目汇总表会计核算程序的核算步骤见图6-73，说明如下。

（1）根据原始凭证编制汇总原始凭证；

（2）根据原始凭证或汇总原始凭证编制记账凭证；

（3）根据收款凭证、付款凭证逐笔登记库存现金日记账和银行存款日记账；

（4）根据原始凭证、汇总原始凭证和记账凭证登记各种明细分类账；

（5）根据各种记账凭证编制科目汇总表；

（6）根据科目汇总表登记总分类账；

（7）期末，库存现金日记账、银行存款日记账和明细分类账的余额同有关总分类账的余额核对相符；

(8) 期末,库存根据总分类账和明细分类账的记录,编制会计报表。

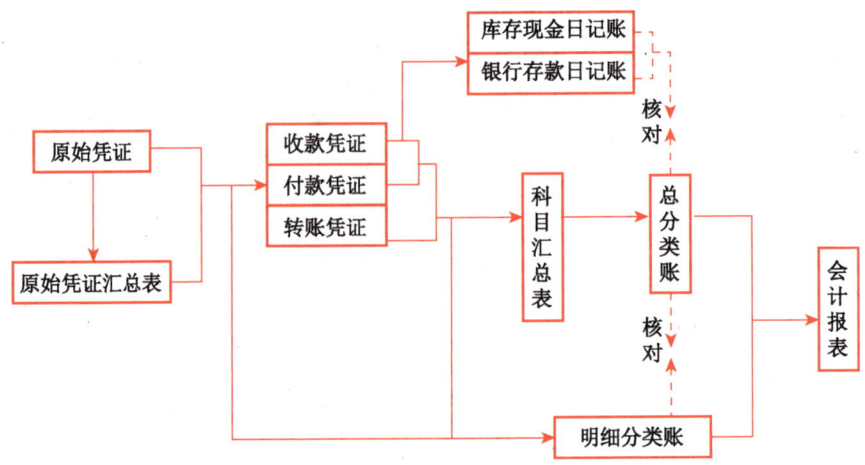

图 6-73 科目汇总表会计核算程序的核算步骤

张仓与会计

张仓是秦汉时期著名的会计专家。秦时张仓任柱下史,主管郡国上计,明习天下图书计籍,是一个善于抓会计核算的老手。西汉时,他归顺刘邦,萧何因他在秦国做过上计事务,能算计,对管理地方图书计籍有经验,就推举他以列侯身份居相府主持郡国上计事宜。他的具体施政办法是：

(1) 各封王侯国和各郡,都专设上计史,主管地方财政会计,掌握户口、垦田、物价、农业丰歉等基本情况和数字资料,每年底由各县核实情况后,上报郡国。

(2) 每年年末专派上计史携带计籍到京师参加正月朝贺,向皇帝汇报工作,并据此考核官吏的治绩,成绩优良者予以奖励,差次者予以督责,违法乱纪者予以治罪。

通过这些办法,张仓使上计制度在秦汉时期得到发展和完善,加强了会计核算和监督,使汉初的经济逐步得以恢复和发展。

四、科目汇总表会计核算程序的优缺点及适用范围

(一) 优缺点

1. 优点

(1) 可以大大减轻登记总账的工作量。在科目汇总表账务处理程序下,会计人员可根据科目汇总表上有关账户的汇总发生额,在月中定期或月末一次性地登记总分类账,可以使登记总分类账的工作量大为减轻。

(2) 科目汇总表还可起到试算平衡的作用,保证总分类账登记的正确性。在科目汇总表上的汇总结果体现了一定会计期间所有账户的借方发生额和贷方发生额之间的相等关系,利用这种发生额的相等关系,可以进行全部账户记录的试算平衡。

2. 缺点

不分对应科目进行汇总,不能反映各科目的对应关系,不便于对经济业务进行分析和检查;如果记账凭证较多,根据记账凭证编制科目汇总表本身也是一项很复杂的工作,如果记账凭证较少,运用科目汇总表登记总账又起不到简化登记总账的作用。

(二)适用范围

科目汇总表会计核算程序一般适用于规模较大、经济业务较多的单位。

五、科目汇总表的编制

(一)科目汇总表的概念

科目汇总表(Categorized Accounts Summary)是指根据一定时期内(一旬、半个月、一个月)的全部记账凭证,按相同的会计科目归类,汇总每一总账科目本期借方发生额和贷方发生额所编制的汇总表,见表6-6。

表6-6　　　　　　　　　　　　科目汇总表

年　月　日至　日　　　　　　　　　　　　科汇字第号

会计科目	本期发生额		总账页数	记账凭证起讫号数
	借方金额	贷方金额		

(二)科目汇总表的编制方法

将一定时期内的全部记账凭证按照相同的科目归类,汇总计算出每一总账科目的本期借方发生额和贷方发生额,填入表内,全部科目的借方发生额合计数应与贷方发生额合计数相等。根据科目汇总表登记总分类账时,会计人员只需要将该表中汇总起来的各科目的本期借、贷方发生额的合计数分次或者月末一次记入相应总分类账的借方或贷方即可。

 案例介绍

一、公司概况

北京便捷家具有限公司概况见第二章第二节案例介绍。

二、任务情况

具体资料和本章"第二节 记账凭证会计核算程序"案例介绍中任务相同。

三、任务要求

(1) 根据上述业务编制12月份相关记账凭证,记账凭证采用收、付、转三种,按三类顺序编号。

(2) 登记库存现金日记账、银行存款日记账。

(3) 登记应收账款、预付账款、原材料、库存商品、生产成本明细账。月末只做月结,年结省略。

(4) 按月编制科目汇总表。

(5) 根据科目汇总表登记总分类账。

(6) 编制12月份资产负债表和利润表。

四、任务解析

便捷家具采用科目汇总表会计核算程序,需根据科目汇总表逐笔登记总分类账。

五、任务实施

步骤1:根据原始凭证或汇总原始凭证,编制记账凭证。

与本章"第二节 记账凭证会计核算程序"中任务相同,此处略。

步骤2:根据收款凭证、付款凭证逐笔登记库存现金日记账和银行存款日记账。

与本章"第二节 记账凭证会计核算程序"中任务相同,此处略。

步骤3:根据原始凭证、汇总原始凭证和记账凭证,登记各种明细分类账。

与本章"第二节 记账凭证会计核算程序"中任务相同,此处略。

步骤4:根据记账凭证按月编制科目汇总表,见表6-7。

表6-7 科目汇总表

20××年12月1日至31日 科汇字第1号

会计科目	本期发生额		总账页数	记账凭证起讫号数
	借方金额	贷方金额		
库存现金	12 000.00		略	收1
银行存款	174 000.00	1 003 325.00		付1-付9
应收账款				转1-转14
坏账准备				
预付账款	10 000.00			
其他应收款				

(续表)

会计科目	本期发生额		总账页数	记账凭证起讫号数
	借方金额	贷方金额		
原材料	10 000.00	14 000.00		
库存商品	21 000.00	89 250.00		
固定资产	110 125.00			
累计折旧		5 000.00		
无形资产				
累计摊销				
制造费用	12 000.00	12 000.00		
生产成本	33 000.00	21 000.00		
短期借款	800 000.00			
应付票据				
应付账款				
预收账款				
其他应付款		500.00		
应付职工薪酬	18 000.00	18 000.00		
应交税费	27 650.00	37 716.25		
应付利息	12 000.00	2 500.00		
实收资本				
资本公积				
盈余公积				
本年利润	113 516.25	150 000.00		
利润分配				
主营业务收入	150 000.00	150 000.00		
主营业务成本	89 250.00	89 250.00		
税金及附加	555.00	555.00		
管理费用	9 050.00	9 050.00		
财务费用	2 500.00	2 500.00		
所得税费用	12 161.25	12 161.25		
合 计	1 616 807.50	1 616 807.50		

步骤5：根据科目汇总表登记总分类账，见图6-74、图6-75。

库存现金　　总账

20××年		凭证号数	摘要	对方科目	借方 千百十万千百十元角分	贷方 千百十万千百十元角分	借或贷	余额 千百十万千百十元角分
月	日							
12	1		期初余额				借	2 0 0 0 0 0
	31	科汇1	1-31日发生额		1 2 0 0 0 0 0		借	1 4 0 0 0 0 0
12	31		本月合计		1 2 0 0 0 0 0		借	1 4 0 0 0 0 0

图6-74　库存现金总账

银行存款　　总账

20××年		凭证号数	摘要	对方科目	借方 千百十万千百十元角分	贷方 千百十万千百十元角分	借或贷	余额 千百十万千百十元角分
月	日							
12	1		期初余额				借	2 1 2 5 5 0 0 5 4
	31	科汇1	1-31日发生额		1 7 4 0 0 0 0 0 0	1 0 0 3 3 2 5 0 0	借	1 2 9 6 1 7 5 5 4
12	31		本月合计		1 7 4 0 0 0 0 0 0	1 0 0 3 3 2 5 0 0	借	1 2 9 6 1 7 5 5 4

图6-75　银行存款总账

其他总分类账略。

步骤6：根据核对无误的总分类账和明细分类账的记录，编制会计报表。

与本章"第二节 记账凭证会计核算程序"中任务相同，此处略。

 **实训**

根据图6-76进行科目汇总表会计核算程序能力实训。

- 形式：会计岗位实训
- 时间：30学时
- 材料：记账凭证、账簿、会计报表
- 场地：多媒体教室

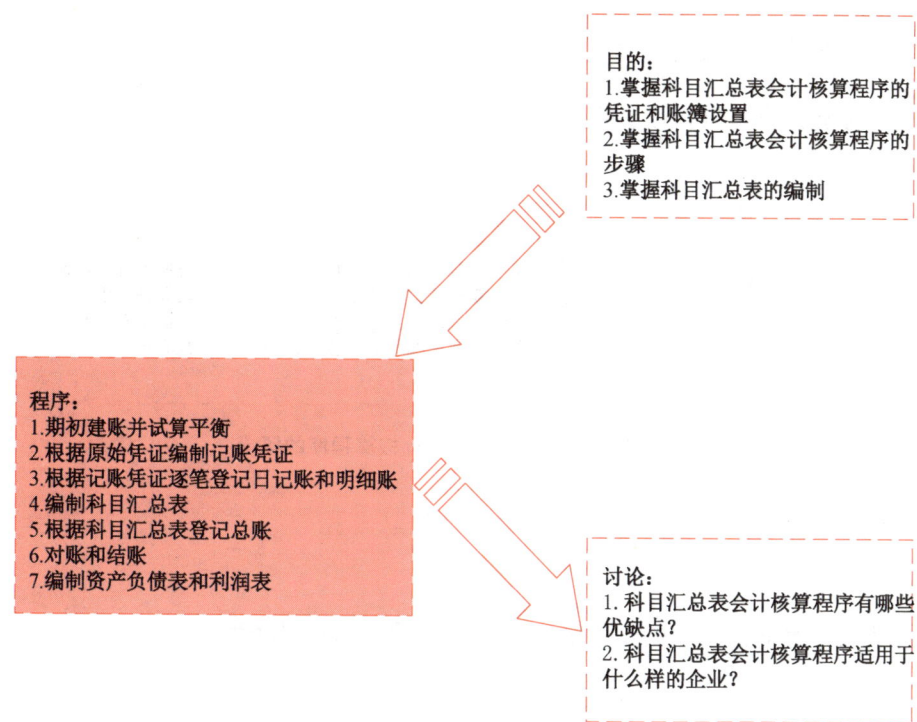

图 6-76　科目汇总表会计核算程序能力实训

第四节　汇总记账凭证会计核算程序

一、汇总记账凭证会计核算程序的概念

汇总记账凭证会计核算程序的概念见图6-77。

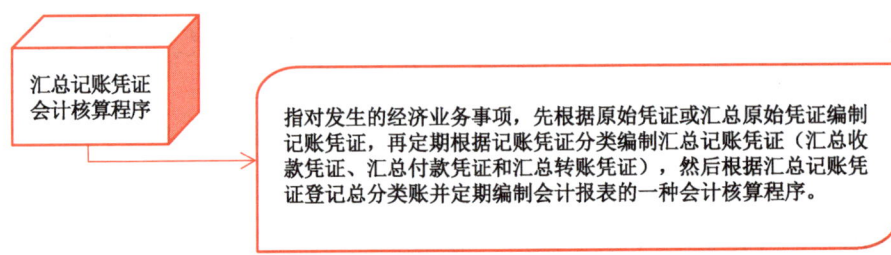

图6-77 汇总记账凭证会计核算程序的概念

二、汇总记账凭证会计核算程序的凭证及账簿设置

（一）凭证设置

采用汇总记账凭证会计核算程序，记账凭证的设置有两种类型，见图6-78。

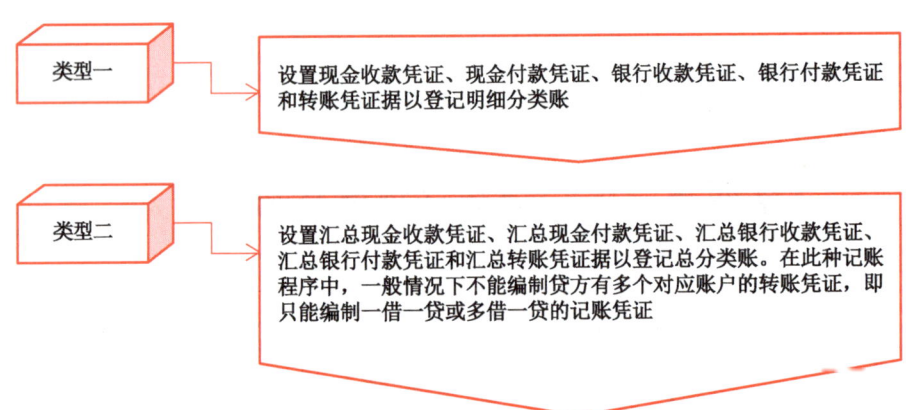

图6-78 记账凭证的两种设置类型

（二）账簿设置

采用汇总记账凭证会计核算程序一般应设置三类账簿，见图6-79。

三、汇总记账凭证会计核算程序的核算步骤

汇总记账凭证会计核算程序的核算步骤见图6-80，说明如下。
（1）根据原始凭证编制汇总原始凭证；
（2）根据原始凭证或汇总原始凭证，编制记账凭证；
（3）根据收款凭证、付款凭证逐笔登记库存现金日记账和银行存款日记账；
（4）根据原始凭证、汇总原始凭证和记账凭证，登记各种明细分类账；
（5）根据各种记账凭证编制有关汇总记账凭证；
（6）根据各种汇总记账凭证登记总分类账；

(7) 期末，根据总分类账和明细分类账的记录，编制会计报表；
(8) 根据会计报表资料进行会计分析。

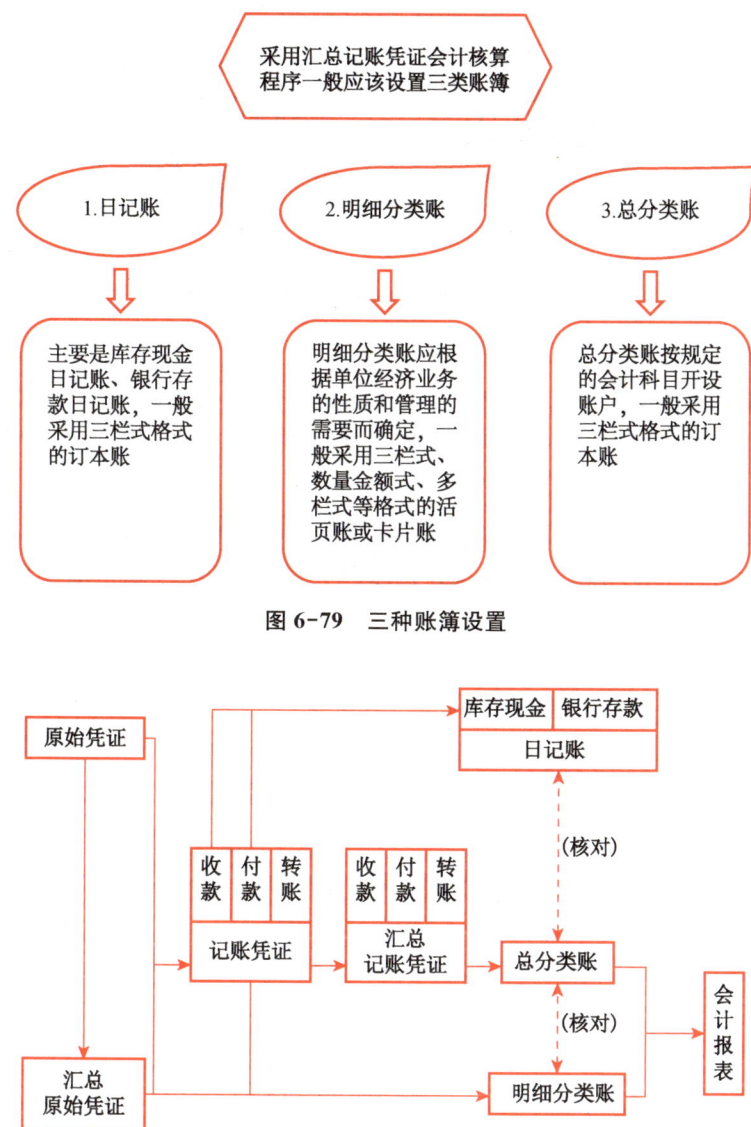

图 6-79 三种账簿设置

图 6-80 汇总记账凭证会计核算程序的核算步骤

四、汇总记账凭证会计核算程序的优缺点及适用范围

科目汇总表会计核算程序一般适用于适用于规模较大、经济业务较多的单位（见图 6-81）。

多栏式日记账会计核算程序

一、多栏式日记账会计核算程序的特点

多栏式日记账会计核算程序是指根据收款凭证和付款凭证逐日登记多栏式库存现金日记账和多栏式银行存款日记账，然后根据它们登记总分类账。

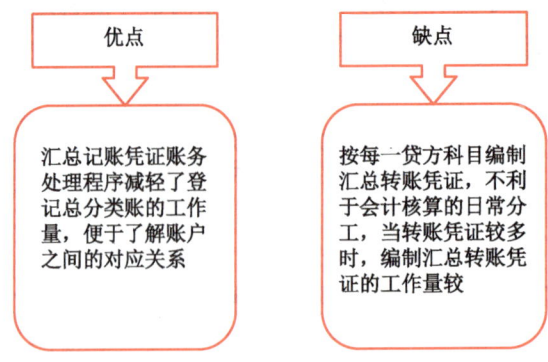

图 6-81　汇总记账凭证会计核算程序的优缺点

二、多栏式日记账会计核算程序的核算步骤

(1) 根据原始凭证或原始凭证汇总表，编制收款凭证、付款凭证和转账凭证；

(2) 根据收款凭证、付款凭证及所附的原始凭证逐笔登记多栏式库存现金日记账和银行存款日记账；

(3) 根据原始凭证、原始凭证汇总表和记账凭证登记明细分类账；

(4) 根据多栏式库存现金、银行存款日记账和转账凭证(或转账凭证科目汇总表)登记总账；

(5) 期末按对账要求将总账与明细分类账相核对；

(6) 根据总账和明细分类账的记录编制会计报表。

三、多栏式日记账会计核算程序的优缺点及适用范围

优点：收款凭证、付款凭证通过多栏式日记账进行汇总，再据以登记总分类账，可以减少登记总分类账的工作量。

缺点：如果单位经济业务多，必然会造成日记账栏目过多、账页庞大、容易串行串栏、不便于登记。

适用范围：生产经营规模大、经济业务量多，但使用会计科目较少的单位。

五、汇总记账凭证的编制

汇总记账凭证分为汇总收款凭证、汇总付款凭证和汇总转账凭证三种。

(一) 汇总收款凭证的编制

汇总收款凭证(Summarized Receipt Voucher)是指按照"库存现金""银行存款"科目的借方分别设置的一种汇总记账凭证，见图 6-82。它汇总了一定时期内库存现金和银行存款的收款业务。

汇总收款凭证的编制方法是：按日常核算工作中所填制的收款凭证中"库存现金""银行存款"科目的借方科目设置汇总收款凭证，按分录中相应的贷方科目定期进行汇总，填入汇总收款凭证中。会计人员一般可以 10 天或 15 天汇总一次，月终计算出合计数，据以登记总分类账。

汇总收款凭证

借方科目：　　　　　　　　　　　　　　　　　　　　　年　月汇收字　第　号

贷方科目	金额			总账页数	
	日至 日 收款凭证 号至 号	日至 日 收款凭证 号至 号	合计	借方	贷方
本月合计					

图 6-82　汇总收款凭证

需要注意的是：为了便于填制汇总收款凭证，平时填制收款凭证时，会计分录的形式最好是"一借一贷""一借多贷"。

（二）汇总付款凭证的编制

汇总付款凭证（Summarized Payment Voucher）是指按照"库存现金""银行存款"科目的贷方分别设置的一种汇总记账凭证。它汇总了一定时期内库存现金和银行存款的付款业务，见图 6-83。

汇总付款凭证

贷方科目：　　　　　　　　　　　　　　　　　　　　　年　月汇付字　第　号

借方科目	金额			总账页数	
	日至 日 付款凭证 号至 号	日至 日 付款凭证 号至 号	合计	借方	贷方
本月合计					

图 6-83　汇总付款凭证

汇总付款凭证的编制方法是:按日常核算工作中所填制的付款凭证中"库存现金""银行存款"科目的贷方科目设置汇总付款凭证,按分录中相应的借方科目定期进行汇总,填入汇总付款凭证中。会计人员一般可以 10 天或 15 天汇总一次,月终计算出合计数,据以登记总分类账。

需要注意的是:为了便于填制汇总付款凭证,平时填制付款凭证时,会计分录的形式最好是"一借一贷""一贷多借"。

(三) 汇总转账凭证的编制

汇总转账凭证(Summarized Transfer Voucher)是指按照每一贷方科目分别设置,用来汇总一定时期内转账凭证的一种汇总记账凭证,见图 6-84。

汇总转账凭证

贷方科目: 　　　　　　　　　　　　　　　　　　　　　年　月汇转字　第　号

借方科目	金额			总账页数	
	日至　日 转账凭证 号至　号	日至　日 转账凭证 号至　号	合计	借方	贷方
本月合计					

图 6-84　汇总转账凭证

汇总转账凭证的编制方法是:按日常核算工作中所填制的转账凭证中的贷方科目(如原材料、库存商品等)设置汇总转账凭证,按分录中相应的借方科目定期进行汇总,填入汇总付款凭证中。会计人员一般可以 10 天或 15 天汇总一次,月终计算出合计数,据以登记总分类账。

需要注意的是:为了便于填制汇总转账凭证,平时填制转账凭证时,会计分录的形式最好是"一借一贷""一贷多借"。

 案例介绍

一、公司概况

北京便捷家具有限公司概况见第二章第二节案例介绍。

第六章 会计核算程序

二、任务情况

具体资料和本章"第二节 记账凭证会计核算程序"案例介绍中任务相同。

三、任务要求

(1) 根据上述业务编制 12 月份相关记账凭证,记账凭证采用收、付、转三种,按三类顺序编号。

(2) 登记库存现金日记账、银行存款日记账。

(3) 登记应收账款、预付账款、原材料、库存商品、生产成本明细账。月末只做月结,年结省略。

(4) 按上、下月编制汇总收款凭证、汇总付款凭证、汇总转账凭证。

(5) 根据汇总记账凭证登记总分类账。

(6) 编制 12 月份资产负债表和利润表。

四、任务解析

便捷家具采用汇总记账凭证会计核算程序,需根据汇总记账凭证逐笔登记总分类账。

五、任务实施

步骤 1:根据原始凭证或汇总原始凭证,编制记账凭证

与本章"第二节 记账凭证会计核算程序"中任务相同,此处略。

步骤 2:根据收款凭证、付款凭证逐笔登记现金日记账和银行存款日记账。

与本章"第二节 记账凭证会计核算程序"中任务相同,此处略。

步骤 3:根据原始凭证、汇总原始凭证和记账凭证,登记各种明细分类账。

与本章"第二节 记账凭证会计核算程序"中任务相同,此处略。

步骤 4:根据记账凭证按上、下月编制汇总收款凭证、汇总付款凭证、汇总转账凭证,见图 6-85~图 6-102。

汇总收款凭证

借方科目:库存现金　　　　　20××年 12 月　　　　　汇收字　第 1 号

贷方科目	金额			总账页数	
	1 日至 15 日 收款凭证 1 号至 1 号	16 日至 31 日 收款凭证 号至 号	合计	借方	贷方
银行存款	12 000.00		12 000.00	略	略
本月合计	12 000.00		12 000.00		

图 6-85　库存现金汇总收款凭证

汇总收款凭证

借方科目：银行存款　　　　　　　20××年12月　　　　　　　汇收字　第2号

贷方科目	金额			总账页数	
	1日至15日收款凭证1号至1号	16日至31日收款凭证　号至　号	合计	借方	贷方
主营业务收入	150 000.00		150 000.00	略	略
应交税费	24 000.00		24 000.00		
本月合计	174 000.00		174 000.00		

图 6-86　银行存款汇总收款凭证

汇总付款凭证

贷方科目：银行存款　　　　　　　20××年12月　　　　　　　汇付字　第1号

借方科目	金额			总账页数	
	1日至15日付款凭证1号至8号	16日至31日付款凭证9号至9号	合计	借方	贷方
短期借款	800 000.00		800 000.00	略	略
应付利息	12 000.00		12 000.00		
原材料	10 000.00		10 000.00		
应交税费	26 850.00	800.00	27 650.00		
固定资产	110 175.00		110 175.00		
预付账款	10 000.00		10 000.00		
应付职工薪酬	16 500.00		16 500.00		
制造费用		5 000.00	5 000.00		
本月合计	985 525.00	5 800.00	991 325.00		

图 6-87　银行存款汇总付款凭证

汇总转账凭证

贷方科目：其他应付款　　　　20××年12月　　　　汇转字　第1号

借方科目	金额			总账页数	
	1日至15日 转账凭证 1号至1号	16日至31日 转账凭证 2号至14号	合计	借方	贷方
应付职工薪酬	500.00		500.00	略	略
本月合计	500.00		500.00		

图6-88　其他应付款汇总转账凭证

汇总转账凭证

贷方科目：应交税费　　　　20××年12月　　　　汇转字　第2号

借方科目	金额			总账页数	
	1日至15日 转账凭证 1号至1号	16日至31日 转账凭证 2号至14号	合计	借方	贷方
应付职工薪酬	1 000.00		1 000.00	略	略
应交税费		5 550.00	5 550.00		
税金及附加		555.00	555.00		
所得税费用		12 161.25	12 161.25		
本月合计	1 000.00	18 266.25	19 266.25		

图6-89　应交税费汇总转账凭证

汇总转账凭证

贷方科目：应付利息　　　　20××年12月　　　　汇转字　第3号

借方科目	金额			总账页数	
	1日至15日 转账凭证 1号至1号	16日至31日 转账凭证 2号至14号	合计	借方	贷方
财务费用		2 500.00	2 500.00	略	略
本月合计		2 500.00	2 500.00		

图6-90　应付利息汇总转账凭证

汇总转账凭证

贷方科目：应付职工薪酬　　　　　20××年12月　　　　　　汇转字　第4号

借方科目	金额			总账页数	
	1日至15日转账凭证1号至1号	16日至31日转账凭证2号至14号	合计	借方	贷方
生产成本		9 000.00	9 000.00	略	略
制造费用		4 000.00	4 000.00		
管理费用		5 000.00	5 000.00		
本月合计		18 000.00	18 000.00		

图 6-91　应付职工薪酬汇总转账凭证

汇总转账凭证

贷方科目：累计折旧　　　　　　　20××年12月　　　　　　汇转字　第5号

借方科目	金额			总账页数	
	1日至15日转账凭证1号至1号	16日至31日转账凭证2号至14号	合计	借方	贷方
制造费用		2 000.00	2 000.00	略	略
管理费用		3 000.00	3 000.00		
本月合计		5 000.00	5 000.00		

图 6-92　累计折旧汇总转账凭证

汇总转账凭证

贷方科目：原材料　　　　　　　　20××年12月　　　　　　汇转字　第6号

借方科目	金额			总账页数	
	1日至15日转账凭证1号至1号	16日至31日转账凭证2号至14号	合计	借方	贷方
生产成本		12 000.00	12 000.00	略	略
制造费用		2 000.00	2 000.00		
本月合计		14 000.00	14 000.00		

图 6-93　原材料汇总转账凭证

第六章 会计核算程序

汇总转账凭证

贷方科目：制造费用　　　　　　　　20××年12月　　　　　　　　汇转字　第7号

借方科目	金额			总账页数	
	1日至15日 转账凭证 1号至1号	16日至31日 转账凭证 2号至14号	合计	借方	贷方
生产成本		12 000.00	12 000.00	略	略
本月合计		12 000.00	12 000.00		

图6-94　制造费用汇总转账凭证

汇总转账凭证

贷方科目：生产成本　　　　　　　　20××年12月　　　　　　　　汇转字　第8号

借方科目	金额			总账页数	
	1日至15日 转账凭证 1号至1号	16日至31日 转账凭证 2号至14号	合计	借方	贷方
库存商品		21 000.00	21 000.00	略	略
本月合计		21 000.00	21 000.00		

图6-95　生产成本汇总转账凭证

汇总转账凭证

贷方科目：库存商品　　　　　　　　20××年12月　　　　　　　　汇转字　第9号

借方科目	金额			总账页数	
	1日至15日 转账凭证 1号至1号	16日至31日 转账凭证 2号至14号	合计	借方	贷方
主营业务收入		89 250.00	89 250.00	略	略
本月合计		89 250.00	89 250.00		

图6-96　库存商品汇总转账凭证

汇总转账凭证

贷方科目：本年利润　　　　　　　20××年12月　　　　　　　汇转字　第10号

借方科目	金额			总账页数	
	1日至15日转账凭证1号至1号	16日至31日转账凭证2号至14号	合计	借方	贷方
主营业务收入		150 000.00	150 000.00	略	略
本月合计		150 000.00	150 000.00		

图 6-97　本年利润汇总转账凭证

汇总转账凭证

贷方科目：主营业务成本　　　　　20××年12月　　　　　　　汇转字　第11号

借方科目	金额			总账页数	
	1日至15日转账凭证1号至1号	16日至31日转账凭证2号至14号	合计	借方	贷方
本年利润		89 250.00	89 250.00	略	略
本月合计		89 250.00	89 250.00		

图 6-98　主营业务成本汇总转账凭证

汇总转账凭证

贷方科目：税金及附加　　　　　　20××年12月　　　　　　　汇转字　第12号

借方科目	金额			总账页数	
	1日至15日转账凭证1号至1号	16日至31日转账凭证2号至14号	合计	借方	贷方
本年利润		555.00	555.00	略	略
本月合计		555.00	555.00		

图 6-99　税金及附加汇总转账凭证

汇总转账凭证

贷方科目：管理费用　　　　　　　20××年12月　　　　　　　汇转字　第13号

借方科目	金额			总账页数	
	1日至15日 转账凭证 1号至1号	16日至31日 转账凭证 2号至14号	合计	借方	贷方
本年利润		9 050.00	9 050.00	略	略
本月合计		9 050.00	9 050.00		

图 6-100　管理费用汇总转账凭证

汇总转账凭证

贷方科目：财务费用　　　　　　　20××年12月　　　　　　　汇转字　第14号

借方科目	金额			总账页数	
	1日至15日 转账凭证 1号至1号	16日至31日 转账凭证 2号至14号	合计	借方	贷方
本年利润		2 500.00	2 500.00	略	略
本月合计		2 500.00	2 500.00		

图 6-101　财务费用汇总转账凭证

汇总转账凭证

贷方科目：所得税费用　　　　　　20××年12月　　　　　　　汇转字　第15号

借方科目	金额			总账页数	
	1日至15日 转账凭证 1号至1号	16日至31日 转账凭证 2号至14号	合计	借方	贷方
本年利润		12 161.25	12 161.25	略	略
本月合计		12 161.25	12 161.25		

图 6-102　所得税费用汇总转账凭证

步骤 5：根据汇总收款凭证、汇总付款凭证、汇总转账凭证登记总分类账，见图 6-103、图 6-104。

库存现金　总账

20××年		凭证号数	摘要	对方科目	借方 千百十万千百十元角分	贷方 千百十万千百十元角分	借或贷	余额 千百十万千百十元角分
月	日							
12	1		期初余额				借	2 0 0 0 0 0
	31	汇收1	1-31日发生额		1 2 0 0 0 0 0		借	1 4 0 0 0 0 0
12	31		本月合计		1 2 0 0 0 0 0		借	1 4 0 0 0 0 0

图 6-103　库存现金总账

银行存款　总账

20××年		凭证号数	摘要	对方科目	借方 千百十万千百十元角分	贷方 千百十万千百十元角分	借或贷	余额 千百十万千百十元角分
月	日							
12	1		期初余额				借	2 1 2 5 5 0 0 5 4
	31	汇收1	1-31日发生额			1 2 0 0 0 0 0	借	2 1 1 3 5 0 0 5 4
	31	汇收2	1-31日发生额		1 7 4 0 0 0 0 0		借	2 2 8 7 5 0 0 5 4
	31	汇付1	1-31日发生额			9 9 1 3 2 5 0 0	借	1 2 9 6 1 7 5 5 4
12	31		本月合计		1 7 4 0 0 0 0 0	1 0 0 3 3 2 5 0 0	借	1 2 9 6 1 7 5 5 4

图 6-104　银行存款总账

其他总分类账略。

步骤 6：根据核对无误的总分类账和明细分类账的记录，编制会计报表。

与本章"第二节　记账凭证会计核算程序"中任务相同，此处略。

 **实训**

根据图 6-105 进行汇总记账凭证会计核算程序能力实训。

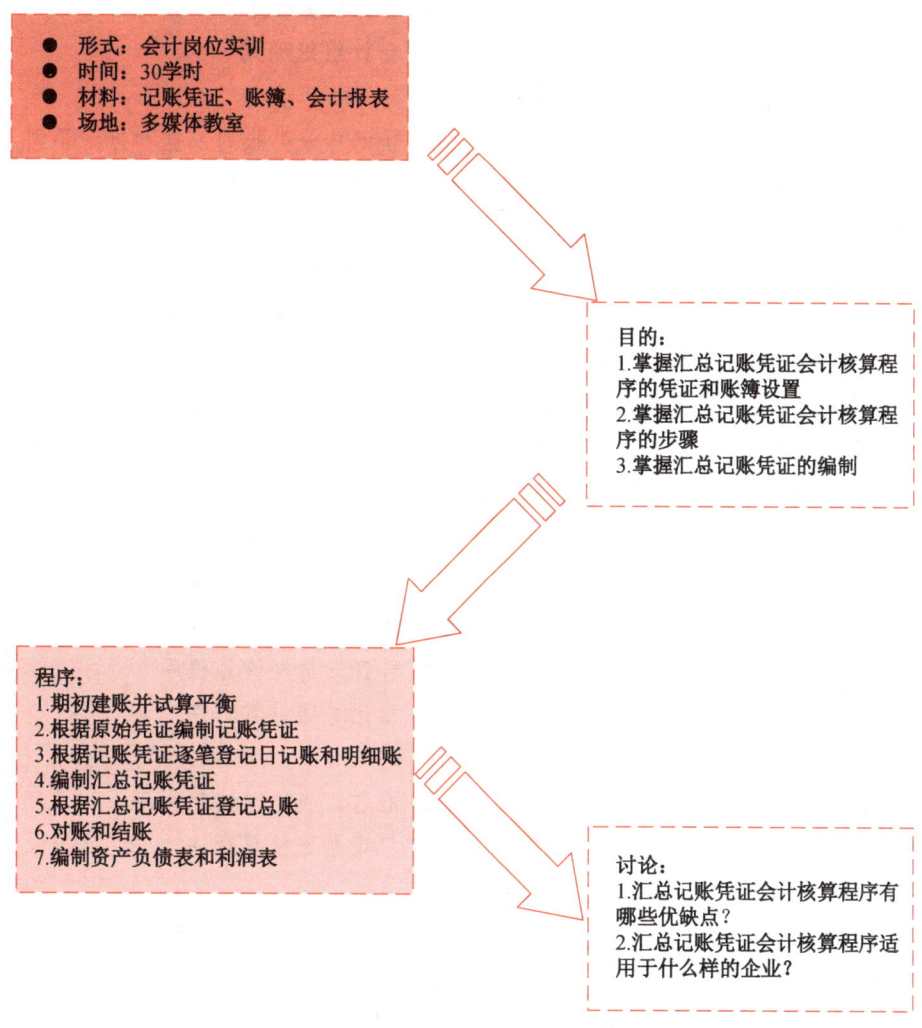

图 6-105 汇总记账凭证会计核算程序能力实训

本 章 小 结

- 会计核算程序概述
- 记账凭证会计核算程序
- 科目汇总表会计核算程序
- 汇总记账凭证会计核算程序

本 章 复 习 题

一、单项选择题

1. 在会计核算中账簿组织、记账程序、会计报表的有机结合的形式称为（   ）。

A. 账簿组织 B. 会计核算程序
C. 记账工作步骤 D. 会计组织形式

2. 各种会计核算程序的主要区别是（　　）。
A. 登记明细分类账的依据和方法不同 B. 登记总分类账的依据和方法不同
C. 总账的格式不同 D. 编制会计报表的依据不同

3. 会计报表是根据（　　）资料编制的。
A. 日记账、总账和明细账 B. 日记账和明细账
C. 日记账和总分类账 D. 明细分类账和总分类账

4. 记账凭证核算程序的主要特点是（　　）。
A. 根据各种记账凭证编制汇总记账凭证 B. 根据各种记账凭证逐笔登记总分类账
C. 根据各种记账凭证编制科目汇总表 D. 根据各种汇总记账凭证登记总分类账

5. 记账凭证核算程序的适用范围是（　　）。
A. 规模大、业务量多的单位 B. 采用单式记账式的单位
C. 规模小、业务量少的单位 D. 会计基础工作薄弱的单位

6. 直接根据记账凭证逐笔登记总分类账，这种核算程序是（　　）。
A. 记账凭证核算程序 B. 科目汇总表核算程序
C. 汇总记账凭证核算程序 D. 日记总账核算程序

7. 属于最基本的会计核算程序的是（　　）。
A. 记账凭证核算程序 B. 汇总记账凭证核算程序
C. 科目汇总表核算程序 D. 日记总账核算程序

8. 记账凭证核算程序的缺点是（　　）。
A. 不便于分工记账 B. 程序复杂、不易掌握
C. 不便于查对账目 D. 登记总分类账的工作量大

9. 规模较小、业务量小而单一的单位，一般采用的核算程序是（　　）。
A. 记账凭证核算程序 B. 科目汇总表核算程序
C. 汇总记账凭证核算程序 D. 多栏式日记账核算程序

10. 会计凭证方面，科目汇总表核算程序比记账凭证核算程序增设了（　　）。
A. 原始凭证汇总表 B. 汇总原始凭证
C. 科目汇总表 D. 汇总记账凭证

11. 科目汇总表核算程序下，会计凭证方面除设置收款凭证、付款凭证、转账凭证外，还应设置（　　）。
A. 科目汇总表 B. 汇总收款凭证
C. 汇总付款凭证 D. 汇总转账凭证

12. 科目汇总表核算程序的缺点是（　　）。
A. 登记总分类账的工作量大 B. 程序复杂，不易掌握
C. 不能对发生额进行试算平衡 D. 不便于查对账目

13. 科目汇总表所汇总的范围是（　　）。

A. 全部科目的借方发生额　　　　　B. 全部科目的贷方发生额
C. 全部科目的借方、贷方发生额　　D. 全部科目的借方、贷方余额

14. 科目汇总表核算程序是根据(　　)登记总账。
A. 收款凭证、付款凭证、转账凭证　　B. 汇总原始凭证
C. 科目汇总表　　　　　　　　　　　D. 日记账

15. 一般地,科目汇总表核算程序适用于(　　)。
A. 规模大、业务量多的单位　　B. 采用单式记账的单位
C. 规模小、业务量少的单位　　D. 会计基础工作薄弱的单位

二、多项选择题

1. 在不同会计核算程序下,可以作为登记总分类账依据的有(　　)。
A. 记账凭证　　　　　B. 科目汇总表
C. 汇总记账凭证　　　D. 多栏式日记账

2. 我国采用的会计核算程序主要有(　　)。
A. 科目汇总表组织核算程序　　B. 记账凭证核算程序
C. 汇总记账凭证核算程序　　　D. 多栏式日记账核算程序

3. 关于科目汇总表核算程序的说法,正确的有(　　)。
A. 科目汇总表核算程序可以大大减轻总账的登记工作
B. 科目汇总表核算程序可以对发生额进行试算平衡
C. 科目汇总表核算程序下总分类账能明确反映账户的对应关系
D. 科目汇总表核算程序适用于规模大、业务量多的单位

4. 在科目汇总表核算程序下,记账凭证是用来(　　)的依据。
A. 登记库存现金日记账　　B. 登记银行存款日记账
C. 登记明细分类账　　　　D. 登记总分类账

5. 科目汇总表是根据(　　)编制的。
A. 明细账和总账　　　B. 收款凭证
C. 付款凭证　　　　　D. 转账凭证

6. 科目汇总表的编制方法有(　　)。
A. 全部汇总　　B. 分月汇总　　C. 按年汇总　　D. 分类汇总

7. 记账凭证核算程序的优点有(　　)。
A. 登记总分类账的工作量较小　　B. 核算程序简单明了,易于理解
C. 总分类账登记详细,便于查对账目　　D. 适用于规模大、业务量多的单位

8. 记账凭证核算程序下,应设置的会计凭证有(　　)。
A. 科目汇总表　　B. 收款凭证　　C. 付款凭证　　D. 转账凭证

9. 汇总记账凭证会计核算程序的优点是(　　)。
A. 总账能反映账户对应关系,便于对经济业务进行分析和检查
B. 减少登记总账的工作量

C. 同一贷方科目的转账凭证不多时,可减少核算工作量
D. 有利于对全部账户的发生额进行试算平衡

10. 在采用汇总记账凭证会计核算程序时,编制记账凭证的要求是(　　)。
A. 收款、付款、转账凭证均可一借一贷　　B. 转账凭证可一借多贷
C. 转账凭证可一贷多借　　D. 收款凭证可一借多贷

11. 在汇总记账凭证会计核算程序下,应设置的凭证及账簿有(　　)。
A. 收、付款凭证　　B. 汇总的收、付款凭证
C. 转账凭证及汇总转账凭证　　D. 科目汇总表

三、判断题

1. 科目汇总表程序可以简化总账的登记工作,所以适用于规模较大、经济业务较多的大中型企业单位。（　　）

2. 科目汇总表可以采用全部汇总和分类汇总两种汇总方式,但任何格式的科目汇总表都不能反映账户之间的对应关系。（　　）

3. 采用科目汇总表会计核算程序,总分类账、明细账和日记账均应根据科目汇总表登记。（　　）

4. 科目汇总表核算程序的缺点是不便于查对账目。（　　）

5. 科目汇总表核算程序不仅可以起到试算平衡的作用,而且可以反映账户之间的对应关系。（　　）

6. 记账凭证和科目汇总表都是登记账簿的依据。（　　）

7. 记账凭证是登记各种账簿的唯一依据。（　　）

8. 各种会计核算程序之间的主要区别在于登记总账的依据和方法不同。（　　）

8. 不同会计核算程序下,编制会计报表的依据是相同的。（　　）

10. 会计循环是指在一个会计期间依次连续运用会计核算方法,对经济业务进行反应和监督的过程。（　　）

11. 汇总记账凭证会计核算程序的特点是直接根据汇总记账凭证逐笔登记总分类账和明细分类账,它是最基本的会计核算程序。（　　）

12. 不论采用哪种会计核算程序,都必须设置日记账、总分类账和明细分类账。（　　）

> 典谟训诰，宝之无佚；只字片言，亦所珍惜。分肌擘理，鉴貌辨色；规圆矩方，依时顺序。创业扩基，前轨可迹；古为今用，功同史册。群众跃进，计划落实；察往知来，视兹故帙。
>
> ——董必武

第七章　会计档案管理

【本章要点】

通过对本章内容的学习，你应了解和掌握如下问题：
- 会计档案的归档
- 会计档案的保管
- 会计档案的销毁

> 会计档案（Accounting Archives）是指会计凭证、会计账簿、财务会计报告等会计核算专业资料，它是记录和反映经济业务的重要史料和证据。
>
> 会计档案是国家档案的重要组成部分，也是各单位的重要档案。通过会计档案，可以了解每项经济业务的来龙去脉；可以检查一个单位是否遵守财经纪律，在会计资料中有无弄虚作假、违法乱纪等行为；会计档案还可以为单位提供详尽的经济资料，为单位制定经营决策提供参考。

第一节　会计档案的归档

一、会计档案的归档范围

会计档案的归档范围见图 7-1。

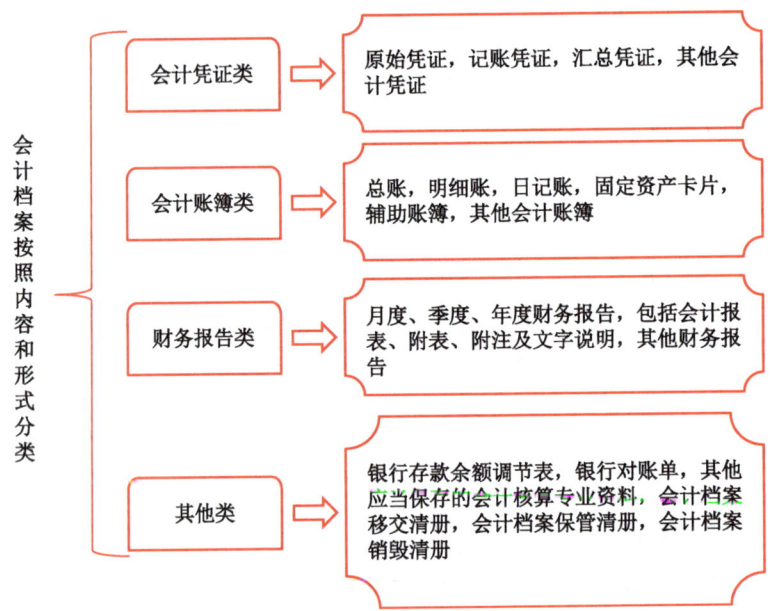

图 7-1 会计档案按照内容和形式分类

实施会计电算化的单位应当将以下会计核算专业材料归档：

(1) 以计算机硬盘等磁性介质或者光盘存储的会计数据。

(2) 打印输出的纸质会计核算材料。

(3) 会计软件的全套文档资料以及会计软件程序。

二、会计档案的立卷整理

会计年度终了后，企业会计机构应当及时对会计资料进行立卷整理。会计档案的整理一般采用"三统一"的办法，即分类标准统一、档案形成统一、管理要求统一，并分门别类按各卷顺序编号。

（一）分类标准统一

一般将财务会计资料分成一类账簿、二类凭证、三类报表、四类文字资料及其他。

（二）档案形成统一

案册封面、档案卡夹、存放柜和存放序列统一。

（三）管理要求统一

建立财务会计资料档案簿、会计资料档案目录；会计凭证装订成册，报表和文字资料分类立卷，其他零星资料按年度排序汇编装订成册。

小知识

会计档案实物

一、会计档案盒（见图 7-2）

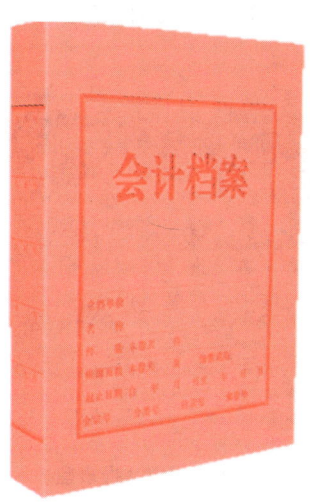

图 7-2　会计档案盒

二、会计凭证盒（见图 7-3）

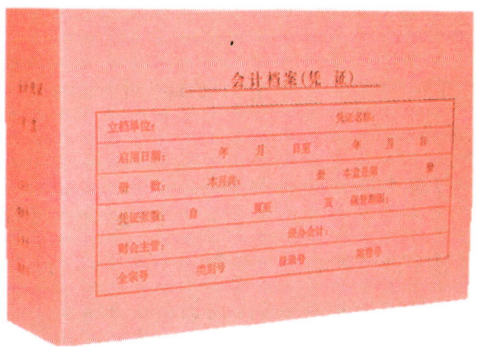

图 7-3　会计凭证盒

三、会计账簿盒(见图7-4)

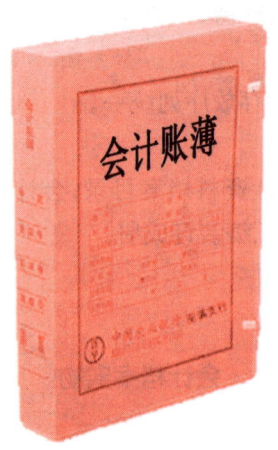

图7-4　会计账簿盒

四、会计报表盒(见图7-5)

图7-5　会计报表盒

三、会计档案的装订

会计档案的装订主要包括会计凭证、会计账簿、会计报表及其他文字资料的装订。

(一) 会计凭证的装订

一般每月装订一次,装订好的凭证按年分月妥善保管归档。

1. 会计凭证装订前的准备工作

(1) 分类整理,按顺序排列,检查日数、编号是否齐全;

(2) 按凭证汇总日期归集(如按上、中、下旬汇总归集)确定装订成册的本数;

(3) 摘除凭证内的金属物(如订书针、大头针、回形针),对大的张页或附件要折叠成同记账凭证大小,且要避开装订线,以便翻阅时保持数字完整;

(4) 整理检查凭证顺序号,如有颠倒要重新排列,发现缺号要查明原因。再检查附件有否漏缺,领料单、入库单、工资、奖金发放单是否随附齐全;

(5) 检查记账凭证上有关人员(如财务主管、复核、记账、制单等)的印章是否齐全。

2. 会计凭证装订时的要求

（1）用"三针引线法"装订，装订凭证应使用棉线，在左上角部位打上三个针眼，实行三眼一线打结，结扣应是活的，并放在凭证封皮的里面，装订时尽可能缩小所占部位，使记账凭证及其附件保持尽可能大的显露面，以便于事后查阅；

（2）凭证外面要加封面，封面用上好的牛皮纸印制，封面规格略大于所附记账凭证；

（3）装订凭证厚度一般为1.5厘米，如此方可保证装订牢固，美观大方。

3. 会计凭证装订后的注意事项

（1）每本封面上填写好凭证种类、起止号码、凭证张数、会计主管人员和装订人员签章；

（2）在封面上编好卷号，按编号顺序入柜，并要在显露处标明凭证种类编号，以便于调阅。

（二）会计账簿的装订

各种会计账簿年度结账后，除跨年使用的账簿外，其他账簿应按时整理立卷。基本要求是：

1. 账簿装订前

会计人员应首先按账簿启用表的使用页数核对各个账户是否相符，账页数是否齐全，序号排列是否连续；然后按会计账簿封面、账簿启用表、账户目录、该账簿按页数顺序排列的账页、会计账簿装订封底的顺序装订。

2. 活页账簿装订要求

（1）保留已使用过的账页，将账页数填写齐全，去除空白页，撤掉账夹，用质地良好的牛皮纸做封面、封底，装订成册。

（2）多栏式活页账、三栏式活页账、数量金额式活页账等不得混装，应按同类业务、同类账页装订在一起。

（3）在本账的封面上填写好账目的种类，编好卷号，由会计主管人员和装订人（经办人）签章。

3. 账簿装订后的其他要求

（1）会计账簿应牢固、平整，不得有折角、缺角、错页、掉页、加空白纸的现象。

（2）会计账簿的封口要严密，封口处要加盖有关印章。

（3）封面应齐全、平整，并注明所属年度及账簿名称、编号，编号为一年一编，编号顺序为总账、库存现金日记账、银行存（借）款日记账、分户明细账。

（4）会计账簿按保管期限分别编制卷号，如库存现金日记账全年按顺序编制卷号，总账、各类明细账、辅助账全年按顺序编制卷号。

（三）会计报表的装订

会计报表编制完成及时报送后，留存的报表按月装订成册谨防丢失。第一，会计报表装订前要按编报目录核对是否齐全，整理报表页数，上边和左边对齐压平，防止折角，如有损坏，经修补后，完整无缺地装订；第二，会计报表装订顺序为：会计报表封面、会计报表编制说明、按会计报表编号顺序排列的各种会计报表、会计报表的封底；第三，按保管期限编制卷号。

一、公司概况

北京便捷家具有限公司概况见第二章第二节案例介绍。

二、任务要求

2019年2月,便捷家具财务部门要将2018年度的会计档案进行立卷整理,会计人员应当对哪些会计档案进行归档?立卷整理时需遵循怎样的办法?

三、任务解析

财务部门形成的材料很多,只有会计专业核算材料才是会计档案。财务部门经办的有关财会工作的方针、政策、制度、预算、预算指标、计划、工作总结、报告以及来往文书都不属于会计档案的归档范围,应按照文书档案管理办法执行。

四、任务实施

便捷家具需要归档的会计档案包括:

(1) 2018年度的原始凭证、记账凭证、汇总凭证及其他会计凭证。

(2) 2018年度的总账、明细账、日记账、固定资产卡片、辅助账簿及其他会计账簿。

(3) 2018年度的月度、季度、年度财务报告(包括会计报表、附表、附注及文字说明)及其他财务报告。

(4) 2018年度的银行存款余额调节表、银行对账单、会计档案移交清册、会计档案保管清册、会计档案销毁清册、其他应当保存的会计核算专业资料。

便捷家具立卷整理时需遵循的方法:

会计档案的整理采用"三统一"的办法,即分类标准统一、档案形成统一、管理要求统一,并分门别类按各卷顺序编号。

第二节 会计档案的保管

一、会计档案的移交

（一）移交管理

（1）当年形成的会计档案，在会计年度终了后，可暂由会计机构保管一年，期满之后，应当由会计机构编制移交清册，移交本单位档案机构统一保管；未设立档案机构的，应当在会计机构内部指定专人保管。出纳人员不得兼管会计档案。

移交本单位档案机构保管的会计档案，原则上应当保持原卷册的封装。个别需要拆封重新整理的，档案机构应当会同会计机构和经办人员共同拆封整理，以分清责任。

（2）机构变动或档案管理人员调动时，应办理交接手续，由原管理人员编制会计档案移交清册，将全部案卷逐一点交，接管人员逐一接收。

（3）单位因撤销、解散、破产或者其他原因而终止的，在终止和办理注销登记手续之前形成的会计档案，应当由终止单位的业务主管部门或财产所有者代管或移交有关档案馆代管。法律、行政法规另有规定的，从其规定。

（4）单位分立后原单位存续的，其会计档案应当由分立后的存续方统一保管，其他方可查阅、复制与其业务相关的会计档案；单位分立后原单位解散的，其会计档案应当经各方协商后由其中一方代管或移交档案馆代管，各方可查阅、复制与其业务相关的会计档案；单位分立中未结清的会计事项所涉及的原始凭证，应当单独抽出由业务相关方保存，并按规定办理交接手续。

（5）单位因业务移交其他单位办理所涉及的会计档案，应当由原单位保管，承接业务单位可查阅、复制与其业务相关的会计档案，对其中未结清的会计事项所涉及的原始凭证，应当单独抽出由业务承接单位保存，并按规定办理交接手续。

（6）单位合并后原各单位解散或一方存续其他方解散的，原各单位的会计档案应当由合并后的单位统一保管；单位合并后原各单位仍存续的，其会计档案仍应由原各单位保管。

（7）建设单位在项目建设期间形成的会计档案，应当在办理竣工决算后移交给建设项目的接受单位，并按规定办理交接手续。

（二）移交手续

财务会计部门在将会计档案移交本单位档案部门时，应按下列程序进行：

（1）会计机构编制会计档案移交清册，列明应当移交的会计档案名称、卷号、册数、起止年度和档案编号、应保管期限、已保管期限等内容；

（2）交接会计档案时，交接人员按会计档案移交清册项目逐项交接，并由交接双方单位负责人监交；

（3）交接完毕，交接人员按移交清册项目核查无误后，交接人员和监交人员在会计档案移交清册上签章。

二、会计档案的保管

（一）基本要求

（1）会计档案室应选择在干燥防水的地方，并远离易燃品堆放地，周围应备有适应的防火器材；

（2）采用透明塑料膜作防尘罩、防尘布，遮盖所有档案架并堵塞鼠洞；

（3）会计档案室内应经常用消毒药剂喷洒，保持清洁卫生，以防虫蛀；

（4）会计档案室应保持通风透光，并有适当的空间、通道和查阅地方，以利查阅，并防止潮湿；

（5）设置归档登记簿、档案目录登记簿、档案借阅登记簿，严防毁坏损失、散失和泄密。

（二）电子会计档案的保管

（1）会计电算化档案保管要注意有防盗、防磁等安全措施。

（2）用电子计算机进行会计核算的单位，应当保存打印出的纸质会计档案。

（3）具有采用磁带、磁盘、光盘、微缩胶片等磁性介质保存会计档案条件的，由国务院主管部门统一规定，并报财政部、国家档案局备案。

小知识

账簿与印花税

印花税是对经济活动和经济交往中书立、领受具有法律效力的凭证的行为所征收的一种税，印花税票见图7-6。

一、印花税的纳税人

印花税的纳税人包括在中国境内设立、领受规定的经济凭证的企业、行政单位、事业单位、军事单位、社会团体、其他单位、个体工商户和其他个人。

二、印花税的征税范围

现行印花税只对《印花税暂行条例》列举的凭证征收，没有列举的凭证不征税。具体征税范围包括：

图7-6　印花税票

1. 经济合同

经济合同包括购销合同、加工承揽合同、建设工程勘察设计合同、建筑安装工程承包合同、财产租赁合同、货物运输合同、仓储保管合同、借款合同、财产保险合同、技术合同10大类。

2. 产权转移书据

产权转移书据包括财产所有权、版权、商标专用权、专利权、专有技术使用权共5项产权的转移书据。

3. 营业账簿

营业账簿包括资金账簿和其他营业账簿。

三、印花税的税率

印花税的税率见表7-1。

表7-1　　　　　　　　　　印花税税率

税目	比例税率	税目	比例税率
1. 财产租赁合同	1‰	3. 加工承揽合同	0.5‰
2. 仓储保管合同	1‰	4. 建设工程勘察设计合同	0.5‰

(续表)

税目	比例税率	税目	比例税率
5. 货物运输合同	0.5‰	11. 借款合同	0.05‰
6. 产权转移书据	0.5‰	12. 财产保险合同	1‰
7. 营业账簿中记载资金的账簿	0.5‰	税目	定额税率
8. 购销合同	0.3‰	1. 权利许可证照	五元
9. 建筑安装工程承包合同	0.3‰	2. 营业账簿中的其他账簿	五元
10. 技术合同	0.3‰		

四、印花税的计税方法

应纳税额计算公式：

$$应纳数额 = 应纳税凭证记载的金额（费用、收入额）\times 适用税率$$

$$应纳税额 = 应纳税凭证的件数 \times 适用税额标准$$

三、会计档案的借阅

(1) 会计档案为本单位提供利用，原则上不得借出，有特殊需要须经上级主管单位或单位领导、会计主管人员批准；

(2) 外部人员借阅会计档案时，应持有单位正式介绍信，经会计主管人员或单位领导人批准后，方可办理借阅手续；单位内部人员借阅会计档案时，应经会计主管人员或单位领导人批准后，办理借阅手续。借阅人应认真填写档案借阅登记簿，将借阅人姓名、单位、日期、数量、内容、归期等情况登记清楚；

(3) 借阅会计档案人员不得在案卷中乱画、标记，拆散原卷册，也不得涂改抽换、携带外出或复制原件（如有特殊情况，须经领导批准后方能携带外出或复制原件）；

(4) 借出的会计档案，会计档案管理人员要按期如数收回，并办理注销借阅手续。

四、会计档案的保管期限

各种会计档案的保管期限，按其特点可分为永久性和定期性两类，定期保管期限分别为3年、5年、10年、15年、25年5种。凡是在立档单位会计核算中形成的，记述和反映会计核算的，对工作总结、查考和研究经济活动具有长远利用价值的会计档案，应永久保存。会计档案的保管期限，从会计年度终了后的第一天算起。

 案例介绍

一、公司概况

北京便捷家具有限公司概况见第二章第二节案例介绍。

二、任务要求

2019年1月1日，便捷公司财务部门将2017年度的会计档案转交给公司档案管理部门,会计人员应当办理哪些相关移交手续?

三、任务解析

《会计档案管理办法》规定:"当年形成的会计档案,在会计年度终了后,可暂由会计机构保管一年,期满之后,应当由会计机构编制移交清册,移交本单位档案机构统一保管;未设立档案机构的,应当在会计机构内部指定专人保管。出纳人员不得兼管会计档案。"

四、任务实施

步骤1:会计机构编制会计档案移交清册,见表7-2。

表7-2　　　　　　　　　　　　会计档案移交清册

移交时间:2019年1月1日

编号	文件名称	册数	保管期限	已保管期限	保管地点
2015001	2017年度会计凭证	12	15年	1年	公司档案室
2015002	2017年度总账	1	15年	1年	公司档案室
2015003	2017年度明细账	1	15年	1年	公司档案室
2015004	2017年度现金日记账	1	25年	1年	公司档案室
2015005	2017年度银行存款日记账	1	25年	1年	公司档案室
2015006	2017年度辅助账簿	1	15年	1年	公司档案室
2015007	2017年度月度财务报告	12	3年	1年	公司档案室
2015008	2017年度财务报告	1	永久	1年	公司档案室
2015009	2017年度银行存款余额调节表	1	5年	1年	公司档案室
2015010	2017年度银行对账单	1	5年	1年	公司档案室

移交人:　　　　　　　　　接收人:　　　　　　　　　监交人:

步骤2:交接人员按移交清册项目逐项交接,并由交接双方单位负责人监交。

步骤3:交接人员按移交清册项目核查无误后,由交接人员和监交人员在会计档案移交清册上签章,见表7-3。

表7-3　　　　　　　　　　　　会计档案移交清册

移交时间:2019年1月1日

编号	文件名称	册数	保管期限	已保管期限	保管地点
2015001	2017年度会计凭证	12	15年	1年	公司档案室
2015002	2017年度总账	1	15年	1年	公司档案室
2015003	2017年度明细账	1	15年	1年	公司档案室
2015004	2017年度现金日记账	1	25年	1年	公司档案室
2015005	2017年度银行存款日记账	1	25年	1年	公司档案室

(续表)

编号	文件名称	册数	保管期限	已保管期限	保管地点
2015006	2017年度辅助账簿	1	15年	1年	公司档案室
2015007	2017年度月度财务报告	12	3年	1年	公司档案室
2015008	2017年度财务报告	1	永久	1年	公司档案室
2015009	2017年度银行存款余额调节表	1	5年	1年	公司档案室
2015010	2017年度银行对账单	1	5年	1年	公司档案室

移交人：孙丽　　　接收人：石健　　　监交人：李梅、史军

第三节　会计档案的销毁

一、会计档案的销毁程序

保管期满的会计档案，可以按照以下程序销毁：

（1）由本单位档案机构会同会计机构提出销毁意见后，财会人员编制会计档案销毁清册，列明销毁会计档案的名称、卷号、册数、起止年度和档案编号、应保管期限、已保管期限、销毁时间等内容。

（2）单位负责人在会计档案销毁清册上签署意见。

（3）销毁会计档案应当由档案机构和会计机构共同派员监销。国家机关销毁会计档案时，应当由同级财政部门、审计部门派员参加监销。财政部门销毁会计档案时，应当由同级

审计部门派员参加监销。

(4)监销人在销毁会计档案前,应当按照会计档案销毁清册所列内容清点核对所要销毁的会计档案;销毁后,应当在会计档案销毁清册上签名盖章,并将监销情况报告本单位负责人。

二、不得销毁的会计档案

(1)保管期满但未结清的债权债务原始凭证和涉及其他未了事项的原始凭证,不得销毁,应当单独抽出立卷,保管到未了事项完结时为止。单独抽出立卷的会计档案,应当在会计档案销毁清册和会计档案保管清册中列明。

(2)正在项目建设期间的建设单位,其保管期满的会计档案不得销毁。

案例介绍

一、公司概况
北京便捷家具有限公司概况见第二章第二节案例介绍。

二、任务要求
2019年1月1日,便捷家具会计档案管理部门整理档案室时发现部分会计档案已满保管期限,决定对保管期满的会计档案进行销毁,财务部门应当如何配合档案管理部门进行销毁工作?

三、任务解析
会计档案的销毁工作需由公司档案管理部门与财务部门共同完成,任何一方都不得私自销毁保管期满的会计档案。

四、任务实施
步骤1:由便捷家具档案管理机构会同会计机构提出销毁意见,编制会计档案销毁清册,见表7-4。

表7-4 会计档案销毁清册

序号	档案编号	案卷名称	册数	起止时间	保管期限	已保管期限
1	2003001	2003年度会计凭证	12	2003年1月1日—2003年12月31日	15年	15年
2	2003002	2003年度总账	1	2003年1月1日—2003年12月31日	15年	15年
3	2003003	2003年度明细账	1	2003年1月1日—2003年12月31日	15年	15年
4	2015006	2011年度月度财务报告	12	2015年1月1日—2015年12月31日	3年	3年
5	2013009	2013年度银行存款余额调节表	1	2013年1月1日—2013年12月31日	5年	5年
6	2013010	2013年度银行对账单	1	2013年1月1日—2013年12月31日	5年	5年

单位负责人: 监销人: 销毁时间:2019年1月1日

步骤2：单位负责人在会计档案销毁清册上签署意见，见表7-5。

表7-5　　　　　　　　　　　　　　　会计档案销毁清册

序号	档案编号	案卷名称	册数	起止时间	保管期限	已保管期限
1	2003001	2003年度会计凭证	12	2003年1月1日—2003年12月31日	15年	15年
2	2003002	2003年度总账	1	2003年1月1日—2003年12月31日	15年	15年
3	2003003	2003年度明细账	1	2003年1月1日—2003年12月31日	15年	15年
4	2015006	2011年度月度财务报告	12	2015年1月1日—2015年12月31日	3年	3年
5	2013009	2013年度银行存款余额调节表	1	2013年1月1日—2013年12月31日	5年	5年
6	2013010	2013年度银行对账单	1	2013年1月1日—2013年12月31日	5年	5年

单位负责人：赵强　　　　监销人：　　　　销毁时间：2019年1月1日

步骤3：由档案机构和会计机构共同派员监销，监销人按照会计档案销毁清册所列内容清点核对所要销毁的会计档案。

步骤4：销毁后，监销人在会计档案销毁清册上签名盖章，并将监销情况报告本单位负责人，表7-6。

表7-6　　　　　　　　　　　　　　　会计档案销毁清册

序号	档案编号	案卷名称	册数	起止时间	保管期限	已保管期限
1	2003001	2003年度会计凭证	12	2003年1月1日—2003年12月31日	15年	15年
2	2003002	2003年度总账	1	2003年1月1日—2003年12月31日	15年	15年
3	2003003	2003年度明细账	1	2003年1月1日—2003年12月31日	15年	15年
4	2015006	2011年度月度财务报告	12	2015年1月1日—2015年12月31日	3年	3年
5	2013009	2013年度银行存款余额调节表	1	2013年1月1日—2013年12月31日	5年	5年
6	2013010	2013年度银行对账单	1	2013年1月1日—2013年12月31日	5年	5年

单位负责人：赵强　　　　监销人：孙丽、石婕　　　　销毁时间：2019年1月1日

本 章 小 结

- 会计档案的归档
- 会计档案的保管
- 会计档案的销毁

本 章 复 习 题

一、单项选择题

1. 某企业按规定需要销毁会计档案,监销人员的派出单位应为( )。
   A. 本企业档案机构和会计机构   B. 财政部门
   C. 审计部门   D. 主管部门
2. 财政部门销毁会计档案时,应当由( )派员监销。
   A. 上级审计部门   B. 下级审计部门
   C. 同级审计部门   D. 公安部门
3. 正在项目建设期间的建设单位,其保管期满的会计档案( )。
   A. 可以销毁   B. 需要报经批准后销毁
   C. 不得销毁   D. 建设单位自行决定
4. 《会计档案管理办法》规定,当年形成的会计档案,在会计年度终了后,可以( )。
   A. 移交本单位档案机构统一保管   B. 由本单位档案机构和会计机构共同保管
   C. 暂由会计机构保管一年   D. 暂由会计机构保管半年
5. 单位分立后原单位存续的,其会计档案( )。
   A. 由其他单位保管   B. 可以销毁
   C. 由所在省市的档案管理部门保管 D. 由分立后的存续方统一保管
6. 移交本单位档案机构保管的会计档案,需要拆封重新整理的,以下做法适当的是( )。
   A. 档案机构会同会计机构和经办人员共同拆封整理
   B. 会计机构人员拆封整理
   C. 经办人员拆封整理
   D. 档案机构人员拆封整理
7. 会计档案保管期限分为永久和定期两类。定期保管会计档案的最长期限是( )。
   A. 5年   B. 10年   C. 15年   D. 25年
8. 根据《会计档案管理办法》的规定,企业会计档案销毁清册的保管期限是( )。
   A. 3年   B. 5年   C. 15年   D. 永久
9. 下列会计档案中需要保管15年的是( )。
   A. 月、季度财务报告   B. 明细账
   C. 会计档案保管清册   D. 银行对账单

10. 对各单位每年形成的会计档案进行整理立卷的部门是( )。
   A. 档案部门　　　　　　　　B. 财务会计部门
   C. 行政部门　　　　　　　　D. 办公室

11. 会计档案是指会计凭证、会计账簿和会计报表等会计核算专业资料。下列资料中，不属于会计档案的是( )。
   A. 银行存款余额调节表　　　B. 固定资产卡片
   C. 会计移交清册　　　　　　D. 月度财务收支计划

12. 会计凭证装订的时间依据是( )。
   A. 按月装订　　　　　　　　B. 按季装订
   C. 按年装订　　　　　　　　D. 没有特殊规定

13. 财务会计管理活动中形成的文件材料，如计划、总结、法规、制度等文件材料，应当( )。
   A. 执行文书档案管理规定
   B. 执行会计档案管理办法
   C. 有选择地执行会计档案管理办法和文书档案管理规定
   D. 同时执行会计档案管理办法和文书档案管理规定

二、多项选择题

1. 下列各项中，属于会计档案的有( )。
   A. 原始凭证　　　　　　　　B. 年度工作计划
   C. 现金日记账　　　　　　　D. 资产负债表

2. 下列各项中，不属于会计档案的有( )。
   A. 预算　　　B. 计划　　　C. 银行对账单　　　D. 工资计算表

三、判断题

1. 总账、明细账和日记账是会计档案，固定资产卡片和辅助账簿不是会计档案。( )

2. 会计档案是各单位档案的重要种类之一，也是国家全部档案的重要组成部分。( )

3. 会计凭证组卷时需要填写凭证封面，如单位名称、起止时间、凭证编号、起止号码、页数、经办人、会计主管及档号等。( )

4. 采用电子计算机进行会计核算的单位，只能保存磁性介质的会计档案，不能保存打印出的纸质会计档案。( )

5. 查阅或者复制会计档案的人员，可根据需要对会计档案进行拆封。( )

6. 单位合并后原各单位解散或一方存续其他方解散的，原各单位的会计档案应当由合并后的单位统一保管。( )

7. 单位因撤销、解散、破产或者其他原因而终止的，在终止和办理注销登记手续之前形

成的会计档案,应当由终止单位的业务主管部门或财产所有者代管或移交有关档案馆代管。（　）

8. 各单位保存的会计档案原则上不得借出,但如有特殊需要,经本单位负责人批准,可以借出。（　）

9. 定期保管的会计档案,其保管期限从该项经济业务或者事项发生后的第一天算起。（　）

10. 销毁会计档案时,应当由档案机构和会计机构共同派员监销,单位负责人不需要在会计档案销毁清册上签署意见。（　）

11. 对于保管期满但未结清的债权债务原始凭证和涉及其他未了事项的原始凭证,不得销毁,应单独抽出立卷,由档案部门保管到未了事项完结时为止。（　）

12. 对于保管期满的会计档案,财会人员可以直接销毁。（　）

> 要留心,即使当你独自一人时,也不要说坏话或做坏事,而要学得在你自己面前比在别人面前更知耻。
>
> ——德谟克利特

第八章 会计报表

【本章要点】

通过对本章内容的学习,你应了解和掌握如下问题:
- 会计报表的概念
- 资产负债表的编制
- 利润表的编制

会计报表(Financial Statement)是企业对外提供的反映企业财务状况、经营成果和现金流量等会计信息的书面文件。企业的财务会计报告是企业会计核算的最终成果,是企业对外提供财务会计信息的主要载体。

第一节 财务报表概述

人生或许不会量化,但是如果按照小白的理解,我们把自己的收入、资产、负债等情况做一下量化,似乎亦无不可。

财务报表是对企业财务状况、经营成果和现金流量的结构性表述。

企业有必要定期地将日常会计核算资料进行分类、汇总,按照一定的表格形式编制成财务会计报告,总括、综合地反映企业的经济活动过程和结果,为有关方面进行管理和决策提供所需的会计信息。

一、财务报表的概念与内容

(一) 财务报表的概念

财务报表是企业对外提供的反映企业财务状况、经营成果和现金流量等会计信息的书面文件。企业的财务会计报告是企业会计核算的最终成果,是企业对外提供财务会计信息的主要载体,由财务报表、财务报表附注和应当在财务报告中披露的相关信息和资料组成,是企业根据日常的会计核算资料归集、加工和汇总后形成的,是企业会计核算的最终结果。

(二) 财务报表的作用

会计报表是通过整理、汇总日常会计核算资料而定期编制的,用来集中、总括地反映企业单位在某一特定日期的财务状况以及某一特定时期的经营成果和现金流量的书面报告。编制会计报表是会计核算的又一种专门方法,也是会计工作的一项重要内容。会计报表的作用,具体表现在以下几个方面:

(1) 便于企业了解自身一定时期内的财务状况及其变动情况,及时掌握企业的经济活动情况、经营成果和经营管理工作中存在的问题。

(2) 为投资者、债权人进行正确的投资决策以及关心企业的有关各方提供关于企业财务状况、经营成果和财务状况变动的资料。

(3) 便于国家财税部门加强对企业生产经营活动的监督检查。

(4) 便于银行和其他金融机构了解企业的偿贷情况。

(5) 为上级主管部门和政府管理部门进行宏观调控提供参考资料。

(三) 财务报表的内容

按照编报期间的不同,财务报表可以分为中期财务报表和年度财务报表。年度财务报表简称年报,是企业的年度决算报表,主要包括资产负债表、利润表、现金流量表、所有者权益变动表以及附注。中期财务报表是以短于一个会计年度的报告期间为基础编制的财务报表,包括月报、季报和半年报等。中期财务报告至少应当包括资产负债表、利润表、现金流量表和附注。其中,资产负债表、利润表、现金流量表应当是完整报表,其格式和内容应当与年度财务报表相一致。但与年度财务报表相比,中期报表中的附注披露可适当简略。

其中,资产负债表,是指反映企业在某一特定日期的财务状况的会计报表;利润表,是指反映企业在一定会计期间的经营成果的会计报表;现金流量表,是指反映企业在一定会计期间的现金和现金等价物流入和流出情况的会计报表;所有者权益变动表,是指反映企业在一定会计期间所有者(股东)权益各项目的增减变动情况的会计报表;附注是指对在会计报表中列示项目所作的进一步说明,以及对未能在这些报表中列示的项目的说明等。

二、财务报表的分类

(一)按反映的经济内容分类

按照所反映的经济内容的不同,企业的会计报表可分为资产负债表、利润表、现金流量表、所有者权益变动表及附注。

(二)按编报主体分类

财务报表按其编报主体不同可分为个别财务报表和合并财务报表。

个别财务报表是指独立核算的单位,根据本企业的核算资料和其他资料所编制的只反映本单位的财务状况及经营成果的财务报表。合并财务报表是以母公司和子公司组成的企业集团为一会计主体,以母公司和子公司单独编制的个别财务报表为基础,由母公司编制的综合反映企业集团经营成果、财务状况及其资金变动情况的财务报表。

(三)按报送对象不同分类

财务报表按照所报送对象的不同,可以分为对外财务报表和对内财务报表。

对外财务报表是指按照《会计准则》规定,专门为投资人、债权人、政府部门等企业外部报表使用者提供的报表。例如,资产负债表、利润表和现金流量表等。对内财务报表是指各单位根据本单位的经营特点和管理要求,自行规定、设计,专门为企业内部职能部门和负责人报送的报表,主要包括成本报表及有关附表、计划等。

(四)按编报时间分类

财务报表可以按其编报期间不同分为中期财务报表和年度财务报表。中期财务表是指以短于一个完整的会计年度的报告期间为基础编制的财务报表,包括月度财务报表、季度财务报表和半年度财务报表。

月度财务报表是在每月终了时编制,在月份终了后6日内报出的财务报表,至少应包括资产负债表和利润表。会计制度规定需要编制会计报表附注的,从其规定。季度财务报表是在每季度终了时编制,在季度终了后的15日内报出的财务报表,至少应包括资产负债表和利润表。会计制度规定需要编制会计报表附注的,从其规定。半年度财务报表是在每半年度终了时编制,在年度中期结束后60天内报出的财务报表,一般包括基本会计报表、利润分配表。年度财务报表是在每年度终了时编制,在年度终了后4个月内对外提供的财务报表,包括财务报表的全部内容。

三、财务报表的编制要求

会计报表的种类、格式、内容和编制方法，由财政部统一制定，企业应严格地按照统一规定填制和上报，这样才能保证会计报表口径一致，便于各有关部门利用会计报表，了解、考核和管理企业的经济活动。

为确保会计报表质量，编制会计报表必须符合以下要求：

1. 数字真实

根据客观性原则，企业会计报表所填列的数字必须真实可靠。为此，企业报告期内所有的经济业务必须全部登记入账，财会人员应根据核对无误的账簿记录编制会计报表，不得用估计数字编制会计报表，不得弄虚作假，不得篡改数字。在编制会计报表之前，财会人员应认真核对账簿记录，做到账证相符、账账相符。在编制会计报表时，财会人员要核对会计报表之间的数字，有勾稽关系的数字应认真核对；本期会计报表与上期会计报表之间的数字应相对衔接一致，本年度会计报表与上年度会计报表之间相关指标数字应衔接一致。

2. 内容完整

企业必须按照国家规定的报表种类、格式和内容编制会计报表，无论是表内项目，还是补充资料，都必须按规定填列齐全、完整。不论主表、附表或补充资料，都不能漏填、漏报。对报表中需要说明的项目，可以在相关项目后用文字注明，或以附注、附表等形式加以反映。

3. 计算正确

会计报表上的各项指标，都必须按《企业会计准则》和《企业会计制度》中规定的口径填列，不得任意删减或增加，凡需经计算填列的指标，应按以上两个制度所规定的公式计算填列。

4. 编报及时

企业应按规定的时间编报会计报表，至少按年编制财务报表。报表应及时逐级汇总，以便报表的使用者及时、有效地利用会计报表资料。为此，企业应科学地组织好会计的日常核算工作，选择适合本企业具体情况的会计核算组织程序，认真做好记账、算账、对账和按期结账工作。

月报表应于月份终了后的 6 天内报送；季报表应于季度终了后的 15 天内报送；中期报表应于半年度终了后的 60 天内报送；年度报表通常于新年度开始后的 4 个月内报送。

5. 手续完备

对外会计报表应依次编定页码、加具封面、装订成册、盖上单位公章；企业行政领导人员、总会计师、会计机构负责人和会计主管人员要签字；需要注册会计师行使监督验证职能的会计报表，还要有注册会计师签章。

第二节 编制资产负债表

小白的质疑不无道理。资产负债表其实有三个主角：资产、负债、所有者权益。但是教科书中将该表命名为资产负债表。可我们每位初学者不要忘了所有者权益的存在。可以这么理解，一家公司没有负债可以，但是没有所有者权益那就会显得不正常，或者是某些较为特殊的情况了。

一、资产负债表的性质和作用

资产负债表是反映企业某一特定时点的财务状况的会计报表,它是根据资产、负债和所有者权益之间的相互关系,按照一定的分类标准和一定的顺序,把企业某一特定日期的各资产项目予以适当地排列,并对日常工作中形成的大量数据进行高度浓缩整理而成的。它表明企业在某一特定日期所拥有或控制的经济资源、所承担的现有债务和所有者对净资产的要求权。资产负债表能够提供资产、负债和所有者权益的全貌。

资产负债表可提供的信息有:

（1）流动资产实有情况的信息,包括货币资金、应收及预付款项、交易性金融资产和存货等流动资产实有情况的信息。

（2）非流动资产实有情况的信息,包括可供出售金融资产、持有至到期金融资产、长期股权投资、固定资产、无形资产等非流动资产实有情况的信息。

（3）流动负债的信息,包括短期借款、交易性金融负债、应付及预收款项等流动负债的信息。

（4）非流动负债的信息,包括长期借款、应付债券、长期应付款等信息。

（5）所有者权益的信息,包括实收资本、盈余公积和未分配利润的信息。

二、资产负债表的内容和结构

（一）资产负债表的内容

资产负债表是根据会计恒等式"资产＝负债＋所有者权益"设计而成的,它主要反映以下三方面的内容：

（1）在某一特定日期企业所拥有的经济资源,即某一特定日期企业所拥有或控制的各项资产的余额,包括流动资产、长期股权投资、固定资产、无形资产及其他资产。

（2）在某一特定日期企业所承担的债务,包括各项流动负债和长期负债。

（3）在某一特定日期企业投资者拥有的净资产,包括投资者投入的资本、资本公积、盈余公积和未分配利润。

（二）资产负债表的结构

资产负债表按其结构分为报告式和账户式。

（1）报告式资产负债表,是将资产负债表的项目自上而下排列,首先列示资产的数额,然后列示负债的数额,最后再列示所有者权益的数额。

（2）账户式资产负债表,是将资产和权益分为左方和右方,左方列示资产各项目,右方列示负债和所有者权益各项目,资产各项目的合计等于负债和所有者权益各项目的合计。账户式资产负债表能够反映资产、负债和所有者权益之间的内在关系。在我国,资产负债表采用账户式。

（三）资产负债表的格式

资产负债表包括表头、正表、表尾。表头主要包括资产负债表的名称、编制单位、编制日期和金额单位;正表包括各项资产、负债和所有者权益的年初余额和期末余额,是资产负债表的主要部分;表尾主要包括补充资料等。

在资产负债表中,资产和负债是按照流动性进行排列的,流动资产在前,非流动资产在后;流动负债在前,非流动负债在后。所有者权益包括所有者投资、企业在生产经营过程中形成的盈余公积和未分配利润。在资产负债表上的排列顺序为：实收资本、资本公积、盈余公积和未分配利润等。

三、资产负债表的编制方法

资产负债表中"年初余额"栏各项的数字,应按上年年末资产负债表中"期末余额"栏中的数字填列。"期末余额"栏内各项数字根据会计期末各总账账户及所属明细账户余额填列。若本年度资产负债表中规定的各项目的名称和内容与上年度不一致,应对上年年末资产负债表各项的名称和数字按照本年度的规定进行调整后,填入表中的"年初余额"栏。具体地,"期末余额"主要有以下几种填列方法：

1. 根据总分类账户的期末余额填列直接填列

资产项目中的多数科目都是根据总账余额直接填列,如：交易性金融资产、应收票据、应收利息、应收股利、可供出售金融资产、固定资产清理、递延所得税资产等;负债项目中的短期借款、交易性金融负债、应付票据、应付职工薪酬、应交税费、应付利息、应付股利等,以及全部所有者权益项目,都是直接根据总账期末余额填列。

2. 根据明细分类账户的期末余额计算填列

有些项目不能直接根据某个总账及其所属的明细账期末余额填列,而是要对相关总账所属明细账的期末余额进行分析后计算填列。例如"应收账款"项目,应根据"应收账款"和"预收账款"总分类账户所属各明细分类账户的期末借方余额之和扣除相应坏账准备后的金额填列;"应付账款"项目,应根据"应付账款"和"预付账款"总分类账户所属各明细分类账户的期末贷方余额之和填列。

3. 根据总分类账户的期末余额计算填列

资产负债表中有些项目需要根据若干个总账账户的期末余额计算填列。如"货币资金"项目,应根据"库存现金""银行存款""其他货币资金"账户的期末余额的合计数填列;"存货"项目,应根据"在途物资""原材料""库存商品""生产成本"等账户期末余额的合计数再减去"存货跌价准备"科目余额后的净额填列;"固定资产"项目,按照固定资产总账期末余额减去"累计折旧"总账期末余额填列等。

4. 根据总分类账户和明细分类账户的期末余额分析计算填列

资产负债表中某些项目不能根据有关总账的期末余额直接或计算填列,也不能根据有关账户所属相关明细账户的期末余额填列,而需要根据总账和明细账的期末余额分析计算填列。如"长期借款""应付债券""长期应付款"等项目,应根据各总账期末余额扣除各总账所属明细账中一年内到期的长期负债部分后分析计算填列。

5. 根据账户余额减去其备抵项目后的净额填列

资产负债表中的一些项目,需要根据该账户有关期末余额,减去其所计提的各种减值准备后的净额填列。如"固定资产"项目,应当根据"固定资产"账户的期末余额减去"累计折旧""固定资产减值准备"后的净额填列;"无形资产"项目应当根据"无形资产"账户的期末余额减去"累计摊销""无形资产减值准备"后的净额填列。

 **案例介绍**

一、公司概况

北京便捷家具有限公司概况见第二章第二节案例介绍。

二、任务要求

北京便捷家具有限公司(简称便捷家具)的财务部门根据期末余额表编制资产负债表。2018年12月账户的期末余额表见表8-1。

表 8-1　　　　　　　　　　　　账户期末余额表

2018 年 12 月 31 日

科目名称	期初余额		期末余额	
	借方	贷方	借方	贷方
库存现金	17 200		13 640	
银行存款	2 460 000		1 495 266	
应收账款	40 000		40 000	
库存商品	24 000		648 675	
在途物资	0		380 000	

(续表)

科目名称	期初余额 借方	期初余额 贷方	期末余额 借方	期末余额 贷方
原材料	2 000.00		339 743.12	
固定资产	400 000.00		497 600.00	
预付账款			12 000.00	
应付账款		60 000.00		60 000.00
应交税费		1 200.00		74 084.54
短期借款		10 000.00		110 000.00
预收账款				56 020.00
应付票据				444 600.00
应付职工薪酬		2 000.00		129 800.00
实收资本		2 616 000.00		2 776 000.00
长期借款		40 000.00		40 000.00
长期待摊费用	20 000.00		733 320.00	
累计折旧		180 000.00		229 664.76
应付利息		2 000.00		9 470.00
利润分配		4 000.00		125 814.06
盈余公积		48 000.00		74 790.72
应付股利				30 000.00
合计	2 963 200.00	2 963 200.00	4 160 244.08	4 160 244.08

三、任务实施

根据科目余额表及资产负债表的填制方法,填制资产负债表,见表8-2。

表8-2　　　　　　　　　　资产负债表

2018年12月31日　　　　　　　　　　　　　　　单位:元

资产	期末余额	期初余额	负债及所有者权益	期末余额	期初余额
流动资产:			流动负债:		
货币资金	1 508 906	2 477 200	短期借款	110 000	10 000
交易性金融资产			交易性金融负债		

(续表)

资　产	期末余额	期初余额	负债及所有者权益	期末余额	期初余额
应收票据			应付票据	444 600	
应收账款	40 000	40 000	应付账款	60 000	60 000
预付款项	12 000		预收款项	56 020	
应收利息			应付职工薪酬	129 800	2 000
应收股利			应交税费	74 084.54	1 200
其他应收款			应付利息	9 470	2 000
存货	1 368 418.08	26 000	应付股利	30 000	
一年内到期的非流动资产			其他应付款		
其他流动资产			一年内到期的非流动负债		
流动资产合计	2 929 324.08	2 543 200	其他流动负债		
非流动资产：			流动负债合计	913 974.54	75 200
可供出售金融资产			非流动负债：		
持有至到期投资			长期借款	40 000	40 000
长期应收款			应付债券		
长期股权投资			长期应付款		
投资性房地产			专项应付款		
固定资产	267 935.24	220 000	预计负债		
在建工程			递延所得税负债		
工程物资			其他非流动负债		
固定资产清理			非流动负债合计	40 000	40 000
无形资产			负债合计	953 974.54	115 200
商誉			所有者权益：		
长期待摊费用	733 320	20 000	实收资本	2 776 000	2 616 000
递延所得税资产			资本公积		
其他非流动资产			盈余公积		48 000
非流动资产合计	1 000 715.24	240 000	未分配利润		4 000
			所有者权益合计	2 976 604.78	2 668 000
资产总计	3 930 039.32	2 783 200	负债及所有者权益总计	3 930 579.32	2 783 200

第三节 利 润 表

没有学过会计的人,通常都会简单地认为有利润就能赚到钱。其实这样说并不完全正确。净利润的多与少并不能完全说明该公司的实力,这需要综合资产状况、现金流情况、资本保值增值等多方面综合分析。

但与此同时,企业的核心目的是盈利,企业赚不赚钱,能赚多少确实可以从利润表中的营业利润、利润总额、净利润等数据看出一些端倪。

一、利润表的性质和作用

利润表是反映企业一定期间经营成果的会计报表。利润表把一定期间的收入与其同一期间相关的费用进行配比,以计算出企业一定时期的净利润(或净亏损)。

利润表可以提供的信息有:企业在一定时期内取得的全部收入,包括营业收入、投资收益和营业外收入;企业在一定时期内发生的全部费用和支出,包括营业成本、销售费用、管理费用、财务费用和营业外支出;全部收入与支出相抵后计算出的企业一定时期内实现的利润(或亏损)总额。

利润表的作用在于:通过利润表可以了解企业利润(或亏损)的形成情况,据以分析、考核企业经营目标及利润计划的执行结果,分析企业利润增减变动的原因,以促进企业改善经营管理,不断提高管理水平和盈利水平;通过利润表提供的不同时期的比较数字(本月数、本年累计数、上年数)可以分析企业未来时期利润的发展趋势及获利能力,判断投资者投入资本的完整性。

二、利润表的内容和结构

(一) 利润表的内容

利润表是根据会计恒等式"收入－费用＝利润"设计而成的,它主要反映以下几方面的内容:

1. 营业收入

以主营业务收入为基础,加上其他业务活动实现的收入,反映企业一定时期内经营活动的业绩。

2. 营业利润

以实现的营业收入加上公允价值变动收益及投资收益净额减去营业成本、税金及附加、期间费用和资产减值损失,反映企业一定时期内经营活动的结果。

3. 利润(或亏损)总额

以营业利润为基础,加减营业外收支等项目,反映企业一定时期内全部经济活动的最终结果。

4. 净利润(或净亏损)

用利润总额减去所得税费用,反映企业实际拥有、可供企业自行支配的权益。

(二) 利润表的结构

利润表一般包括表首、正表两部分。其中,表首概括说明报表名称、编制单位、编制日期、报表编号、货币名称、计量单位;正表表示利润表的主体,反映形成经营成果的各个项目和计算过程。正表的格式一般有两种:单步式利润表和多步式利润表。单步式利润表是将当期所有的收入列在一起,然后将所有的费用列在一起,两者相减得出当期净损益。多步式利润表是通过对当期的收入、费用、支出项目按性质加以归类,按利润形成的主要环节列示一些中间性的利润指标,如营业利润、利润总额、净利润,分步计算当期净损益。多步式利润表中的利润是通过多步计算而来的。目前,我国企业的利润表均采用多步式。

多步式利润表通常分为以下三步:

第一步,以营业收入(包括其他业务收入)为基础,减去营业成本(包括其他业务成本)、税金及附加、期间费用及资产减值损失,再加上公允价值变动收益、投资收益后,计算出营业利润。

第二步,在营业利润的基础上再加减营业外收支,计算得出本期实现的利润(或亏损)。

第三步,从利润总额中减去所得税费用后,计算出本期净利润(或净亏损)。

多步式利润表的优点是,便于对企业的生产经营情况进行分析,有利于不同企业之间进行比较,更重要的是利用多步式利润表有利于预测企业今后的盈利能力。

利润表的格式见表 8-3。

表 8-3　　　　　　　　　　　　利　润　表　　　　　　　　　　　会企 02 表
编报单位：　　　　　　　　　　　　年　月　　　　　　　　　　　　　单位：元

项　　目	本期金额	上期金额
一、营业收入		
减：营业成本		
税金及附加		
销售费用		
管理费用		
财务费用		
资产减值损失		
加：公允价值变动收益（损失以"－"号填列）		
投资收益（损失以"－"号填列）		
其中：对联营企业和合并企业的投资收益		
二、营业利润（亏损以"－"号填列）		
加：营业外收入		
减：营业外支出		
其中：非流动资产处置损失		
三、利润总额（净亏损以"－"号填列）		
减：所得税费用		
四、净利润		
五、每股收益：		
（一）基本每股收益		
（二）稀释每股收益		

为了清楚地反映各项指标的报告期数及从年初到报告期为止的累计数，利润表应分别设置"本月数"和"本年累计数"两栏。

三、利润表的编制方法

利润表是一张动态报表，反映的是企业在某一期间经营成果的构成情况，其日期的填写方式不同于资产负债表，应填列编报的会计期间，如月份、季度或年度。其中"本期数"栏反映各项目的本月实际发生数，应根据有关损益类账户的本期发生额填列。"本年累计数"栏反映各项目自年初起至报告期末止的累计实际发生数，应根据本期数加上上个月利润表中的本年累计数之和填列。

利润表中的各个项目，都是根据有关会计科目记录的本期实际发生数和累计发生数分别填列的。主要编制步骤和内容如下：

第一步，以营业收入为基础，减去营业成本、税金及附加、销售费用、管理费用、财务费用、资产减值损失，加上公允价值变动收益（减去公允价值变动损失）和投资收益（减去投资

损失),计算出营业利润;

第二步,以营业利润为基础,加上营业外收入,减去营业外支出,计算出利润总额;

第三步,以利润总额为基础,减去所得税费用,计算出净利润(或净亏损);

第四步,以净利润(或净亏损)为基础,计算每股收益;

第五步,以净利润(或净亏损)和其他综合收益为基础,计算综合收益总额。

普通股或潜在普通股已公开交易的企业,以及正处于公开发行普通股或潜在普通股过程中的企业,还应当在利润表中列示每股收益信息。

报表中的"本月数"应根据各有关会计科目的本期发生额直接填列;"本年累计数"栏反映各项目自年初起到本报告期止的累计发生额,应根据上月"利润表"的累计数加上本月"利润表"的本月数之和填列。年度"利润表"的"本月数"栏改为"上年数"栏时,应根据上年"利润表"的数字填列。如果上年"利润表"和本年"利润表"的项目名称和内容不相一致,应将上年的报表项目名称和数字按本年度的规定进行调整,然后填入"上年数"栏。

 案例介绍

一、公司概况

北京便捷家具有限公司概况见第二章第二节案例介绍。

二、任务要求

便捷家具根据利润表有关科目累计发生额填制利润表,2018年度利润表有关科目的累计发生额见表8-4。

表8-4　　　　　　　　　　利润表有关科目累计发生额

单位:元

科目名称	借方发生额	贷方发生额
主营业务收入		12 500 000
其他业务收入		230 000
投资收益		3 200 000
营业外收入		2 850 000
主营业务成本	8 500 000	
税金及附加	550 000	
其他业务成本	0	
销售费用	200 000	
管理费用	1 050 000	
财务费用	1 000 000	
资产减值损失	20 000	
营业外支出	2 000 000	
所得税费用	1 800 000	

三、任务实施

便捷家具填制利润表见表8-5。

表8-5 利 润 表 会企02表
2018年12月 单位：元

项 目	本年累计数	上年数
一、营业收入	12 730 000	（略）
减：营业成本	8 500 000	
税金及附加	550 000	
销售费用	200 000	
管理费用	1 050 000	
财务费用	1 000 000	
资产减值损失	20 000	
加：公允价值变动收益（损失以"—"号填列）	0	
投资收益（损失以"—"号填列）	3 200 000	
其中：对联营企业和合并企业的投资收益	0	
二、营业利润（亏损以"—"号填列）	4 610 000	
加：营业外收入	2 850 000	
减：营业外支出	2 000 000	
其中：非流动资产处置损失	0	
三、利润总额（净亏损以"—"号填列）	5 460 000	
减：所得税费用	1 800 000	
四、净利润	3 660 000	
五、每股收益：	（略）	
（一）基本每股收益	（略）	
（二）稀释每股收益	（略）	

第四节　认识现金流量表

现金流量表是指反映企业在一定会计期间现金和现金等价物流入和流出情况的会计报表。现金流量表中的"现金"不仅包括"现金"账户核算的现金，还包括"银行存款"账户核算的存入金融机构、随时可以用于支付的存款，也包括"其他货币资金"账户核算的外埠存款、银行汇票存款、银行本票存款和在途货币资金等；"现金等价物"是指企业持有的期限短、流动性强、易于转换为已知金额现金的价值变动风险很小的投资。《企业会计准则》将现金流量划分为经营活动产生的现金流量、投资活动产生的现金流量和筹资活动产生的现金流量三大类。

现金流量表将企业的全部业务活动分为经营活动、投资活动和筹资活动，分段揭示现金净流量。三段现金净流量之和，即为企业本年度的现金增减净额。现金流量表包括正表和补充资料两部分。

现金流量表可以提供企业的现金流量信息，从而有助于会计报表使用者对企业整个财务状况作出客观评价。通过现金流量表，人们不但可以了解企业当前的财务状况，还可以预测企业未来的发展情况。

现金流量表的格式见表 8-6。

表 8-6　　　　　　　　　　　　现金流量表

项　　目	金额
一、经营活动产生的现金流量	
销售商品、提供劳务收到的现金	
收到的税费返还	
收到的其他与经营活动有关的现金	
现金流入小计	
购买商品、接受劳务支付的现金	
支付给职工以及为职工支付的现金	
支付的各项税费	
支付的其他与经营活动有关的现金	
现金流出小计	

(续表)

项　　目	金额
经营活动产生的现金流量净额	
二、投资活动产生的现金流量	
收回投资所收到的现金	
取得投资收益所收到的现金	
处置固定资产、无形资产和其他长期资产所收回的现金净额	
收到的其他与投资活动有关的现金	
现金流入小计	
购建固定资产、无形资产和其他长期资产所支付的现金	
投资所支付的现金	
支付的其他与投资活动有关的现金	
现金流出小计	
投资活动产生的现金流量净额	
三、筹资活动产生的现金流量	
吸收投资所收到的现金	
借款所收到的现金	
收到的其他与筹资活动有关的现金	
现金流入小计	
偿还债务所支付的现金	
分配股利、利润或偿付利息所支付的现金	
支付的其他与筹资活动有关的现金	
现金流出小计	
筹资活动产生的现金流量净额	
四、汇率变动对现金的影响	
五、现金及现金等价物净增加额	

本 章 小 结

● 学习本章，要求了解财务会计报告的概念、种类和编制作用及要求；理解财务会计报告的基本结构和编制原理；熟练掌握资产负债表、利润表的编制方法。

● 编制资产负债表

● 编制利润表

第八章 会计报表

本章复习题

一、单项选择题

1. 下列报表中,属于静态报表的是( )。
   A. 资产负债表   B. 利润表   C. 财务情况说明书   D. 现金流量表
2. 年报应于年度终了后( )报出。
   A. 1个月   B. 2个月   C. 3个月   D. 4个月
3. 利润表中,与计算"营业利润"有关的项目是( )。
   A. 主营业务利润   B. 投资收益   C. 营业外收入   D. 营业外支出
4. 编制利润表的主要依据是( )。
   A. 资产、负债及所有者权益账户的本期发生额
   B. 各损益类账户的本期发生额
   C. 资产、负债及所有者权益账户的期末余额
   D. 各损益类账户的期末余额
5. 资产负债表中的资产项目应按其( )程度大小顺序排列。
   A. 流动性   B. 重要性   C. 变动性   D. 营利性
6. 某公司年末"应收账款"科目的借方余额为100万元,"预收账款"科目贷方余额为150万元,其中:明细账的借方余额为15万元,贷方余额为165万元。"应收账款"对应的"坏账准备"期末贷方余额为8万元,则年末资产负债表中"应收账款"项目的金额为( )万元。
   A. 165   B. 150   C. 115   D. 107
7. 下列各项中,不会引起利润总额增减变化的是( )。
   A. 销售费用   B. 管理费用   C. 所得税费用   D. 营业外支出
8. 某企业12月31日的"长期应付款"科目的余额为20 000元,一年内到期的长期应付款为10 000元,则填列资产负债表的"长期应付款"项目时,应填列( )元。
   A. 20 000   B. 10 000   C. −10 000   D. −20 000
9. 我国《企业会计准则》规定,资产负债表采用的格式是( )。
   A. 报告式   B. 直接式   C. 间接式   D. 账户式
10. ( )是企业对外披露会计信息最重要的手段。
    A. 会计报表   B. 会计账簿   C. 财务情况说明书   D. 财务会计报告

二、多项选择题

1. 财务会计报告的内容包括( )。
   A. 会计制度   B. 会计报表附注   C. 会计报表   D. 财务情况说明书
2. 会计报表按编报的时间不同,可分为( )。
   A. 月报   B. 季报   C. 半年报   D. 年报

3. 会计报告包括( )。
A. 资产负债表　　B. 利润表　　　C. 现金流量表　　D. 财务情况说明书

4. 以下属于利润表中的项目有( )。
A. 管理资源　　B. 其他业务收入　　C. 营业外收入　　D. 所得税

5. 财务会计报告可以提供企业( )信息。
A. 财务状况　　B. 经营成果　　C. 劳动生产率　　D. 现金流量

6. 下列各项中,属于资产负债表中流动资产项目的有( )。
A. 货币资金　　B. 预收账款　　C. 应收账款　　D. 存货

7. 资产负债表的数据来源,可以根据( )取得。
A. 总账科目余额直接填列　　　　B. 总账科目余额计算填列
C. 记账凭证直接填列　　　　　　D. 明细科目余额计算填列

8. 下列项目中,列示在资产负债表右方的有( )。
A. 非流动资产　　B. 非流动负债　　C. 流动负债　　D. 所有者权益

9. 下列影响利润总额计算的项目有( )。
A. 营业收入　　B. 营业外支出　　C. 营业外收入　　D. 投资收益

10. 资产负债表中的"预付账款"项目,应根据( )之和填列。
A. "预付账款"明细科目的借方余额　　B. "预付账款"明细科目的余额
C. "应付账款"明细科目的贷方余额　　D. "应付账款"明细科目的借方余额

11. 资产负债表中"存货"项目反映的内容包括( )。
A. 发出商品　　B. 材料成本差异　　C. 委托加工物资　　D. 生产成本